国家社科基金资助项目（课题编号：17BTY108）

尹海立 著

传统体育社团
参与社区健康促进的集体行动机制研究

中国社会科学出版社

图书在版编目(CIP)数据

传统体育社团参与社区健康促进的集体行动机制研究/尹海立著.—北京：中国社会科学出版社，2021.5
ISBN 978-7-5203-8475-9

Ⅰ.①传⋯ Ⅱ.①尹⋯ Ⅲ.①体育组织—社会团体—研究—中国②社区—健康教育—研究—中国 Ⅳ.①G812.1②R193

中国版本图书馆 CIP 数据核字（2021）第 089553 号

出 版 人	赵剑英	
责任编辑	王莎莎	
责任校对	张爱华	
责任印制	张雪娇	
出　　版	中国社会科学出版社	
社　　址	北京鼓楼西大街甲 158 号	
邮　　编	100720	
网　　址	http：//www.csspw.cn	
发 行 部	010-84083685	
门 市 部	010-84029450	
经　　销	新华书店及其他书店	
印　　刷	北京君升印刷有限公司	
装　　订	廊坊市广阳区广增装订厂	
版　　次	2021 年 5 月第 1 版	
印　　次	2021 年 5 月第 1 次印刷	
开　　本	710×1000　1/16	
印　　张	18	
插　　页	2	
字　　数	295 千字	
定　　价	108.00 元	

凡购买中国社会科学出版社图书，如有质量问题请与本社营销中心联系调换
电话：010-84083683
版权所有　侵权必究

目　录

序言 ……………………………………………………………（ 1 ）
第一章　传统体育社团与社区健康 ………………………（ 1 ）
　一　总的问题：传统体育如何参与社区健康促进 …………（ 1 ）
　二　研究背景与研究价值：时代要求与文化传承 …………（ 3 ）
　三　基本概念与相关研究：传统体育社团与社区健康 ……（ 9 ）
　四　研究框架：集体行动的诸多机制？ ……………………（ 12 ）
　五　思路、方法和创新点 ……………………………………（ 13 ）
第二章　传统体育社团与社区居民的生命质量
　　　——基于八段锦练习对中老年女性生命质量的影响分析 ……（ 17 ）
　一　问题的提出：传统体育与生命质量 ……………………（ 17 ）
　二　生命质量概念的界定及相关研究 ………………………（ 18 ）
　三　研究设计：研究对象与方法 ……………………………（ 23 ）
　四　结果分析：健身气功对中老年女性生命质量的改善 …（ 26 ）
　五　结论：健身气功明显改善社区居民的生命质量 ………（ 38 ）
第三章　传统体育社团与社区居民的社会质量
　　　——基于八段锦练习对城市失独老人社会质量的影响分析 …（ 41 ）
　一　问题的提出：传统体育与社会质量 ……………………（ 41 ）
　二　健身气功改善社区居民社会质量的相关研究 …………（ 43 ）
　三　研究设计：概念、假设、对象、方法 …………………（ 48 ）
　四　结果分析：健身气功对失独老人社会质量的改善 ……（ 55 ）
第四章　传统体育社团参与社区健康促进的耦合机制 …（ 74 ）
　一　传统体育发展的困境、路径与反思 ……………………（ 74 ）
　二　定量分析：传统体育社团的社会功能 …………………（ 80 ）

三　定性考察：传统体育社团的作用机制 …………………（84）
　　四　形式与内容的耦合：社团生活与传统体育 ……………（88）
　　五　结论：传统体育的社团化发展之路 ……………………（90）

第五章　传统体育社团参与社区健康促进的再生产机制 …（95）
　　一　"组织再生产"与传统体育的社区推广机制 ……………（95）
　　二　状况分析：社会组织与社区基本情况调查 …………（110）
　　三　过程分析："组织再生产"机制的个案研究 …………（120）
　　四　结果分析："组织再生产"机制的推广成效 …………（131）
　　五　整体分析："组织再生产"机制的内在关系 …………（147）
　　六　结论："组织再生产"机制的优势和作用 ……………（151）

第六章　传统体育社团参与社区健康促进的嵌入机制 …（154）
　　一　组织嵌入与社区健康促进 ……………………………（154）
　　二　健身气功嵌入社区健康促进的对象分析 ……………（163）
　　三　健身气功嵌入社区健康促进的过程分析 ……………（170）
　　四　健身气功嵌入社区健康促进的成效分析 ……………（177）
　　五　健身气功嵌入社区健康促进的主体分析 ……………（181）
　　六　健身气功参与社区健康促进的嵌入机制 ……………（187）
　　七　结论：传统体育社团参与社区健康促进的组织嵌入 …（192）

第七章　传统体育社团参与社区健康促进的项目进退机制 …（194）
　　一　导言：社区自组织困境与资源介入 …………………（194）
　　二　"奇泉社区健身气功队"的培育实践概述 ……………（197）
　　三　项目进入机制：资本投入与自组织场域的营造 ……（200）
　　四　项目退出机制：资本衔接和自组织习惯的形成 ……（204）
　　五　结论：项目进退机制的要点 …………………………（208）

第八章　传统体育社团参与社区治理的机制障碍 ………（211）
　　一　社会组织参与社区治理的语义建构 …………………（211）
　　二　社会组织参与社区治理的系统化建构 ………………（215）
　　三　社会组织参与社区治理的形式化解构 ………………（219）
　　四　社会组织参与社区治理的实然困境 …………………（222）
　　五　系统边界：社会组织参与社区治理悖论的实质 ……（224）

第九章 传统体育社团参与社区治理的机制重建 ………………（228）
    一 当前社会组织参与社区治理面临的挑战 ……………………（228）
    二 当前社会组织参与社区治理的功能困境 ……………………（230）
    三 社区治理系统的要素界定和基本架构 ………………………（232）
    四 社会组织参与社区治理的运行机制 …………………………（235）
    五 社会组织参与社区治理机制的经验与优势 …………………（239）
    六 推动传统体育社团参与社区健康促进的路径建议 …………（239）

附录 ……………………………………………………………………（245）
    附录1：《SF-36生命质量调查问卷》 …………………………（245）
    附录2：《社会质量测评量表》 …………………………………（250）
    附录3：《社区普通居民健身气功问卷调查表（社区居民）》 …（254）
    附录4：《健身气功队伍发展现状问卷调查表（习练者）》 ……（257）
    附录5：《社区健康促进调查问卷（社区居民）》 ………………（260）
    附录6：《社区健康促进调查问卷（气功队队员）》 ……………（262）

参考文献 ………………………………………………………………（264）

序　言

　　近些年来在国家政策和群众需求的推动下，传统文化要素有了复兴的明显趋势。今年，中共中央办公厅、国务院办公厅印发的《关于实施中华优秀传统文化传承发展工程的意见》提出："到2025年，中华优秀传统文化传承发展体系基本形成，研究阐发、教育普及、保护传承、创新发展、传播交流等方面协同推进并取得重要成果。"文件中尤其提到，"发展传统体育，抢救濒危传统体育项目，把传统体育项目纳入全民健身工程"。传统体育是中国传统文化的构成部分，与现代竞技体育不同，它更加注重通过调节呼吸、动作、心态等已达到身心健康和精神升华的目的，其中健身气功和太极拳就是广为人知的代表。与现代竞技体育提倡"更高、更快、更强"的价值目标相比，传统体育的时代价值主要体现在促进健康的意义上，它不是为了挑战人类的运动极限，而是致力于改善人的生存状态。《今年国务院办公厅关于印发体育强国建设纲要的通知》，将"全民族身体素养和健康水平持续提高"作为国家战略目标，提出"大力发展群众喜闻乐见的运动项目，扶持推广各类民族民间民俗传统运动项目"。可见，传统体育的健康价值在宏观战略层面受到充分肯定和重视。

　　尹海立教授的新著《传统体育社团参与社区健康促进的集体行动机制研究》就是在社区层面探索传统体育的健康价值及其实现路径。社区是社会的基本单元，社区居民的健康意味着社会的健康，因此传统体育社团参与社区健康促进对于实现健康中国和体育强国的国家战略具有重要的意义。但是今天的社区，其内部结构和社会关系比以往复杂得多。单位制和公社制退出历史舞台以后，今天的社区呈现出个体化、陌生化等新的形态，国家权力的退出使基层社区治理遇到了新的问题。我曾经参与过"中国百村调查",关注过农村社区的变迁问题,发现农村的社会关系从基于亲缘和地缘的差序格局向着理性化、功利化的方向变化,基于业缘和趣缘的社会关系在个体生活中发挥更加重要的作用,这些变化意味着农村社区的社会关系正在进行着城市化,因此将来的社区会走向城乡一体的融合发展的道路。

今天,基于共同兴趣的社会关系,也包括传统体育健身社团,无论在农村社区还是城市社区,都发挥了日益重要的社会整合作用。尹海立教授抓住了这一关键点,找到了传统体育参与社区健康促进的一把"钥匙"。传统体育是一种充满趣味性的文化要素,在社区中有很多的爱好者和练习者,通过社会服务项目的方式,将这些社区居民组织起来,成立民间的传统体育社团,使其具有自我运行和自我服务的能力,使更多的社区居民参与其中,这既可以解决传统体育的传承问题,更能直接改善居民的健康水平,助力健康中国和体育强国。

在本书中,作者首先通过实证研究分析了传统体育和社区健康促进的关系,证实了传统体育在居民的生命质量和社会质量方面起到健康促进的作用。首先,作者运用实验法组织烟台市30名农村社区中老年女性居民进行了为期半年的健身气功八段锦集中练习,并进行了前后测量。对比发现试验对象的生命质量各项指标均有明显改善,其中躯体健康(PF)、躯体角色功能(RP)、躯体疼痛(BP)、总体健康(GH)、活力(VT)和心理健康(MH)六个维度均产生了非常显著性差异,社会功能(SF)和情绪角色功能(RE)两个维度也产生了显著性差异。其次,作者同样运用实验法选取30位城市失独老人作为研究对象,组织集中练习健身气功八段锦半年的时间,以"社会质量测评量表"为检测工具,对比分析前后测数据发现,健身气功八段锦对城市失独老人社会凝聚、社会包容、社会赋权等方面具有积极的促进作用。这些实验结论说明传统体育在社区健康促进方面有显著作用。

那么,接下来的问题是如何使传统体育扎根社区,让更多的社区居民练习并从中获益。作者的主要笔力用在了参与机制的研究上。在深度参与社区调研和社区实践的基础上,作者提出了一套传统体育参与社区健康促进的"集体行动机制"。他认为,如果将传统体育锻炼理解为个人行为,那么传统体育的社区推广将会困难重重,只有将其定位成集体行为，健身气功才能够被更多的人接受，进而实现社区健康促进的目的。作者接下来先后对传统体育参与社区健康促进的耦合机制、再生产机制、嵌入机制和项目进退机制展开深入研究，解决了一系列问题：传统体育在社区中的社团化何以可能？传统体育社团如何复制自身并推广？传统体育如何嵌入到社区居民的日常生活当中？传统体育如何借助社会服务项目来增强推广的效果？作者对这些机制的研究不是纯粹的理论演绎和探讨，而是立足实践，在经验总结和事实分析的基础上得出的结论。在研究过程中，作者及其团队选择了不同的社区和不同的练习群体，开展多次实验，并且以体育顾问的身份参与了社会服务机构的社区服务项目，打造了数支健身气功队伍，积累了丰富的第一手资料。这种深入一线开展行动研究的做法是非常值得肯定的。

所谓耦合机制，是从形式和内容的辩证关系角度探讨传统体育和社团的内在关联。在本书中，是指传统体育是社团（社会组织）发展的优质内容，社团则是传统体育发展的最好形式，在实践中社团生活的形式与传统体育的内容之间产生了良好的耦合作用。因此可以依靠这一耦合关系摆脱传统体育的发展困境，走一条社团化发展的道路，弘扬传统体育的社会价值。所谓组织再生产机制，是指依靠枢纽型社会组织孵化传统体育类社团的机制。在"组织再生产"的推广模式中，政府、枢纽型社会组织、传统体育社团之间是一种层层推进的关系，每上一组织都掌握着下一组织需要的资源，每一个过程都是具体可控的，是一种可以广泛复制的推广模式。枢纽型社会组织把政府组织与各种专业的社会资源整合到一起，运用专业社工技能复制出了一支具备自我推广和发展健身气功的社区传统体育社团。所谓嵌入机制，是指传统体育作为一种文化要素，要进入社区居民的日常生活，就需要通过主体嵌入、要素嵌入和过程嵌入的方式来实现。通过对健身气功的嵌入对象、嵌入过程、嵌入成效和嵌入主体的剖析，阐释了多元主体，即政府、社工机构和高校多元主体嵌入社区的行动主体嵌入机制；政策、项目和组织过程的行动要素嵌入机制；行动计划（包括前期调研和项目立项）、项目实施（资源整合和项目执行）队伍打造（包括队伍打造和指导训练过程）和宣传推进（包括社区展演、分享推广）的行动过程嵌入机制。所谓项目进退机制，是指通过社会服务项目的形式在社区建立传统体育社团并支持其自我运行的机制。作者通过参与打造社区健身气功队伍的实践和调查，发现对社区服务项目的进入过程和退出过程进行合理安排，可以有效培育出有运行能力的社区社会组织。项目进入社区时，通过整合制度、文化和需求方面的驱动力为社区注入经济资本，导入文化资本，嵌入社会资本，营造出适合社区自组织的治理场域，并协助成立传统体育社团；项目退出社区时，依赖资本的再生产属性，通过资源衔接、管理衔接和信任衔接，形成传统体育社团的自组织惯习而实现自主运行。在社区公共资本相对匮乏和自组织乏力的情况下，项目"进退"机制有助于推动社区自组织和传统体育社团的发展。

基于以上研究，作者最后提出了几个颇有见地的建议：第一，鉴于传统体育对社区居民的生命质量和社会质量的积极作用，在重视传统体育的传承的同时，更应该重视传统体育的推广，将传承和推广结合起来，在传承中实现推广，在推广中实现传承。第二，重视枢纽型社会组织在推广传统体育中分会关键作用，与政府、高校推广模式不同，枢纽型社会组织能将整合多种社会资源，有效打造社区中的传统体育健身队伍。第三，政府部门在政策上继续加大对健身气功的支持，充分利用和发挥社会组织的作用，与社会力量之间协同合作，共同推广健身气功进社区。第四，政府购买社会服务项目过程中，要将传统体育的健身功能考虑进去，转变思路，把政府层级拨款延伸到购买社会服务领域，将会起到显著的效果。

最后，需要特别指出的是，本书是一项规范的体育社会学研究，既能在理论与实践的对话中表达作者的社会关怀，也能在体育学研究和社会学研究的跨越中体现作者的学术使命，非是在体育学领域和社会学研究领域均有关照，在理论领域和实践领域均有心得者而不能为之，非常值得相关学科的研究者拿来参考，更值得相关部门的决策者拿来参照。

林聚任

山东大学哲学与社会发展学院社会学系主任、教授、博士生导师

2019 年 12 月于泉城

第一章 传统体育社团与社区健康

一 总的问题:传统体育如何参与社区健康促进

传统体育促进健康的功效历来备受关注。有研究发现,太极拳、八段锦对心力衰竭、冠心病、肌骨疼痛、慢性中风、帕金森症等各种疾病的预防、控制和生理机能恢复均有改善作用,对中老年人的睡眠质量和身体平衡等各项身体机能的促进也有显著作用。[1][2][3][4] 心理层面,太极拳能够增强人的成就动机、自我情绪调节能力、注意力、自信心等[5]。还有研究指出,传统体育锻炼可以增强个人安全感和责任感[6][7]。政策层面,习近平总书记于2016年8月在全国卫生与健康大会上的讲话,以及李克强总理于2016年11月在第九届全球健康促进大会上的致辞,都明确提出在全国"广泛普及健康知识和技能,深入开展全民健身运动"。2016年10月,《"健康中国2030"规划纲要》特别指出,"大力发展群众喜闻乐见的运动

---

[1] 陈青、曹庆华:《融合与变迁的中华武术功能和作用》,《成都体育学院学报》2010年第3期。

[2] 张发强:《中国社会体育现状调查结果报告》,《体育科学》1999年第1期。

[3] Yeh G. Y., Wayne P. M., Phillips R. S., "Tai Chi Exercise in Patients with Chronic Heart Failure" *Med Sport Sci*, Vol. 52, 2008, pp. 195 – 208.

[4] Mustian K. M., Palesh O. G., Flecksteiner S. A., "Tai Chi Chuan for Breast Cancer Survivors", *Med Sport Sci*, Vol. 52, 2008, pp. 209 – 217.

[5] 李林:《中国民间传统体育锻炼对心境状态的影响及其与心理健康的关系》,《北京体育大学学报》2000年第2期。

[6] 李源:《从养生视阈论传统武术的价值与现代健身思想的契合》,《山东体育学院学报》2010年第3期。

[7] Woodward T. W., "A Review of the Effects of Martial Arts Practice on Health", *State Medical Society of Wisconsin*, Vol. 108, 2009, pp. 40 – 43.

项目，鼓励开发适合不同人群、不同地域特点的特色运动项目，扶持推广太极拳、健身气功等民族民俗民间传统运动项目"。可见，学术研究和社会政策都非常重视传统体育项目的健康促进作用。然而，与社会关注程度很不相称的是，当前传统体育的发展困难重重：首先，价值模糊。与现代竞技体育接轨的倾向削弱了原先所蕴含的思想内涵。其次，实践错位。比赛竞技形式使"武术套路异化为体操、舞蹈、戏剧的奴婢；武术散打异化为拳击摔跤等其他搏击形式的竞技场"。最后，传承受阻。城市化的生产、生活方式使传统体育变成了无源之水、无根之树，后继乏人。[①] 这些发展困境严重阻碍了传统体育在健康促进方面的积极作用。[②③]

我们看到，一方面传统体育的健身功效备受关注，另一方面传统体育的发展又困难重重。问题的关键是什么？我们认为，一个重要原因是缺乏一种将"传统体育"与"健康"联结起来的集体行动机制。武术、健身气功等传统体育长期以来被当作是一种"刚柔相济、虚实相生、动静兼备、以形传神"，"内练一口气、外练筋骨皮"的个体行为，而忽视了它作为一种"集体行动"的可能性，因而未将其纳入社会治理体系之中，并探索出一套推动传统体育发展的集体行动机制，结果在现代化的冲击下，传统体育的社会价值日渐式微。

近年来，社会结构的变迁和社会治理理念的提出，为传统体育转变为"集体行动"，突破发展困境，发挥健康促进作用提供了契机。社会结构的复杂化，社会问题的多元化，强调多元共治的"社会治理"理念进入政策视野。党的十八届三中全会提出了"激发社会组织活力"推进国家治理体系和治理能力现代化的重大决策，开启了多元主体共同参与社会治理的模式。多元共治正是社会治理的基本特征，也是进行社会体制改革，增强社会发展活力的必然选择。[④⑤⑥] 而社会治理目标的实现，既

---

① 申国卿:《太极拳勃兴折射的武术生存状态变迁》,《体育科学》2009 年第 9 期。
② 李岩、王岗:《中国武术：从荣耀之身到尴尬之境》,《武汉体育学院学报》2015 年第 4 期。
③ 杨建营:《从 20 世纪武术的演进历程探讨其发展趋向》,《体育科学》2005 年第 7 期。
④ 郑杭生:《社会学视野中的社会建设与社会管理》,《中国人民大学学报》2006 年第 2 期。
⑤ 王浦劬:《国家治理、政府治理和社会治理的涵义及其相互关系》,《国家行政学院学报》2014 年第 3 期。
⑥ 李培林:《社会治理与社会体制改革》,《国家行政学院学报》2014 年第 4 期。

需要政府采取"推位让治"等多种方式让渡治理的空间和职能,培育和推动社会组织参与社会治理①,同时也离不开社会组织的自身发展和联合行动。②③ 现代社会,各类社会组织在改善生活环境,培育社会资本,提高生活质量等诸多方面发挥了越来越重要的作用。④ 促进社区居民的健康,即"社区健康促进",是社区治理的重要内涵,同样需要社会组织的共同参与。传统体育社团是基层社会组织的重要构成部分,内在凝聚力强,是传统体育传承的基本组织单位⑤,将其纳入包含着社区居委会、社工队伍、社区志愿者和社会组织等多元主体的社区治理体系之内,服务居民,造福居民,促进健康,已经具备了现实依据和政策基础。

那么,如何以社团化为路径,将传统体育纳入社区治理体系,实现健康促进,即传统体育社团参与社区健康促进的"集体行动机制"是什么?就成为亟待深入研究的重要议题。所以,本书的主要目标是通过探索传统体育社团参与社区健康促进的各种行动机制,确定各种机制的内涵、要素和具体运作过程,阐明"从个体行为到集体行动"的基本逻辑,为健康促进事业和社区治理创新提供切实可行的政策建议,同时也为弘扬传统体育的时代价值探索一条有效的、有说服力的实践路径。

二 研究背景与研究价值:时代要求与文化传承

(一)研究背景

1. "健康中国"倡导下的社区健康促进

健康是一个永不过时的话题,随着社会经济水平的提高,健康越来越

---

① 王名:《中国民间组织30年——走向公民社会》,社会科学文献出版社2008年版,第10页。

② 叶南客、陈金城:《我国"三社联动"的模式选择与策略研究》,《南京社会科学》2010年第12期。

③ 王思斌:《社会治理结构的进化与社会工作的服务型治理》,《北京大学学报》2014年第6期。

④ Putnam, Robert D., *The Prosperous Community: Social Capital and Public Life*, American Prospect, 1993, pp. 32-33.

⑤ 吕韶钧、张维凯:《民间习武共同体的提出及其社会文化基础》,《北京体育大学学报》2013第9期。

需要被科学的方式来促进。《"健康中国2030"规划纲要》（以下简称《纲要》）中特别指出，"大力发展群众喜闻乐见的运动项目，鼓励开发适合不同人群、不同地域特点的特色运动项目，扶持推广太极拳、健身气功等民族民俗民间传统运动项目"。[①] 可见，国家非常重视健康的理念和传统体育项目的健康促进作用。依据《纲要》的思想，传统体育参与全民健康事业是一个时代命题，"健康中国"口号的提出为现阶段的传统体育发展指明了道路，传统体育也注定在健康中国的建设与健康促进中发挥着重要作用。

很多科学实验表明，体育活动已成为增强国民体质和改善健康的最积极、最有效和最经济的方式。政府高度重视体育活动在增强体质和改善健康方面起到的重要作用，并先后颁布实施了一系列政策法规。从1995年的《全民健身计划纲要》到2014年的《国务院关于加快发展体育产业促进体育消费的若干意见》，再到2016年的《全民健身计划（2016—2020）》与《"健康中国2030"规划纲要》，都充分反映我国政府对全民健身的重视，对于群众体育活动进行积极引导，以及努力通过体育锻炼来实现"健康中国"的决心。健身气功的高速发展得益于国家政策法规的颁布实施，同时，健身气功因其简单易学、效果显著、不受年龄限制的特点完美地契合了国家希望通过进行体育锻炼实现"健康中国"的构思。

传统体育的发展推动了全民健康活动。例如，新编健身气功经过多年的发展，取得了丰富的科研成果，健身气功推广工作也初见成效。但是，健身气功的普及范围依然比较局限，主要在学校系统内部推广，仍有待进一步拓展的空间。《纲要》中明确指出要对以武术、太极拳、健身气功等为主的传统体育运动项目进行扶持推广，传统体育项目的发展迎来了前所未有的机遇。在"健康中国"的大背景下，传统体育在社区居民中的推广有利于提高重点人群的健康水平以及普及科学健康的生活方式。助力"健康中国"建设是时代赋予传统体育的神圣使命，也是在新形势下发展传统体育的必由之路。探讨传统体育项目在社区中的推广策略不仅满足了全民健身的需要，对构建和谐社会，加强人们精神文明建

---

① 国务院办公厅，中共中央国务院印发《"健康中国2030"规划纲要》，http://www.gov.cn/xinwen/2016-10/25/content_5124174.html。

设也起到了促进作用。传统体育虽然得到了很大的普及,但是对传统体育在社区推广策略中的研究较少。笔者希望通过深入社区参与调研,结合传统体育在社区的开展现状总结规律,发现问题,寻找解决方法,为传统体育在社区中的推广尽绵薄之力。

全民健身运动的开展,需要多元化的体育运动项目,健身气功和太极拳等传统体育项目凭借其独有的优势,首当其冲。全民健身运动为全民健康服务,健康是广大人民群众的共同追求,是社会经济发展的基础条件。全民健身运动的开展是实现中华民族伟大复兴中国梦的基础和保障,也是实现民族昌盛和国家富强的重要手段。随着我国经济实力的不断提升,人们的医疗水平、居住环境、生活方式、工作方式、饮食习惯等都有所改善,人们对于自身的健康愈加关注。"身体是革命的本钱",全民健身的理念已经深入人心。传统体育的推广有利于促进体医融合和非医疗健康干预,这一模式对于服务"人的全面健康"具有重要意义。当代居民对自身健康的重视程度与日俱增,传统体育的推广充分满足了居民对于"治未病"的需求。在社区中普及健身气功和太极拳等传统体育项目具有很大的价值和意义。

2. "文化自信"引领下的传统文化复兴

党的十九大报告中指出,全国上下要为实现中华民族伟大复兴的中国梦不懈奋斗,要实现"中国梦"就要充分挖掘中华民族优秀的传统文化,坚持文化自信。我国有五千年的优秀历史文化,传统体育作为优秀传统文化之一,应责无旁贷地为实现中华民族伟大的中国梦做出自己的贡献。文化是一个国家和民族的"根源"和"灵魂",而"文化自信"是国家和民族发展中最为基本和持久的力量。习近平总书记提出,"文化自信"是中国特色社会主义的"第四个自信",又在党的十九大报告中深刻阐述了新时代文化建设的巨大作用,阐明了在新时代如何对待文化、发展文化和推进文化建设等重大问题,为推动社会主义文化发展、建设社会主义文化强国提供了根本遵循。[①] 传统体育文化是传统文化的典型代表,如健身气功这种优秀传统体育文化在其漫长的发展过程中逐渐形成

---

① 本书编写组编著:《党的十九大报告学习辅导百问》,学习出版社、党建读物出版社2017年版,第97页。

了天人合一、动静相兼、中和养生等中国特色的理论和理念。传统体育渗入精神和身体等多维度层面，在弘扬民族精神与传统文化方面具有义不容辞的时代使命。继承和发扬中华传统体育，对于坚定文化自信和复兴传统文化具有重要意义。

传统体育一直承担着文化复兴的重任。以健身气功为例，健身气功在个人的养生保健和社会整体的文化传承上都发挥着重要作用。新编健身气功的出现虽然较晚，但近年来以其独特的优势迅速发展，受到国内外的追捧。1996年，我国首次提出了健身气功的概念，并规范了对健身气功工作的管理。国家体育总局经过研究和商讨，成立了健身气功管理中心，把健身气功确定为一项独立的民族传统体育项目，注重通过心理调节、呼吸吐纳再结合自身的形体活动，进而实现强身健体。健身气功凭借其保健功效，且不易受年龄、季节、场地设施等因素的制约，具有较广泛的群众基础，受到以中老年群体为主力军的爱好者追捧。我国健身气功方面的专家学者，为了传承和发展优秀的传统功法，历经数年的坚持不懈，创编出了健身气功之易筋经、五禽戏、八段锦、六字诀四套功法，对长期坚持健身气功在生理、心理、生化指标等方面有何影响进行科学研究，发现练习健身气功对人体各方面的健康状况均有改善。健身气功吸引了越来越多的群众加入练习队伍中来，人们对健身气功提出了更高的要求，为了丰富健身气功内容，满足群众多元化的需求，2009年年底，健身气功管理中心又相继推出了五套新的功法。2003—2015年健身气功发展迅速。截至2015年年底，全国已有多达27383个正式注册的健身气功站点，负责站点管理的相关人员超过120万人，参与练习的人数已超过352万人。

健身气功作为一项有着悠久历史的养生术，是在实践过程中不断总结经验，逐步建立起来的。从湖南长沙马王堆出土的《导引图》到东晋葛洪的《抱朴子》，再到最著名和最具代表性的东汉华佗创编的"五禽戏"，结合前人的研究，现创编了"一五六八"四种新的功法。健身气功推广不仅是一种功法的流传，更是一种文化的传承。健身气功功法中每一个动作都蕴含着我国特有的哲学和审美文化。人们在练习健身气功的同时也是对我国古代优秀传统文化的了解和传承。在国家相关部门的大力宣传推广下，只有使更多的居民参与到健身气功的练习中来，承载着我国优秀传统文化发展使命的健身气功才能结合时代精神得以更好发展。

3. 政府购买服务的政策背景

我国政府购买服务自 1995 年开始,经过 20 多年的探索和实践,购买模式日趋成熟,相应的政策法规日趋完善。政府购买公共服务是服务型政府由"管办一体"到"管""办"分离职能转变的体现,是协助政府进行社会治理的有效方式。政策的制定促进了社会组织的高速衍生,丰富了项目服务社会的途径。① 在党的十八届三中全会以及全国两会政府工作报告中都提出政府购买公共体育服务将显著提高公共体育服务质量和水平的新理念,政府部门已经将购买公共体育服务作为现阶段的重点工作,这是构建公共体育服务领域的新举措,为武术、太极拳、健身气功等一些中国传统体育项目作为政府购买的公共体育服务项目提供了契机。② 政府购买社会服务相关政策的制定及力度加大,有助于整合社会力量和人才资源集中解决一些社会健康方面的热点问题,为体育项目以服务的运营形式发展提供了可能。

(二) 研究价值

1. 传统体育参与社区健康促进的功能价值

传统体育包含健身气功、武术、民俗体育、民族体育等多种形式,彼此相互交叉,相互渗透。例如健身气功是集武术、医疗保健和气功于一体的民族传统体育项目,讲究"调身、调息、调心"相结合的三调合一运动形式,不仅可以强身健体、预防和治疗疾病、延缓衰老,还可以开发智慧,挖掘人体潜能。③ 健身气功作为优秀的传统体育项目,其所倡导的宗旨与当前大健康等新理念相吻合,与促进健康的关口前移、防治疾病的关口前移等国家战略相符合,在全民健身上升为国家战略后发挥

---

① 李婷婷:《政府购买社工服务机制研究——以深圳为例》,硕士学位论文,深圳大学,2017 年,第 8—11 页。
② 国务院办公厅、中共中央国务院印发《"健康中国 2030"规划纲要》,http://www.gov.cn/xinwen/2016-10/25/content_5124174.html。
③ 杨毅:《论中国健身气功的养生价值及时代需求》,《搏击·武术科学》2010 年第 7 期。

着日益显著的重要作用。① 但是，目前社区健康促进工作往往忽略了类似于健身气功这样传统体育因素，没有找到更为直接高效的方式进入社区健康促进活动并发挥其价值。从健康中国的角度出发，要提高社区健康水平，就要重点发挥传统体育养生文化，只有让人们拥有科学的健身技能和健康的生活方式，才能促进健康的实现。大力弘扬像健身气功这样的传统体育项目将对健康促进事业起到重要的作用。

2. 传统体育参与社区健康促进的路径创新

社区是全民健身的主阵地，拥有着雄厚的群众基础，也是传统体育非常理想的介入场所。传统体育"进社区"是国家提倡的"五进"政策内容之一，是传统体育惠及百姓健康极为有效的途径。国家虽然在宏观层面上极力推广传统体育，但是当前传统体育落实到社区群众之中的路径还不完善，参与推广传统体育的行为主体较少，主要是一些社会体育指导员和健身气功爱好者。在普及过程中多局限于个体行为属性，缺乏更多具有传统体育知识与技能方面的人才资源和社会组织团体等社会力量的介入。显然，这些发展困境阻碍了传统体育在健康促进事业中的积极作用。因此，健身气功推广方式需要创新，需要探索多元主体协同推动健身气功等传统体育项目参与到社区健康促进事业中去。

以往研究局限于传统体育的"个体行为"属性，较少涉及传统体育发展的社团化路径，也未将传统体育社团纳入社区治理体系。本书将传统体育社团看成是社区治理的重要主体，指出通过参与社区治理，既发挥自身在健康促进中的作用，也克服了自身发展困境，这为传统武术发展研究提供了一个新的思考空间，也为社区治理理论的创新提供了一个新的视角。同时，本书探讨传统体育社团参与社区治理，推动健康促进事业的机制，对创新社会治理体系的实践具有现实的指导意义，为传统体育社团的健康促进功能提出了可供选择的路径和机制。本书符合"共建共享、全民健康"的主题，有助于全面落实健康中国的目标，与中共中央发布的《关于实施中华优秀传统文化传承发展工程的意见》的指导思想相吻合。

---

① 刘汉生：《"健康中国 2030"契机下对民族传统体育养生文化的传播路径探究》，《文化视野》2018 年第 1 期。

三 基本概念与相关研究：传统体育社团与社区健康

（一）基本概念

1. 传统体育社团

我们将传统体育社团界定为：为实现共同的意愿，由公民自发自愿组织成立并进行自我管理，按照章程以传统体育活动为基本内容载体，以提高传统体育运动水平、传承发展民族传统体育文化为宗旨的专业类社会团体。根据规范化程度大体可分为正式注册登记的社团、备案的社区社团和未登记备案的草根社团等；根据传统体育种类可以分为民俗体育社团、民族体育社团、武术社团、健身气功社团等；根据社团目的可以分为健身性社团、表演性社团、竞技性社团等。由于传统体育健身社团在社区健康促进中的作用更加突出，是本书的主要对象。在社区健身中，太极拳和健身气功社团比较普遍，健身气功与太极拳在健身方式、理念和效果方面非常相似，本书会较多涉及健身气功社团的研究。

2. 社区健康促进机制

以往的研究只是从个体练习的角度考察传统体育的健身功效，但是没有解决如何让个体广泛参与到传统体育健身中来这一关键问题，社区居民的健康促进不是"个体行动"，而是一种需要社会各方面力量共同参与的"集体行动"，因此本书将分析和研究传统体育如何通过社团化路径，作为参与社区治理主体之一，与其他治理主体相互协调，最终实现健康促进的目标。由于传统体育社团主要存在于城市，本书侧重对城市社区居民健康促进机制的研究。我们将比较分析社区的传统体育社团发展情况、治理模式和居民健康水平，来考察传统体育社团促进社区居民健康的机制。

（二）相关研究

1. 社区健康促进内涵的相关研究

健康促进最早由医学家 Henry E. Sigerist 于 1945 年提出。[1] 1986 年他

---

[1] 傅华、李枫：《现代健康促进理论与实践》，复旦大学出版社 2003 年版，第 13 页。

在渥太华举行的第一届国际健康促进大会上发表了《渥太华宣言》，该宣言将健康促进列入解决全球健康问题的策略与方案，并确定了健康促进的概念为"促使人们提高维护和改善自身健康的过程"。随着人类对健康的理解程度不断加深，以及生活中影响健康因素的增加，人们更加认识到依靠全社会力量提高健康水平的意义。① 社区健康促进是通过健康教育与其他促使行为和环境来提高健康水平的一切社会支持系统，通过改变个体和群体行为、生活方式和环境因素，建立新的行为方式和生活方式，从而提高社区人群的健康水平和生活质量的所有社会活动过程。② 社区健康促进强调了健康教育与社会支持在其中所起的作用，可见，除了个人本身固有的健康生活方式外，社会支持与外部环境对社区健康促进有着很大的影响。要想提高社区健康促进水平，还必须在社会支持和环境的改变上下功夫。

健康促进对构建社区的作用非常大，而体育促进是健康促进中很必要的手段。体育锻炼是控制疾病的干预手段之一，通过体育来促进健康逐渐成为健康领域研究的重要内容。有学者指出社区体育是一种整体干预、以人为本、经济高效的社区健康促进方式，而当前社区体育发展存在体育人口比较低，年龄不平衡，社区体育组织水平不高，有效体育需求不足，社区体育资源匮乏，居民满意度较低等现实问题。③ 这些现实问题成为实现"健康中国"道路上的"拦路虎"，要想实现体育在社区健康促进中发挥作用，政府及各有关部门还需加强社区体育指导，为社区提供必要的体育设施资源和体育指导员资源，有组织、有计划地开展一系列与体育有关的活动；社会力量和社区资源也要通过行为干预和健康教育帮助社区居民树立健康观念，使居民能够采取健康的行为和生活方式，形成一种社区健康文化，从而才能提高社区健康促进水平。④

---

① 杨勇：《社区健康促进中体育促进研究》，硕士学位论文，苏州大学，2006年，第5—8页。

② 杨金辉：《武术在社区体育健康促进中的发展研究——以育新花园社区为例》，硕士学位论文，北京体育大学，2012年，第4页。

③ 杨勇：《社区健康促进中体育促进研究》，硕士学位论文，苏州大学，2006年，第5—8页。

④ 李雅娟、肇丽群：《健康教育与健康促进》，《实用乡村医学杂志》2003年第4期。

2. 健身气功等传统体育功能价值的相关研究

健身气功作为优秀的传统养生文化，属于健康教育的一部分内容，有着其自身独特的功效和价值，在医疗保健方面也能发挥着巨大的作用。有学者通过健身气功·五禽戏对中老年女性进行为期1年的干预，发现五禽戏锻炼可以提高中老年女性膝关节相关肌力，改善平衡能力。[1] 有学者通过健身气功·易筋经对中老年人心理、生理影响进行研究，发现进行6周易筋经锻炼的习练者，其焦虑和抑郁程度有所降低，幸福度有所提高，并且对心血管系统、呼吸机能、身体柔韧性、肌肉力量等方面也都有积极的影响。[2] 也有学者就健身气功·八段锦对失独老人心理健康影响做过实验研究，失独老人规律地练习八段锦6个月后，其自我控制能力在一定程度上有所提高，降低了失独老人的强迫、敏感、焦虑、忧郁等一系列的因子，在一定程度上为失独老人创建了健康的心理环境。[3] 有学者发现健身气功在体育教育上的价值体现在：能推动大众体育教育向"健康第一、终身体育"的方向发展，有效丰富了学校体育教育对社会教育的指导效应和价值贡献。[4] 有学者认为健身气功是当今时代人们健身养生的需要，是我国社会人口老龄化的需要，也是传承传统文化的需要。[5] 也有学者指出，健身气功在社区体育设施、体育组织、体育指导和体育信息服务方面发挥着积极作用，同样对构建多元化社区体育服务体系起着重要作用，极大地促进构建和谐社区。[6]

总结以上研究，笔者认为健身气功等传统体育项目无论对人的健康，还是对社区建设、社会发展，都有积极意义。

---

[1] 卢远坚、曹彦俊等：《五禽戏锻炼对中老年女性膝关节肌力及平衡能力影响的临床研究》，《上海中医药杂志》2017年第4期。

[2] 石爱桥、李安民等：《参加健身气功·易筋经锻炼对中老年人心理、生理影响的研究》，《武汉体育学院学报》2005年第3期。

[3] 伦恒栋：《健身气功·八段锦对城市失独老人心理健康影响的研究》，硕士学位论文，鲁东大学，2018年，第18页。

[4] 李晶：《健身气功体育教育的内涵与价值研究》，硕士学位论文，武汉体育学院，2011年，第24页。

[5] 杨毅：《论中国健身气功的养生价值及时代需求》，《搏击·武术研究》2010年第7期。

[6] 虞定海、牛爱军：《健身气功在构建上海市多元化社区体育服务体系中的作用》，《上海体育学院学报》2006年第3期。

四 研究框架：集体行动的诸多机制？

本书尝试提出并论证传统体育社团参与社区健康促进这一"集体行动"机制：包括耦合机制，嵌入机制，再生产机制等，分别解答传统体育社团在社区健康促进中的"存在问题""地位问题"和"关系问题"。总体框架和概括为下表：

		传统体育社团参与社区健康促进的集体行动机制
耦合机制	解题	"存在"问题：为何传统体育需要借助社团形式发挥社区健康促进作用？
	内涵	耦合，是工程学的概念，指多个电路元件的输入和输出之间存在紧密配合、交互影响、相互传输能量的现象。耦合概念被社会系统控制理论引入社会研究。
	要素	形式要素：社团生活；内容要素：传统武术。
	描述	传统武术有助于社团生活的展开；社团生活有助于传统武术的发展。二者产生交互促进的耦合效应，为传统武术从个体行为转变为集体行动提供了可能。
嵌入机制	解题	"地位"问题：传统体育社团在健康促进、社区治理，乃至整个社会治理体系中的地位是什么？
	内涵	波兰尼用嵌入概念描述两个主体之间的内在本质关系，"A 嵌入 B"是形塑 A 与 B 之间的根本逻辑，如果"B 嵌入 A"，则颠覆了两者之间的内在本质关系，会由此引发系列不良后果。近年来，嵌入概念被用来分析社会治理主体之间的主次关系。
	要素	武术社团；社会组织；社区；国家。
	描述	从"嵌入性"视角寻找到解释国家、社区力量、专业社会组织和社区大众在"社区"空间中的合作治理机制，逐级嵌入成为多元行动主体合作行动的根本逻辑。武术社团需要确定自身在社区治理体系中的位置，才能起到社区健康促进作用。

续表

传统体育社团参与社区健康促进的集体行动机制		
再生产机制	解题	"关系"问题：传统体育社团在社区健康促进中如何与其他社区治理主体之间进行配合并实现自身的复制传播？
	内涵	再生产是指某一主体具有自我再生的能力从而不断复制自身的社会生产过程。马克思在《资本论》中提出"再生产"的概念，后经学者长期的研究发展，衍生出多种与再生产相关的理论。例如，国家权力再生产、文化的再生产、人类自身再生产、社会阶层的再生产、单个资本再生产及社会总资本再生产等。近年来，再生产概念被用于文化、阶层研究，用来描述文化的持续传承和阶层流动的稳定等。
	要素	政府组织；社会组织；社区居委会组织；社区志愿者组织；社工机构。
	描述	传统体育社团通过组织再生产的方式实现自身内涵即传统体育的推广复制。
项目进退机制	解题	发展问题：在社区公共资本相对匮乏和自组织乏力的情况下，如何实现社区自组织和社区社会组织的发展。
	内涵	在当前的社区治理场域中，由于资源匮乏而导致社区社会组织难以自发成立并正常运转。项目进入社区时，通过整合制度、文化和需求方面的驱动力为社区注入经济资本，导入文化资本，嵌入社会资本，营造出适合社区自组织的治理场域，并协助成立社区社会组织；项目退出社区时，依赖资本的再生产属性，通过资源衔接、管理衔接和信任衔接，形成社区社会组织的自组织惯习而实现自主运行。
	要素	政府；枢纽型社会组织；项目；高校。
	描述	对社区服务项目的进入过程和退出过程进行合理安排，可以有效培育出有运行能力的社区社会组织。

五 思路、方法和创新点

(一) 研究思路

首先，在全社会积极倡导"健康中国"和大力弘扬"优秀传统文化"的时代背景下，本书综合体育学、社会学、管理学、人类学等多学科视角，运用社会治理理论、社会系统理论、结构功能理论等多种理论，采用文献资料法、田野调查法、口述史、问卷统计等多种方法，结合实际调查经验，对传统体育社团参与社区健康促进的行动机制进行系统的解释和分析。其次，本书的核心思想，是将传统体育健身理解为"集体行动"，推动传统体育的社团化发展，使传统体育社团"名正言顺"地参与到社会治理的蓝图中，作为社区治理的重要主体之一，有效发挥其健康促进作用。最后，本书将"集体行动机制"概括为"耦合""嵌入""再生产""项目进退"四个方面，回答传统体育社团参与社区健康促进的本体性问题和方法论问题。

（二）研究方法

1. 通过文献资料法，对国内外有关"传统体育社团"参与"社区治理"和"健康促进"的文献资料进行查阅，充分搜集挖掘信息和数据，以求对该领域的研究有一定程度的把握，并注意材料的权威性、客观性、代表性、重要性以及充足性，确定研究的综合框架，使其具有逻辑性、系统性和层次性，以此作为研究的重要基础。

2. 按照文献研究与实地调查互证的要求，采用问卷调查和田野调查相结合的方法，设计调查问卷和提纲，开展点、线、面的实地调查，获取第一手资料。以胶东地区的社区为调查地点，对社区中的传统体育社团以及社区居民进行问卷调查。并针对该地区的传统体育社团和典型社区进行个案调查和深度访谈，探索传统体育社团参与社区健康促进的各种行动机制。

3. 运用社会学统计方法和SPSS统计软件，对问卷数据进行描述、方差、相关、回归分析，研究传统体育社团对社区居民生命质量、健康水平、社会质量等方面的影响，建立模型，验证武术社团参与社区健康促进的各种行动机制的信度和效度。

4. 采用个案访谈和典型分析方法对典型社区和典型传统体育社团进行深度分析，剖析传统体育社团参与社区健康促进的行动机制，提炼出"集体行动机制"。

（三）重点、难点和创新点

传统体育的功能价值备受关注，那么，如何将传统体育作为干预手段更好地来促进社区居民的健康，实现健康促进；另外传统体育参与社区健康促进的"机制"是什么。基于这些问题，结合传统体育在社区健身队的实践，本书的目的就是通过呈现传统体育嵌入社区健康促进的全过程，试图说明健身气功如何一步一步地嵌入社区健康促进，即"健身气功参与社区健康促进的过程是什么"。在新视角和新机制下，理顺多元主体、多种要素和行动过程之间的关系及相互作用，为传统体育的继承与推广提供新的思路，使健身气功更直接、高效地参与到社区健康促进事业并在其中发挥独特的价值，实现不同专业领域和多学科的交叉，为传统体育的发展提供实践经验和理论帮助。

1. 重点难点

（1）本书的重点是探索传统体育社团参与社区治理和健康促进的集体行动机制，通过揭示耦合机制、嵌入机制、再生产机制和项目进退机制的内涵、要素和具体运作过程，回答传统体育社团在参与社区治理、推动健康促进中的"存在""地位"等本体论问题，以及"发展""关系"等方法论问题。

（2）研究难点一：民众自发的传统体育团体与正式注册的传统体育社团之间需要进行明确区分和清晰界定，其行动机制有所不同。同时，历史上民间自发的传统体育社团与社会治理之间存在某些对抗性，在弘扬其正能量的同时应规避其负面效应。研究难点二：每个机制侧重于回答传统体育社团参与社区居民健康促进的某一个问题，本书需要在本体论和方法论上对四个分机制进行更加深入的分析，凝练出一个更具概括性的概念体系来呈现武术社团参与社区健康促进的行动机制。

2. 研究创新点

在学术观点上，本书从"嵌入性"视角寻找解释国家、政府、社会工作服务机构、高校、社区力量和社区大众在"社区"范围内的嵌入机制，特别是在传统体育社团参与社区健康促进方面。具体创新点如下：（1）学术理论创新。尝试使用一些工程学、系统科学、经济学的术语来描述传统体育社团参与社区健康促进的作用机制，并在本体论和方法论层面进行概括，对拓展社会治理理论而言是一种概念上的创新。（2）学术观点创新。本书将超越"传统体育有益身心健康"这类一般性认识，认为只有集体行动才可以将"传统体育"和"健康"两个因素有效联结起来，否则，传统体育即便有再大的健身功效，也很难进入人们的生活。我们认为，"传统体育的社团化"和"参与社区治理"这两种集体行动，是传统体育发挥健康促进功能的关键所在。（3）研究方法创新。在体育学、社会学、管理学多学科交叉的基础上，运用文献资料、田野调查、问卷调查和数据统计等方法，努力实现历史文献与实证资料的互证、田野调查与问卷的互补、专家访谈与田野调查的交融，力争全方位、多角度、立体化地呈现出传统体育社团在社区健康促进作用上的独特价值。

第二章 传统体育社团与社区居民的生命质量
——基于八段锦练习对中老年女性生命质量的影响分析

一 问题的提出：传统体育与生命质量

按照世界卫生组织的规定，一个国家或地区超过10%的人口超过60岁，或者7%的人口超过65岁，那么这个国家或地区就进入了老龄化。2010年我国第六次全国人口普查数据显示，我国60岁及以上的人口占到了总人口的13.26%，65岁及以上的人口占到了我国总人口的8.87%，已进入老龄化社会。[①] 我国人口老龄化的趋势加快，引起社会各界关注，尤其是针对提高老年人生活质量的相关研究也进一步增多。与此同时，我们生活节奏的加快和生活方式的转变造成亚健康人数不断攀升，其中以中老年人的健康问题尤为突出。[②] 本章探析健身气功对提高中老年女性群体生命质量的功效。目前，已有不少关于健身气功对青年和老年人生理机能影响的研究，但研究对象大都是高校大学生和老年人，关于健身气功对于中老年女性影响的研究不多，尤其关于健身气功对生命质量影响的研究更为少见，并且缺少系统性。本章揭示健身气功对中老年女性生命质量的影响，帮助中老年女性运用健身气功防治疾病和养生保健，整体上提高中老年女性的健康水平和生命质量。本章把中老年女性生活质量问题与民族传统体育项目结合起来进行讨论，把传统体育的社团化

[①] 中华人民共和国国家统计局：《2010年第六次全国人口普查主要数据公报（第1号）》，http://www.stats.gov.cn/tjgb/rkpcgb/qgrkpcgb/t20110428。

[②] 张治霆、刘华、朱烈夫：《农业女性化：发展趋势、问题与影响》，《农学学报》2017年第6期。

发展与社区健康促进结合起来，寻求我国中老年群体等特定人群参与健身气功发展的契合点，为推广宣传健身气功等传统体育形式提供现实依据。①

二 生命质量概念的界定及相关研究

（一）生命质量的概念

"生命质量"（quality of life）最早出现在美国社会学家加尔布雷思（John Kenneth Galbraith）的著作《富裕社会》一书中，之后关于生命质量的研究和讨论在社会学、医学等领域迅速展开。②但是，关于"生命质量"的界定，国内外学者莫衷一是，始终没有形成一个各方都能接受的"生命质量"概念。国内不少学者于20世纪80年代纷纷加入有关生命质量的研究热潮，对生命质量的内涵进行了丰富的界定，从而促进了国内关于生命质量的理论和经验研究。目前，广大学者基本认可世界卫生组织的"生命质量研究组"所提出的定义：不同文化层次和价值体系中的个体的体验，既包括对生活目标、期望和标准的体验，还包括对自己关心的事情的生活体验，涵盖个体的生理、心理和社会功能等方面。③

（二）有关生命质量的研究

目前，生命质量已经成为医学、经济学、社会学乃至体育学等众多领域关注的重要课题。起初，国外研究主要集中在生命质量的测量标准方面，在这方面存在不少的分歧，没有形成一致结论。20世纪70年代，生命质量研究被引入经济学和社会学领域，生命质量的测量指标体系才逐渐成形。④到了20世纪80年代，生命质量被当作监控和评价病人以及

---

① 国家体育总局《〈全民健身计划纲要〉实施十五年》白皮书，http://www.sport.gov.cn/n16/n1077/n297454/2662625.html，2012 - 01 - 18。
② ［美］约翰·肯尼思·加尔布雷思：《富裕社会》，赵勇等译，江苏人民出版社2009年版，第42页。
③ 周长城：《社会发展与生活质量》，社会科学文献出版社2001年版，第15页。
④ Morris D., "A Physical Quality of Life Index", *Urban Ecology*, Vol. 11, No. 3, 1978, pp. 225 – 240.

普通人群健康状况的简易方法引入医学领域，取得了良好效果并引起了众多学者的关注。[1] 20世纪90年代开始，研究者从综合视角，采用系统方法，广泛研究了生命质量的测量和评价体系以及生命质量的内涵等方面。进入21世纪，生命质量量表逐渐完善，相继被引入众多研究领域。国外研究者常把生命质量量表作为测量和评价普通人群或特殊群体健康水平的有效工具。[2] 换言之，把生命质量量表作为比较不同医疗措施的常用手段，为患者选择更恰当的医疗措施提供明确依据。[3]

从20世纪80年代开始，我国的医学和社会学领域开始了生命质量的相关研究。社会学的研究对象大多为老年人和普通人群，医学的研究对象大多为疾病患者。对普通群体的研究主要采用生命质量量表进行调查，测量人群的健康状况，将疾病对生命质量的各种影响因素进行分析，进而提出改善生命质量的相关建议。例如，有学者使用生命质量量表测量农民工的生命质量后发现，农民工的生活环境和经济压力等导致该群体的生命质量较差。[4] 对特殊群体的研究主要是通过监测和分析特殊群体的生命质量变化情况，来评价治疗措施的治疗效果。例如，某些慢性病患者因疾病难以治愈，心理负担重，生命质量的各项指标都显著低于正常人群，因此可以通过监测生命质量的变化，在治疗慢性病时，有针对性地采取更加科学的治疗方案改善患者的生命质量。[5]

总结国内外的生命质量研究，可以发现很多研究关注生命质量的测量指标构建。特别是医学领域会使用生命质量的测量指标评估个体的生理、心理以及社会功能等方面的健康状况。事实上，生活质量既能作为人们物质生活的评价依据，也能对人类自我生存状态进行主观的评价。

---

[1] George W., Torrance Utility Approach to Measuring Health – related Quality of Life, *Journal of Chronic Diseases*, Vol. 40, No. 6, 1987, pp. 593 – 600.

[2] Mchomey C. A., Ware J. E., "Comparisons of the Costs and Quality of Norms for the SF – 36 Health Survey Collected by mail Versus Telephone Interview: Results from a National Survey", *Med Care*, No. 16, 1994, pp. 551 – 567.

[3] Sugarbaker P., Barofsky I., Rosenberg S. A., "Quality of Life Assessment of Patients in Extremity Sarcoma Clinical Trials", *Surgery*, No. 9, 1982, pp. 117 – 123.

[4] 严征、彭安辉等：《城市农民工生命质量及影响因素分析》，《中国公共卫生》2010年第3期。

[5] 李晓梅、万崇华等：《慢性病患者的生命质量评价》，《中国全科医学》2007年第1期。

从体育学的角度来讨论生命质量，主要关注体育锻炼提高人类身心健康和生活质量方面的作用和作用机制。把传统体育健身与生命质量进行结合研究，是体育学研究的重要领域。当前，在国内外广泛认可和采用SF-36生命质量量表作为生命质量的评价体系。

（三）健身气功的健康促进效果研究

作为一种重要的民族传统体育形式，健身气功具有其独特的健身机理和运动形式。改革开放以来，健身气功在国家的推广下受到广泛关注，深受普通人群，尤其是中老年人群的喜爱。健身气功易学、易练，不易受环境条件的限制，而且养生保健和祛病防病的功效也较为明显。健身气功的理论基础是中医的经络学说、穴位学说、气血学说等，练习者通过控制心理和意识，协调动作与呼吸，进而调整生理和心理状态，最终起到防病、治病及促进心理健康的作用。

1. 健身气功对生理状况影响的研究

研究发现，健身气功对老年女性的血脂水平和自由基代谢水平产生积极作用，明显促使自由基抗氧化酶提升到较高水平[1]，通过进行长期持续的健身气功练习，老年人智力衰退速度明显减缓[2]，易筋经、五禽戏等健身气功对风湿性关节炎有显著的改善作用，同时还有很多辅助功能。[3] 关于健身气功对大学生生理状况的研究发现，健身气功·八段锦对其呼吸频率、耗氧量及能量代谢等指标均有改善作用。[4] 有研究发现健身气功对超重、肥胖中年女性、慢性疾病患者等特殊中老年群体也有明显效果。[5] 健身气功通过调节人体脏腑、经络和肌肉来改善人体系统功能状态

---

[1] 刘晓丹、金宏柱：《健身气功易筋经对老年女性血脂和自由基代谢的影响》，《中华中医药杂志》2010年第9期。

[2] 高亮、徐盛嘉：《健身气功对延缓老年人智力衰退效果的调查研究》，《体育文化导刊》2013年第7期。

[3] 何萍、孙云霞：《健身气功·五禽戏辅助治疗类风湿关节炎疗效的研究》，《沈阳体育学院学报》2012年第1期。

[4] 张鹏超：《健身气功练习对大学生呼吸机能及能量代谢的影响——以健身气功·八段锦练习为例》，硕士学位论文，上海体育学院，2013年，第5—15页。

[5] 张晓强：《健身气功·八段锦对超重或肥胖中年女性代谢综合征相关指标的影响》，硕士学位论文，北京体育大学，2008年，第4—12页。

和血液循环。① 有学者设计了八段锦对血糖的调节作用实验，发现练习八段锦 3 个月就可以降低中老年人的血糖水平。② 有调查显示，我国的亚健康人群数量庞大，其中以中年男性的亚健康状况尤为突出，生命质量的水平较低。有学者研究中年男性白领人员的生命质量状况，发现八段锦锻炼能够显著改善其生命质量。③ 还有研究发现城市中老年群体的生命质量状况在健身气功锻炼前后有显著变化。④⑤ 总之，有关健身气功的生理影响研究发现，健身气功对各类群体的健康状况都有较好的改善效果。

2. 健身气功对心理状况影响的研究

有研究者用心理量表或实验等方法观察并研究群体的心理变化发现，健身气功对普通中老年群体的焦虑和抑郁水平有显著的减缓作用。⑥ 还有研究指出健身气功可以调身、调息、调心，以及调节锻炼者的生活节律，能够帮助锻炼者抵御消极思想。⑦ 有些学者研究了易筋经和五禽戏对于改善中老年群体心理问题的作用，发现健身气功可以缓解该群体的焦虑和抑郁状况，并且改善了身体素质和心理健康。⑧ 此外，有关健身气功对大学生心理影响的研究表明，大学生的体能素质、心态和心境水平，会随着健身气功练习而有所改善。⑨ 当前社会，各类人群的心理健康受到了来自生活环境、社会关系和工作压力等方面的影响，因此会出现孤独、焦虑等不健

---

① 苗福盛等：《健身气功八段锦对高脂血症患者血脂和脂蛋白代谢的影响》，《山东体育学院学报》2009 年第 25 期。

② 刘俊荣等：《健身气功"八段锦"对中老年人血糖的影响》，《中国老年学杂志》2011 年第 6 期。

③ 李梦娇：《健身气功·八段锦对中年男性白领生存质量影响的研究》，硕士毕业论文，北京体育大学，2015 年。

④ 郭新斌：《健身气功·马王堆导引术锻炼对中老年女性生活质量影响的研究》，硕士学位论文，上海体育学院，2010 年，第 18 页。

⑤ 尤杏雪：《健身气功·六字诀对老年人生存质量的影响因素的研究》，硕士学位论文，首都体育学院，2009 年，第 15 页。

⑥ 石爱桥等：《参加健身气功·易筋经锻炼对中老年人心理、生理影响的研究》，《成都体育学院学报》2005 年第 3 期。

⑦ 翟向阳：《健身气功锻炼与提高心理健康作用的研究分析》，《河南中医学院学报》2006 年第 3 期。

⑧ 崔永胜、虞定海：《"健身气功·五禽戏"锻炼对中老年女性身心健康的影响》，《北京体育大学学报》2004 年第 11 期。

⑨ 刘洪福等：《健身气功·八段锦健心功效实验探讨》，《武汉体育学院学报》2008 年第 1 期。

康的心理变化，尤其是失独老人、独居空巢老人的心理问题更加突出。但是几乎所有的研究发现，在持续规范地进行健身气功锻炼后，心理状况会有所好转。

3. 健身气功对社会适应能力影响的研究

健康不仅包含身体和心理方面，还表现在社会适应方面。健身气功作为我国传统体育的重要形式，以身心兼修的特点备受人们喜爱，同时其在促进和改善个人社会适应能力方面也有明显的作用。有研究对来自不同地区的健身女性进行了测量，发现经常参与健身气功锻炼的女性结交了新朋友，扩大了朋友圈，拓展了社会关系网络，增加了人际交往，丰富了闲暇时间，相应的，这些人群的社会适应能力被显著提高了。[1][2] 健身气功练习可以独自练习，也可以集体练习，研究发现，锻炼者们更喜欢聚集在一起，相互交流切磋以提高锻炼效果，当他们参与健身气功集体性活动时，能够借此快速融入集体，既促进了社会交往，也促使个人在社会关系处理上做得更好。研究发现，不论是在城市还是农村，健身气功对个人社会适应的影响都存在，有助于锻炼者建立和谐有序的人际关系。[3]

（四）健身气功对中老年女性的影响研究

目前，很多研究开始关注中老年女性的健康问题。有的研究者从体育学的体育锻炼角度着手，有的研究者从社会学、医学等方面入手。例如，有研究者指出孤独、焦虑和抑郁等心理问题也是困扰中老年女性健康的重要因素，可以通过心理干预加以克服，也可以通过适宜的社会干预达到良好的效果。[4] 还有的研究指出通过护理条件的提高来缓解中老年女性的高血压等症状，能提升其健康水平和生活质量。[5] 也有不少研究从

---

[1] 李军：《我国女性参与民族传统体育活动的调查研究》，《体育文化导刊》2013年第4期。

[2] 张鑫玉：《健身气功大舞对改善中老年亚健康状况的实验研究》，硕士学位论文，沈阳体育学院，2014年，第35—38页。

[3] 吕笑蓉：《健身气功对浙江省农村中老年群体健康影响的研究》，《体育世界·学术》2012年第3期。

[4] 付金翠、陈黎跃、高良敏等：《云南省玉溪市农村老年人心理健康状况的干预性研究》，《中国健康教育》2013年第12期。

[5] 谢建秀、陈水琼、叶翠华：《社区护理干预对老年高血压患者生活质量的影响分析》，《当代医学》2013年第9期。

体育学角度来探讨中老年女性的生命质量问题。中年女性的生理机能处于减退阶段，同时社会角色的转变，家庭职能的改变和生活负担的加重等原因造成这个群体的身心压力加大，生命质量的总体水平较低。有研究发现，健身气功对中老年女性的身体形态和机能等指标有积极作用，显著提高了中老年女性锻炼者的生存质量。[1] 相比青年阶段，中老年女性的平衡能力明显降低，因此导致意外受伤的状况非常普遍，而气功训练能够延缓该群体平衡能力的衰退速度。[2] 健身气功、太极拳都属于有氧运动，强度小、动作缓，非常受中老年女性的喜爱。有不少研究表明，坚持太极拳或者八段锦可以增强心肺功能、改善体质、延缓衰老，对改善中老年女性的平衡能力和心理焦虑有益。[3][4][5]

综上发现，健身气功对各类人群的生理、心理以及社会适应等都有显著的改善作用，对于生命质量水平较低的中老年女性，健身气功也有一定的效果。本章主要运用实验法、测量法、问卷统计调查法分析健身气功锻炼在中老年妇女在生命质量方面的具体影响。当前中老年女性生命质量的相关研究，多数偏重医学领域，体育学领域的系统研究较少。本书以健身气功·八段锦为实验手段，在明确社区中老年女性生命质量现状的基础上，揭示健身气功与该群体生命质量的内在关联。

三 研究设计：研究对象与方法

（一）研究对象

研究对象是以健身气功·八段锦对社区中老年女性生命质量的影响。

---

[1] 牛秀秀：《力量练习对中老年女性体质健康的影响》，硕士学位论文，北京体育大学，2012年，第26页。

[2] 毕海泳：《振动训练对中老年女性平衡能力和下肢力量的影响研究》，硕士学位论文，首都体育学院，2016年，第16页。

[3] 张素珍、陈文鹤、赵刚：《有氧健身运动对中老年女性体质的影响》，《上海体育学院学报》2004年第1期。

[4] 陈新富、刘静、邱丕相：《太极拳运动对中老年女性心理健康的影响》，《上海体育学院学报》2005年第5期。

[5] 王唯一：《太极拳与健身舞对中老年女性体质健康影响的研究》，硕士学位论文，大连理工大学，2014年，第18页。

本书调查对象是烟台市福山区奇泉社区的 30 名中老年女性居民。

（二）研究方法

1. 跟踪实验法

（1）实验对象的选取及要求

本书采用世界卫生组织对中老年人的划分标准，以烟台市福山区奇泉社区的 30 名年龄在 45—70 岁的中老年女性居民为实验调查对象，其具备正常的生活自理能力，无重大精神和心理疾病，之前未进行过任何类型的健身气功锻炼，并有意愿和时间参加实验。

（2）实验设计

实验周期为 6 个月，实验对象是只进行健身气功·八段锦锻炼的中老年女性居民。实验过程中对每个实验对象建立健康信息档案，随时跟踪访谈，记录健康状况、活动练习状况等，并由研究小组的教练跟进指导和教授八段锦，确保实验对象健身气功练习的规律性和规范性，以此保证实验对象的锻炼质量。本实验采用单组前后测量设计，并对实验过程中被试者的无关锻炼活动进行严格控制，尽可能减少无关因素干扰。

实验前准备：实验开始前，教练首先跟着国家级和省级健身气功专家再次学习了两周规范的健身气功·八段锦功法，包括理论和演练，能够完整熟练掌握健身气功·八段锦的规范动作。保证实验对象能够初步掌握规范的健身气功·八段锦，并准备好规范的健身气功·八段锦音乐伴奏。

实验时间：2017 年 7 月 18 日至 2018 年 1 月 18 日，共计 6 个月。

锻炼时间：每周一、周三、周五由研究小组带领实验对象进行辅导练习，其中专家教练现场指导教学一次，每周二、周四、周六的三次为自主练习，每周练习六次，每次练习均在下午 4：30—6：00 进行，练习 90 分钟。

锻炼地点：奇泉社区活动中心

测试时间：前测时间为 2017 年 7 月 15 日下午，后测时间为 2018 年 1 月 18 日下午。

测试要求：两次测试均在下午的同一时间段进行，填写测试问卷时被试者不能相互商议。在被试者对问卷的相关内容有疑问时，由研究小组进行讲解。

测试工具：SF-36量表及基本情况问卷。

（3）操作过程

2017年7月初，本实验依托烟台市普助社会工作服务中心对受试者进行筛选，选出了30名符合条件的社区中老年女性居民。在实验前先统一组织30名社区中老年女性进行实验前测试。随后进行健身气功·八段锦教学。2017年7月18日实验开始后，实验对象按照要求每周进行三次辅导练习和三项自主练习，在辅助练习过程中，会对被试者动作进行指导纠正。

锻炼过程如下：热身准备约10分钟，是以活动关节和小幅度拉伸为主。难点、易错点纠正及教学约20分钟。示范练习约25分钟，分为镜面示范练习和背面示范练习各一次，指导练习约13分钟，每次练习结束后休息总结约20分钟。结束放松部分约5分钟。

6个月的实验过程中，时时跟进，记录被试者的个人信心和练习情况等方面。锻炼6个月后，即2018年1月18日结束实验，进行实验后测试，再次统一组织30名社区中老年女性填写SF-36生命质量调查问卷。最后，对获取的实验调查数据进行统计分析，对实验前后的变化情况进行T检验分析。

2. 测量法

SF-36量表由八个维度的36道测试题组成，每道题目分属于不同的维度，具体内容参见附录1。每个问题的内容、得分、权重如下表所示。个体在该维度所对应的指标状态越好则在该维度的得分越高。SF-36量表在用于我国各项研究中均体现出了较高的信度与效度。[1]

表2-1　　　　　　　　　SF-36量表各维度条目及得分

维度	各条目实际评分	一般可能评分得分	测试内容
躯体健康	3a+3b+3c+3d+3e+3f+3g+3h+3i+3j	20	健康状况是否妨碍正常生理活动

---

[1] 李栋、徐涛、吴多文等：《SF-36量表应用于老年一般人群的信度和效度研究的研究》，《中国康复医学杂志》2004年第7期。

续表

维度	各条目实际评分	一般可能评分得分	测试内容
躯体角色功能	4a+4b+4c+4d	4	生理健康问题引起的角色功能限制
躯体疼痛	7+8	10	躯体疼痛程度及疼痛对生活的影响
总体健康	1+11a+11b+11c+11d	20	个体对自身健康状况以及发展趋势的评价
活力	9a+9e+9g+9i	20	个体对自己精力和疲劳程度的感受
社会功能	6+10	8	个体生理和心理问题对社会活动的影响
情绪角色功能	5a+5b+5c	3	个体由情感问题造成的功能限制
心理健康	9b+9c+9d+9f+9h	25	个体对自己心理健康的主观感受

3. 访谈法

采用非结构访谈法，对健身气功·八段锦实验对象进行开放式访问和交流，练习者根据实际想法用自己的语言来回答相关问题，研究者记录练习者的练习情况和访问交流内容。

4. 数理统计法

通过 EXCEL 软件对 SF-36 问卷得分进行处理并建立数据库，运用 SPSS2.0 统计软件进行样本 T 检验，实验结果均以平均数±标准差（M±SD）表示。$P<0.05$ 表示具有显著性差异，$P<0.01$ 表示具有非常显著性差异。

四 结果分析：健身气功对中老年女性生命质量的改善

（一）中老年女性生命质量的前测状况

通过对 30 份 SF-36 测量数据处理后，得到实验前中老年女性生命质量的各维度得分，具体如表2-2所示：

表2-2　　　　　实验前中老年女性生命质量的各维度得分

维度	X±S（N=30）
躯体健康	86.33±9.55
躯体角色功能	65.83±33.78
躯体疼痛	59.67±18.10
总体健康	58.67±11.81
活力	78.17±9.33
社会功能	87.00±15.01
情绪角色功能	72.22±29.14
心理健康	71.47±11.30

通过计算实验前调查对象生命质量的总均分M为72.42，以及结合表2-2中的数据可以发现，实验对象的生活质量水平总体偏低，尤其是躯体疼痛和总体健康两个维度得分均小于60分，躯体角色功能、活力、情绪角色功能和心理健康四个维度的得分均低于80分。通过数据可以发现这些压力给她们的躯体角色功能、躯体疼痛、总体健康、情绪角色功能以及心理健康的状况都不乐观，生命质量状况不佳。

（二）老年女性的生命质量的后测状况

通过统计健身气功·八段锦锻炼干预后中老年女性的SF-36测量数据，得到实验后中老年女性生命质量得分及相对实验前的变化幅度，具体如表2-3所示：

表2-3　　　实验后中老年女性生命质量得分及相对实验前变化幅度

维度	X±S（N=30）	变化幅度
躯体健康	98.33±3.79	+12.0
躯体角色功能	98.33±9.13	+32.5
躯体疼痛	78.00±6.10	+18.33
总体健康	92.17±10.56	+33.5

续表

维度	X±S（N=30）	变化幅度
活力	91.33±9.37	+13.16
社会功能	97.92±4.74	+10.92
情绪角色功能	95.56±11.52	+23.34
心理健康	90.93±10.18	+19.46

通过计算实验后调查对象生命质量的总均分 M 为 92.82，相比实验前的总均分 72.42，有显著提高，且提高到了相对较高的水平。由表 2-3 可以发现，中老年女性生命质量的各个维度得分较实验前均有提高，除了躯体疼痛维度之外的其他各维度均提高到了 90 分以上，躯体疼痛提高到了 78.00 分，其中提高较大维度的有总体健康和躯体角色功能，相比实验前分别提高了 33.5 分和 32.5 分，情绪角色功能相比实验前提高了 23.34 分，其他各维度也都相比实验前提高了 10 分以上。

（三）八段锦锻炼干预前后中老年女性生命质量总体状况分析

对健身气功·八段锦锻炼干预前后的 SF-36 量表得分做配对样本 T 检验，其结果如表 2-4 所示。锻炼者的生命质量在躯体疼痛、总体健康、活力、躯体健康、躯体角色功能和心理健康六个维度均产生了非常显著性差异（$P<0.01$），社会功能和情绪角色功能两个维度产生了显著性差异（$P<0.05$）。可见经过健身气功·八段锦锻炼后，生命质量得分较锻炼干预前均有不同程度的提高，锻炼前处于很差水平的躯体疼痛和总体健康在锻炼后分别提升到了较高的水平，其中总体健康提高幅度是最大的，躯体角色功能次之。

表 2-4 实验前后中老年女性生命质量 SF-36 的各维度得分对比（X±S）

维度	实验前（N=30）	实验后（N=30）
躯体健康	86.33±9.55	98.33±3.79**
躯体角色功能	65.83±33.78	98.33±9.13**
躯体疼痛	59.67±18.10	78.00±6.10**
总体健康	58.67±11.81	92.17±10.56**

续表

维度	实验前（N=30）	实验后（N=30）
活力	78.17±9.33	91.33±9.37**
社会功能	87.00±15.01	97.92±4.74*
情绪角色功能	72.22±29.14	95.56±11.52*
心理健康	71.47±11.30	90.93±10.18**

注：*：与实验前相比，$P<0.05$，具有显著性差异；**：与实验前相比，$P<0.01$，具有非常显著性差异。

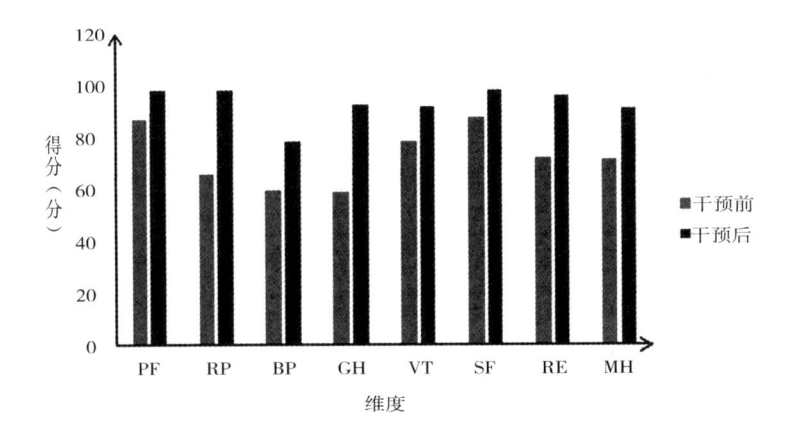

图2-1 干预前后中老年女性的生命质量得分比较

（四）八段锦锻炼对中老年女性生理状况的影响

1. 八段锦对躯体健康维度的影响

躯体健康主要测量个体健康现状是否有碍正常生理活动。其具体条目共有10种日常活动：（1）重体力活动。（2）适度活动。（3）手提日常用品。（4）上楼层数。（5）上一层楼梯。（6）弯腰屈膝下蹲。（7）步行1500米。（8）步行1000米。（9）步行100米。（10）自己洗澡穿衣。

表2-5 中老年女性躯体健康各等级得分人数和百分比（N=30）

等级	分数（分）	干预前 人数（个）	干预前 百分比	干预后 人数（个）	干预后 百分比
优	90—100	16	53.3%	29	96.7%

续表

等级	分数（分）	干预前 人数（个）	百分比	干预后 人数（个）	百分比
良	80—89	11	36.7%	1	3.3%
中	60—79	2	6.7%	0	0
差	0—59	1	3.3%	0	0

通过上表可以发现，30名中老年女性在健身气功·八段锦锻炼干预前的躯体健康维度中，有3人得分处于80分以下，躯体健康处于中差水平，占10%；有11人得分位于80—89分，躯体健康处于良好水平，占36.7%；有16人得分位于90—100分，躯体健康处于优秀水平，占53.3%。这说明有少部分中老年女性在进行上述10种日常活动时是有些限制的。中老年女性在健身气功·八段锦锻炼干预6个月后，在躯体健康维度中，有29人达到了优秀水平，占96.7%，只有1人处于良好的水平，已经没有人处于中差水平了。此外，中老年女性的躯体健康均分由 86.33 ± 9.55 提高到了 98.33 ± 3.79，这说明经6个月的健身气功·八段锦锻炼后，中老年女性的躯体健康水平得到了显著提升。八段锦锻炼可以明显提高中老年女性的力量、耐力和控制力，进而改善其躯体健康水平。原因在于健身气功·八段锦中的"左右开弓似射雕、两手攀足固肾腰和攒拳怒目增气力"等系列动作具有增加肩部、腿部和腰部肌肉力量和耐力，提高关节的灵活性和协调性，防治腰肌劳损和腰腿疼痛，改善血液循环等功效。

2. 八段锦对躯体角色功能维度的影响

躯体角色功能主要测量了被试者由生理健康问题所引起的角色功能限制。其具体条目有：1. 减少了工作等活动时间。2. 只能完成一部分本要做的事情。3. 想要干的事情受到限制。4. 完成工作困难增多。问题的回答有"是"和"不是"两个选项。

表2-6 中老年女性躯体角色功能各等级得分人数和百分比（N=30）

等级	分数（分）	干预前 人数（个）	百分比	干预后 人数（个）	百分比
优	90—100	11	36.7%	29	96.7%

续表

等级	分数（分）	干预前		干预后	
		人数（个）	百分比	人数（个）	百分比
良	80—89	0	0	0	0
中	60—79	7	23.3%	0	0
差	0—59	12	40.0%	1	3.3%

通过表2-6可以发现，30名中老年女性在健身气功·八段锦锻炼干预前的躯体角色维度中，有12人处于差的水平，得分低于60分，占40.0%；有7人处于中等水平，得分位于60—79分，占23.3%；有11人处于优秀水平，得分在90—100分，占36.7%。在健身气功·八段锦锻炼干预6个月后，有29人的躯体角色功能达到了优秀的水平，占96.7%，仅有1人处于差的水平，锻炼干预前63.3%的中差水平降到了3.3%，同时优秀水平从36.7%上升到了96.7%。此外，由表2-4也可以发现，中老年女性的躯体角色功能维度均分由65.83±33.78提高到了98.33±9.13，相比锻炼干预前提高得非常显著。健身气功·八段锦中的"双手托天理三焦和左右开弓似射雕以及调理脾胃需单举"等动作，可以起到防治肩部和脊柱疾病、缓解肩部脊部酸痛症状的作用，同时还利于消除劳动导致的疲劳等症状，提升脾胃功能，预防消化系统疾病的产生，促进新陈代谢，提高生活和劳动活力。

3. 八段锦对躯体疼痛维度的影响

躯体疼痛主要测量了被试者躯体疼痛的程度以及疼痛对其生活的影响。其具体条目有以下两条：1. 身体的疼痛程度。2. 身体疼痛对工作和家务的影响。中老年女性的身体疼痛程度如何，身体疼痛是否影响了其工作和家务。是BP维度测量的主要内容，其相对应的程度选择有：完全没有、有一点、中等、严重和很严重。

表2-7 中老年女性躯体疼痛各等级得分人数百分比（N=30）

等级	分数（分）	干预前		干预后	
		人数（个）	百分比	人数（个）	百分比
优	90—100	0	0	0	0

续表

等级	分数（分）	干预前 人数（个）	干预前 百分比	干预后 人数（个）	干预后 百分比
良	80—89	8	26.7%	27	90%
中	60—79	12	40.0%	3	10%
差	0—59	10	33.3%	0	0

通过表 2-7 可以发现，30 名中老年女性在八段锦锻炼干预前的躯体疼痛维度中，有 10 人得分低于 60 分，占到了 33.3%；有 12 人得分位于 60—79 分，占 40%；有 8 人得分位于 80—89 分，占 26.7%。可以发现在锻炼干预前，很大一部分的中老年女性躯体疼痛维度处于中差水平，身体健康状况欠佳，有一定程度的疼痛，并且影响其完成农业劳动和家务等方面。中老年女性在八段锦锻炼干预 6 个月后，躯体疼痛位于中等水平的人数降到了 3 人，仅占 10%，而位于良好水平的人数上升到了 27 人，占到了 90%，虽然锻炼后依然没有人位于 90 分以上，但位于较差水平的 10 人已经全部得到了提升。中老年女性的躯体疼痛维度的均分由 59.67 ± 18.10 提升到了 78.00 ± 6.10。尽管锻炼后仍然没有人提高到 90 分以上，达到完全没有疼痛和影响的水平，但整体上已经得到了较高的提升，表明八段锦锻炼可以在一定程度上有效地改善中老年女性的躯体疼痛症状。在健身气功·八段锦中的"左右开弓似射雕、摇头摆尾去心火以及两手攀足固肾腰"等动作，均有缓解关节和腰椎等疼痛的作用，同时还能增强各部分的肌肉力量，防治腰肌劳损等。因而能够在一定程度上改善中老年女性的躯体疼痛症状。

4. 八段锦对总体健康维度的影响

总体健康测量了被试者对个人健康情况以及发展动向的评价。其具体条目有以下五条：1. 总体健康状况。其选择程度有非常好、很好、好、一般和差五个程度选择。2. 比别人容易生病。3. 跟周围人一样健康。4. 健康状况在变坏。5. 健康状况非常好。后面四条的选择程度有：绝对正确、大部分正确、不能肯定、大部分错误和绝对错误。

表2-8　中老年女性总体健康各等级得分人数百分比（N=30）

等级	分数（分）	干预前 人数（个）	干预前 百分比	干预后 人数（个）	干预后 百分比
优	90—100	0	0	21	70.0%
良	80—89	2	6.7%	5	16.7%
中	60—79	16	53.3%	4	13.3%
差	0—59	12	40.0%	0	0

通过表2-8可以发现，30名中老年女性在健身气功·八段锦锻炼干预前的总体健康维度中，有12人得分在60分以下，占40%；有16人得分在60—79分，占56.3%；有2人得分在80—89分，占6.7%。说明中老年女性的总体健康较低，大多数人认为自己的总体健康状况不是很好。在健身气功·八段锦锻炼干预6个月后，有21人的总体健康水平上升到了优秀的水平，占到了70%；有5人得分处在80—89分的良好水平，占16.7%；有4人处在60—79分的中等水平，占13.3%。老年女性的总体健康维度均分由58.67±11.81显著提高到了92.17±10.56。这表明健身气功·八段锦锻炼可以显著提高中老年女性的总体健康水平。八段锦作为中等强度的有氧运动，以中医理论作为基础，动作难以适中，缓慢柔和，能够充分拉伸和放松身体，缓解肢体和精神疲劳，提高各个关节的工作能力并缓解不适，改善身体疼痛症状，促进血液循环系统和消化系统功能良性发展，逐渐改善中老年女性的身体健康状况。

（五）八段锦锻炼对中老年女性心理状况的影响

1. 八段锦对活力维度的影响

活力主要测量了被试者对自己精神和疲劳水平的主观感受。其主要条目有以下4条：1. 生活充实。2. 精力充沛。3. 筋疲力尽。4 感觉厌烦。相对应的程度选择有所有的时间、大部分时间、比较多时间、一部分时间、小部分时间和没有这种感觉。

表2-9　　中老年女性活力各等级得分人数百分比（N=30）

等级	分数（分）	干预前 人数（个）	百分比	干预后 人数（个）	百分比
优	90—100	3	10.0%	22	73.3%
良	80—89	15	50.0%	5	16.7%
中	60—79	11	36.7%	3	10.0%
差	0—59	1	3.3%	0	0

通过表2-9可以发现，30名中老年女性在八段锦锻炼干预前的活力维度中，处于60分以下较差水平的有1人，60—79分的中等水平有11人，占36.7%，80—89分的良好水平的有15人，占50%，而处于90分以上优秀的只有3人，占10%。说明绝大多数的中老年女性的活力不是很高且存在一定的精神疲劳等现象。八段锦锻炼干预6个月后，处于90分以上的人数显著上升到了22人，占到了73.3%，处于90分以下的人数显著减少；处于良好和中等水平的人数分别减少到了5人和3人。同时，中老年女性的活力维度均分从78.17±9.33显著提升到了91.33±9.37。这表明八段锦锻炼能够显著改善中老年女性的活力水平。健身气功·八段锦中的五劳七伤往后瞧和摇头摆尾去心火等动作，均具有缓解精神疲劳，促进血液循环，增强大脑皮质及植物神经兴奋性，提升精力的作用。因此能够显著的提高中老年女性的活力水平。

2. 八段锦对社会功能维度的影响

社会功能主要测量了被试者的生理和心理问题对社会活动数量和质量的影响。其具体条目有以下两条：1. 不良健康或者情绪对社会交往的影响程度。其程度选项有完全没有影响、有一点影响、中等影响、影响很大和影响非常大。2. 不良健康对社会活动影响的时间状况。其程度有"所有时间、大部分时间、较多时间、一部分时间、小部分时间和没有这种感觉"。

表2-10　　中老年女性社会功能各等级得分人数百分比（N=30）

等级	分数（分）	干预前 人数（个）	百分比	干预后 人数（个）	百分比
优	90—100	15	50.0%	25	83.33%
良	80—89	3	10.0%	5	16.70%

续表

等级	分数（分）	干预前		干预后	
		人数（个）	百分比	人数（个）	百分比
中	60—79	10	33.3%	0	0
差	0—59	2	6.7%	0	0

通过表2-10可以发现，30名中老年女性的社会功能在八段锦锻炼干预前，就有15人即50%的人已经达到了优秀的水平，具有较高的社会功能，有3个人得分在80—89分的良好水平，有10个人即33.3%的人处在中等的社会功能水平，只有2人的得分在60分以下，处于较差水平。在八段锦锻炼干预6个月后，已经25人处于90分以上的优秀社会功能水平，达到了83.33%，剩下5人全部位于良好的水平。另外，中老年女性的社会功能均分已经从87.00±15.01提升到了97.92±4.74。这说明八段锦锻炼可以提高中老年女性的社会功能水平。本次实验中的健身气功·八段锦锻炼活动是以集体的形式进行的，大家在锻炼和学习过程中交流心得，相互学习，增加了交往，增进了彼此的感情和信任，形成了愉快和谐的活动气氛，结交的朋友也逐渐增大，从而能够改善了中老年女性的社会功能水平。此外，八段锦中的双手托天理三焦、五劳七伤往后瞧和攒拳怒目增气力等动作，对实验对象也具有保持健康的身心状态，促进精神愉悦等作用，同样对中老年女性社会功能水平的提高非常有益。

3. 八段锦对情绪角色功能维度的影响

情绪角色功能主要测量了被试者由情感问题造成的功能限制。其具体条目有是否因为情绪的原因导致以下问题：1. 减少了工作或活动时间。2. 本来想要做的事情只能完成一部分。3. 干事情不如平时仔细。其选择项有"是"或者"不是"两项。主要反映了中老年女性是否因为不良情绪而造成了某些功能被限制。

表2-11 中老年女性情绪角色功能各等级得分人数百分比（N=30）

等级	分数（分）	干预前		干预后	
		人数（个）	百分比	人数（个）	百分比
优	90—100	13	43.3%	26	86.7%

续表

等级	分数（分）	干预前 人数（个）	百分比	干预后 人数（个）	百分比
良	80—89	0	0	0	0
中	60—79	10	33.3%	4	13.3%
差	0—59	7	23.3%	0	0

通过表2-11可以发现，30名中老年女性的情绪角色功能在八段锦锻炼干预前，处于较差水平即得分低于60分的有7人，占23.3%，处于中等水平即得分在60—79分的有10人，占33.3%，处于优秀水平即得分高于90分的有13人，占43.3%。说明大部分的中老年女性情绪角色功能处于中下水平。在八段锦锻炼干预6个月后，已经增加到26人即86.7%的人的情绪角色功能得分位于90分以上的优秀水平。中等水平的人数减少到了4个，已经没有人处于较差的水平。另外，中老年女性的情绪角色功能的平均分已经由72.22±29.14显著提高到了95.56±11.52。这表明健身气功•八段锦锻炼对提升中老年女性的情绪角色功能水平非常有用。八段锦中的"五劳七伤往后瞧"等动作具有缓解锻炼者不良情绪的功效。通过反复做"向后瞧"这一动作，能够疏通人体经络，提高脏腑器官的功能，进而可以缓解、消除压抑等不良情绪，促进身心健康状态的保持，是练习者精神放松愉悦。

4. 八段锦对心理健康维度的影响

心理健康主要测量了被试者对自己心理健康的主观感受。其主要条目有以下5条：1. 敏感。2. 什么事情都不能使自己高兴起来。3. 心理平静。4. 情绪低落。5. 是快乐的人。其程度选择有所有时间、大部分时间、比较多时间、一部分时间、小部分时间和没有这种感觉。

表2-12　中老年女性心理健康各等级得分人数百分比（N=30）

等级	分数（分）	干预前 人数（个）	百分比（%）	干预后 人数（个）	百分比（%）
优	90—100	1	3.0%	19	63.3%
良	80—89	8	26.7%	7	23.3%

续表

等级	分数（分）	干预前		干预后	
		人数（个）	百分比（%）	人数（个）	百分比（%）
中	60—79	18	60.0%	4	13.3%
差	0—59	3	10.0%	0	0

通过表2-12可以发现，30名中老年女性的心理健康在八段锦锻炼干预前，有3人处于较差的水平即低于60分，有18人处于中等水平即得分在60—79分，占60%，有8人位于良好水平即得分在80—89分，占26.7%，只有1人得分高于90分，表明大部分的中老年女性的社会功能心理健康处于中下水平。在八段锦锻炼干预6个月后，心理健康处于优秀水平即得分高于90分的人数增加到了19人，占到了63.3%，有7人处于良好水平，得分在80—89分，占23.3%，处于中等水平的人数降到了4人，仅占13.3%，另外已经没有人得分处于60分以下了。此外，中老年女性的心理健康均分从71.47±11.30提高到了90.93±10.18。以上表明八段锦锻炼可以显著增进中老年女性的心理健康水平。八段锦在练习过程中要求练习者摒弃杂念，心平气和，通过基本身型和肢体动作的调控与修炼达到调身的目的，通过练功中对呼吸的调控和锻炼达到调息的目的，通过练功中对意念的调控达到调心的目的，并在长期的练习过程中逐渐达到三调合一的境界。从而促使个体大脑皮层不断向有序化发展，使皮质下中枢和体内植物神经的功能也能得到一定程度的调整，进而促进神经系统与内分泌系统逐步达到平衡稳定状态[1]，起到疏经活血，保持精力旺盛、养气及存神的作用，有效地抵制了不良情绪和思想意识产生，同时健身气功·八段锦以集体锻炼的方式进行，能够促进人与人之间的交流，加强了其社会交往功能等，因此，最终能起到改善锻炼者心理健康的作用。

（六）八段锦锻炼对中老年女性社会适应的影响

中老年女性平时多忙碌于处理家务，照顾小孩，赡养老人等，很少

---

[1] 吕志、侯永平：《试析健身气功对中老年人心理健康的影响》，《搏击·武术科学》2012年第4期。

参加集体活动。而通过集体的健身气功·八段锦学习和锻炼活动，让她们增加了彼此交流学习的机会，相互的信任和情感等也在不断上升，她们同为中老年女性，相互之间也有很多共同话题，在学习和锻炼时也有很大心得可以相互交流，自己也逐渐打开心扉，使得整个学习和锻炼活动始终处在愉悦的氛围中。八段锦的学习提高了中老年女性接受和适应新鲜事物的能力，集体八段锦锻炼活动提高了中老年女性与外界交流和交往的适应能力。通过在八段锦锻炼干预实验中对锻炼者的非结构访谈发现，大多数的锻炼者都在整个实验活动中结交到了很多新的知心朋友，她们在学习和锻炼时有很多心得和体会，相互交流合作，共同提高八段锦锻炼水平。这个实验活动为她们创造了认识朋友、学习新鲜事物的机会，通过学习和参加健身气功·八段锦她们带给了她们愉快的运动体验，调节了心情，缓解了生活和劳动压力，提高了她们的社会适应能力。

五 结论：健身气功明显改善社区居民的生命质量

（一）中老年女性的生命质量普遍较低

由实验结果可以发现，首先，中老年女性的生命质量较低。参与实验的 30 名社区中老年女性的生命质量总均分 M 为 72.68 分，在生命质量的各维度中，躯体角色功能、躯体疼痛和总体健康得分均分都低于总均分，其中躯体疼痛和总体健康两个维度的得分均分都低于 60 分，处于较差的水平。在生命质量的 8 个维度中只有躯体健康和社会功能得分均分在 80 分以上。与类似研究数据相比较，同市城市社区参与健身行为的中年和老年女性的生命质量总均分都在 81 分以上，各维度均分都在 63 分以上，只有社会功能、精力和心理健康三个维度的得分低于 80 分，最高分已达到 89.55 分。[①] 通过以上分析和对比可以发现，无规律健身行为的中老年女性的生命质量明显低于同市有健身行为的中年和老年女性的生命质量。结合相关研究分析得出主要原因首先是随着中老年女相年龄的不断增大，其所承担的压力、责任以及生活劳动不但没有减少，反而在增

---

① 尹海立、林聚任：《社区体育与生命质量——一个来自烟台的调查》，《沈阳体育学院学报》2014 年第 5 期。

加。其次,农业产业结构的调整导致农村劳动力结构发生了显著的变化,再加上家庭生活压力,家庭男性劳动力大多外出务工,农村劳动力正在向农业女性化方向发展。最后,中老年女性生活习惯不健康,导致受疾病困扰。此外,没有规律规范的体育健身活动等也是导致中老年女性生命质量较低的部分原因。

(二) 八段锦对中老年女性生命质量的促进作用

由表2.3和图2.1中中老年女性的生命质量在健身气功·八段锦锻炼干预实验前后的变化情况可以发现,在躯体健康、躯体角色功能、躯体疼痛和总体健康四个生理健康维度方面均分相比锻炼前有了大幅度的提升,均产生了非常显著性差异,除了躯体疼痛的均分没有达到90分以上,其他都已经达到。另外,通过各维度不同得分等级人数在锻炼干预前后的变化情况,也表明了健身气功·八段锦在提高中老年女性生命质量中生理健康方面具有显著的功效。中老年人参与锻炼活动的目的是为了增进健康和心情愉悦。在运动项目上会倾向选择健身气功、太极拳和广场舞等中等强度的有氧运动。八段锦锻炼具有充分拉伸的效果,可以拉伸中老年女性僵紧粘连的肌肉关节,升高局部肌肉的温度,进而缓解了关节疼痛、腰背疼痛等症状,促使关节的活动范围增大,尤其身体前倾、手臂、肩关节的活动范围,以及增强大腿后侧韧带的柔韧性,从而达到疏经活血的功效[①],例如,第一式"两手托天理三焦"和第六式"两手攀足固肾腰"均具有以上效果。第二式"左右开弓似射雕"、第五式"摇头摆尾去心火"和第七式"攒拳怒目增气力"可以循序渐进地刺激并增强中年女性双腿肌群和臀部肌肉的力量,改善机体能力,促进生理健康。从表2.3和图2.1中中老年女性的生命质量在实验前后的变化情况可以发现,在活力、社会功能、情绪角色功能和心理健康四个心理健康维度方面的均分相比锻炼前均有大幅度的增长,活力和心理健康两个维度在锻炼干预前后产生了非常显著的差异,社会功能和情绪角色功能在锻炼干预前后产生了显著性差异。另外,由各维度不同得分等级人数

---

① 中国健身气功协会:《健身气功·八段锦的中医解读》,http://www.chqa.cn/news.php?cid=27&id=1633。

在锻炼干预前后的变化情况,也进一步证明其相对应的心理状态在6个月的八段锦锻炼后有明显改善,进而表明八段锦锻炼对中老年女性心理健康的积极影响是显著的。

(三) 集体练习的形式有利于中老年女性生命质量的改善

中老年女性存在生理和心理方面的健康问题,生理方面的躯体疼痛和总体健康两个维度处于很低的水平,心理方面的情绪角色功能(RE)和心理健康两个维度处于较低的水平。经过6个月的集体锻炼,可以从整体上显著提高中老年女性的生命质量,有效的改善中老年女性的生理和心理健康状况。健身气功·八段锦锻炼干预实验后,生命质量的躯体健康、躯体角色功能、躯体疼痛、总体健康、活力和心理健康六个维度的改善效果非常明显,社会功能和情绪角色功能两个维度也有明显的提升。干预后中老年女性的生命质量各维度状态较好的人数有明显增加。健身气功·八段锦的集体学习可以提高中老年女性接受和适应新鲜事物的能力,集体的健身气功·八段锦锻炼活动能够提高中老年女性与他人交流和交往的交际适应能力。

第三章 传统体育社团与社区居民的社会质量

——基于八段锦练习对城市失独老人
社会质量的影响分析

一 问题的提出：传统体育与社会质量

（一）健康中国与文化复兴

国家提出的《"健康中国 2030"规划纲要》是经济与社会相互作用的结果，身体健康是保证人们更加全面发展的前提，也会保障经济社会的持续发展。国民健康和国民长寿的实现，是国家富强的表现，也是民族振兴的标志，更利于建成富强、民主、文明、和谐的社会主义现代化国家，实现小康社会"共同富裕"。"健康中国"口号的提出为现阶段的社会发展指明了道路，在健康角度看健康中国，是为了让群众拥有一个健康的生活理念和积极的生活方式，这是社会发展的要求，同时也是其基础。文化是一个国家、一个民族的灵魂。习近平总书记在党的十九大报告中，深刻阐述了文化和文化建设的作用；深刻阐述了新时代对待文化的立场和态度、发展文化的思路和措施、促进文化建设的方向和目标等重大问题。为促进社会主义文化的繁荣，建设强大的社会主义文化，提供了根本的后续驱动作用。[①] 传统文化作为历史长河中的璀璨明珠，是值得所有中国人去学习铭记和发扬光大，传承传统文化也是当代年轻人应有且必尽的义务。而传统体育养生作为传统文化的重要表现形式，包括精神层面和身体层面的二维文化渗透，其研究价值不可估量。基于传统体育养生的精华所在，为了适应

---

① 本书编写组：《党的十九大报告学习辅导百问》，学习出版社、党建读物出版社 2017 年版，第 97—98 页。

现代人的生活习惯和健康需求，国家体育总局对传统体育养生项目进行了多次发掘与整理，首先推广了四套传统体育养生功法，分别是健身气功·八段锦、健身气功·易筋经、健身气功·六字诀、健身气功·五禽戏，也形成了更加系统、科学的传统体育养生项目体系。这是"健康中国"背景下的必然要求，也是发扬传统文化的重要举措。

（二）传统体育养生对困难群体的功能

在"全民健身"与"健康中国"的社会背景下，我们要把社会发展的落脚点放在改善民生上，随着失独老人数量的不断增加，其生活状况得不到保障、经济支持也已断裂，加上社会各界支持力度的不足，失独老人明显无法参与到"全民健身"福利中去。传统体育养生作为传统文化的重要载体，不仅包含了丰富的精神食粮，还包括了非常科学的健身方法，健身气功·八段锦便是其中之一。不少学者做过相关研究，通过对健身气功·八段锦长期系统的练习，能有效改善困难群体的身体健康状况，例如空巢老人、独居老人等。其缓慢的动作节奏以及追求"身心合一"的习练境界，不仅可以改善困难群体的健康状态，且对困难群体的心理层面和精神层面都有着很好的安抚作用，失独老人作为新的弱势群体，在他们当中推广传统体育养生项目，在一定程度上能带给他们良好的生活规律，形成健康的生活习惯，培养团结的社会意识，做到统筹兼顾，从而促进和谐社会建设。在经济快速发展的今天，人们在快节奏生活的压力下，身体健康问题日益凸显，特别是失独老人这一群体，他们老来丧子之后，面临着经济等生活压力的同时，还要遭受来自社会外界的异样眼光，使其身体和心理产生双重压力，从而引发社会对其不公平的感觉，表现出反感社会和政府的消极想法。所以说，改善失独老人的身体健康和精神健康的问题已经迫在眉睫。本书以"文化自信"和"全民健身"为背景，从传统体育养生健身气功·八段锦的健身角度出发，立足于社会质量理论，综合城市失独老人的生存现状和问题，展开了健身气功·八段锦改善失独老人社会质量的研究。这样不仅能巩固传统体育养生在人民心中的地位，扩大传统文化的影响，更能呼吁社会全体多关注和支持失独老人这一特殊群体，更能通过健身气功·八段锦的学习锻炼提升失独老人的生活质量，减少潜在健康威胁，最终有助于和谐社会建设。

二 健身气功改善社区居民社会质量的相关研究

(一) 健身气功·八段锦健身效果的相关研究

学者对健身气功·八段锦健身功效的研究中,包含关于躯体康复、慢性病预防、亚健康康复、精神疾病(心理方面)、身体形态、心脑血管疾病等方面内容。所涉及的研究对象从中学生到老年人,涵盖了15—70岁的年龄段,甚至是更高年龄的人。健身气功·八段锦对促进身体健康具有积极的作用,如健身气功作为辅助手段治疗慢性肺疾病,在一定程度上可以提升人的运动耐力,缓解疾病状况。其在身体形态、心理机能等方面也具有一定的科研价值,受试者进行为期75天的锻炼后,在身体方面提高了运动素质和心肺机能,最大心率和平均心率呈下降趋势,在血脂血清方面均有显著差异。[1] 另有学者以中学生为研究对象,用健身气功·八段锦作为干预手段,作用于中学生心理,并进行了研究调查,结果表明健身气功·八段锦对缓解学习压力具有显著效果。[2] 高中生处于面临高考的关键期,繁重的课程和作业、高考的压力等方面都在压迫其心理和身体,使其难以承受。焦虑、抑郁等心理问题便随之而来,严重影响其正常的生活和学习。针对这一现象,有学者采用健身气功·八段锦对一些高中生进行实验测试,实验为期12周,实验检测工具为scl-90症状自评量表。在躯体化、强迫症状、精神病症等各因子中有显著的差异($P \leq 0.05$)。[3] 同时也有学者针对女大学生,进行了为期6个月的健身气功·八段锦练习实验,采用poms量表以及scl-90症状自评量表进行检验,同样证明了10项因子的差异性($P \leq 0.05$)。[4] 其中包括焦虑、抑郁等个别因子具有显著的差异。同时也有学者采用不同的量表:大学生心理幸福感问卷、心理悲伤感量

---

[1] 高亮、薛欣:《老年人参与健身气功锻炼的心理效应研究》,《西安体育学院学报》2013年第4期。

[2] 马合军:《健身气功八段锦对高中生心理健康影响的实验研究》,硕士学位论文,河北师范大学,2011年,第9—13页。

[3] 翟向阳:《健身气功锻炼与提高心理健康作用的研究分析》,《河南中医学院学报》2006年第3期。

[4] 莫概能:《健身气功·八段锦对女大学生心理健康影响的实验研究》,《搏击(武术科学)》2013年第9期。

表（Psychological Distress Scale PDS）、自我形象问卷（Self Image Questionnaire）等对大学生进行心理调查，数据显示被试大学生的心理应激水平有所降低、心理悲伤感缓解、心理幸福感提升，可见长期坚持健身气功·八段锦训练对大学生心理健康具有明显的促进作用。[1]

（二）社会质量理论的相关研究

英国学者艾伦·沃克最早界定社会质量理论概念，对社会质量概念的产生背景、理论框架及其在社会研究中的实际应用进行了系统的介绍。根据其定义，"社会质量"可以界定为："公民在特定环境条件下，提升个人福利状况和个人潜能后，参与其社区的社会经济生活的程度。"[2] 社会质量概念强调人的尊严和公民身份，倡导民主、公平和团结的社会理念。由四个维度的基本要素构成：社会经济保障、社会凝聚、社会包容、社会赋权。[3] 有中国学者认为："社会质量理论倡导社会整体概念，强调四个维度之间的和谐关系，对缓解中国经济快速发展所带来的社会问题，具有一定的借鉴作用。"[4]还有中国学者针对社会质量作了更为全面的维度解析，从社会质量的理论、愿景、工具等多个维度进行了较为详细的解读，并指出了我国社会政策制定在社会质量视角下所应遵循的模式。[5] 研究者认为，社会质量概念中的"社会"指称人的社会性和社会关系性，"质量"则指称个体作为社会存在的自我实现。[6] 这种说法基于马克思"人具有社会属性"的规范原则，按照欧洲学者的界定，将社会质量状况描述为四个方面因素：（1）社会经济保障方面的因素；（2）社会信任和社会排斥方面的因素；（3）社会包容和社会融入方面的因素；（4）社会

---

[1] 万瑜：《"健身气功·八段锦"练习对大学生心理健康的影响》，《北京体育大学学报》2011年第12期。

[2] Beck, W. der Maesen, L. van Thomese, F. Walker, A. (eds), *Social Quality: A Vision for Europe*, Hague: Kluwer Law International, 2001, p. 236.

[3] 张海东：《从发展道路到社会质量：社会发展研究的范式转换》，《江海学刊》2010年第3期。

[4] 林卡、高红：《社会质量理论与和谐社会建设》，《社会科学》2010年第3期。

[5] 赵怀娟：《"社会质量"的多维解读及政策启示》，《江淮论坛》2011年第1期。

[6] 张海东、丛玉飞：《社会质量与社会公正——社会发展研究的重要议题》，《吉林大学社会科学学报》2011年第4期。

参与和社会赋权方面的因素。①② 从社会质量的四个维度出发，可以看到经济发展未必促进社会质量的提高，不平衡的经济发展还会加剧贫富差距，降低社会质量。③ 所有社会质量研究的重点并非 GDP 等经济增长指标，而是对社会质量四个维度的综合分析。与经济学的大多数理论一样，社会质量理论也强调通过使用社会经济保障状况来反映社会生活水平，认为人们的生活状况既取决于该国的经济水平，也取决于国家为它的人民所提供的社会保障水平。所以除了通过各种物质条件指标之外、更要依赖使用各项主观性指标来反映社会质量的水平。④ 目前不少学者指出，一个社会的发展质量与人们主观感受（幸福感、获得感）的关系更加密切、更加直接。实际上，在很多国家，人们对社会质量的评价非常主观，例如，印度和泰国尤其受其文化价值观和社会主流趋势的影响，尽管都是经济发展程度较低的发展中国家，但是难以断定其社会质量低于经济发达国家。⑤ 所以，社会质量理论会采用信任、包容和社会参与意识等一些主观指标来反映社会福利和社会质量情况，判断个人对社会体系的归属感，从而反映出社会的整合程度。⑥

（三）传统体育影响老年人社会质量的相关研究

健身气功·八段锦在对老年人的生活质量、社会质量产生的影响方面，学术界存在为数不多的相关研究。有学者利用 2013—2014 年的数据，对山东省 YT 市 544 位城市居民参加传统体育协会（太极拳、健身气功·八段锦）对社会质量的影响进行了研究。研究发现，体育社团活动与社

---

① 林卡：《社会质量理论：研究和谐社会建设的新视角》，《中国人民大学学报》2010 年第 2 期。
② 张海东：《从发展道路到社会质量：社会发展研究的范式转变》，《江海学刊》2010 年第 3 期。
③ 林卡：《社会质量理论：研究和谐社会建设的新视角》，《中国人民大学学报》2010 年第 2 期。
④ 韩克庆：《社会质量理论：检视中国福利改革的新视角》，《教育与研究》2011 年第1 期。
⑤ Berman, Y. & Phillips, D., "Indicators for Social Cohe‐sion", European Foundation on Social Quality [EB/OL], http://www.so‐cialquality.org/site/ima/Indicators‐June‐2004.pdf, 2008‐02‐1。
⑥ 张美玲：《社会质量视角下社会工作介入城市低保服务策略研究——以广州市 D 街道为例》，《社会福利》（理论版）2017 年第 4 期。

会质量各维度之间存在正相关关系,对提高社会凝聚力,构建和谐社会都有促进作用。[①] 另有研究认为,参与社区体育健身改善的不只是参与者的身心状态,也是个体生命管理的改善;还有助于社区意识的形成和社会团结的培育,潜在因素更有利于社会的整体和谐。[②] 除了参与传统体育社团,对练习健身气功提升个体身心状态的研究中,有学者发现练习马王堆导引术能够很好地提升中老年女性的生活质量。[③] 在对照实验研究中发现:在生理健康和心理健康方面,练习健身气功·六字诀的老年人好于对照组老年人,特别是在总体健康、生命活力、情感角色、精神健康四个方面,说明健身气功·六字诀能全面提高老年人的生命质量,是一种非常适合老年人采用的养生保健的手段。[④] 还有学者指出城市中的空巢老人生活质量明显低于普通城市老人,练习五禽戏能明显改善城市空巢老人生理健康和心理健康,总体提升空巢老人的生活质量,且不存在性别差异。[⑤] 对以上研究进行归纳可见,健身气功的练习对老年人的生活质量和社会质量都有提升作用。

(四) 关于失独老人生活状况的相关研究

1. 城市失独老人的规模和生存问题

《广州日报》曾报道,中国每年会新增 76000 个失独家庭,截至目前全国应该已有超百万个失独家庭。[⑥] 还有学者根据自己的估算方法认为中国失独家庭的数量已在 250 万个以上,而且其还根据相关比例和基数换算出在计划生育政策背景下,中国总计会有 1500 万个家庭承受失独之痛,这

[①] 焦玉良:《体育社团活动对城市居民社会质量的影响》,《沈阳体育学院学报》2015 年第 6 期。

[②] 尹海立、林聚任:《社区体育与生命质量——一个来自烟台的调查》,《沈阳体育学院学报》2014 年第 5 期。

[③] 郭新斌:《健身气功·马王堆导引术锻炼对中老年女性生活质量影响的研究》,硕士学位论文,上海体育学院,2010 年,第 23 页。

[④] 尤杏雪:《健身气功·六字诀对老年人生存质量影响因素的研究》,硕士学位论文,首都体育学院,2009 年,第 18—21 页。

[⑤] 薛露露:《习练健身气功·五禽戏对城市空巢老人生活质量的影响研究》,硕士学位论文,北京体育大学,2016 年,第 18 页。

[⑥] 北京大学人口所课题组、穆光宗、张团等:《计划生育无后家庭民生关怀体系研究——以辽宁省辽阳市调研为例》,《中国延安干部学院学报》2011 年第 5 期。

是目前学界对我国失独家庭规模的最大估值。①② 还有学者根据第六次全国人口普查数据推算：2010年全国农村49岁以上的失独父母人数约为55.3万人，城镇49岁以上的失独父母人数为26.8万人；到2030年，农村的这一数据将增加至85.1万人，城镇的这一数据将增加至57.2万人。③ 因此，当前失独家庭问题已经成为困扰我国社会生活的一个严峻问题。不过也有学者指出各种估算数值的差距较大，影响了数据的可信度，也降低了失独问题的敏感程度和关注度。④ 因此有学者指出，开展全国范围的失独家庭数量摸查非常必要，这不仅能够提供精确的不同类别失独家庭数据，也有益于相关政策制度的出台及帮扶工作的开展。⑤ 有研究发现，失独老人存在物质保障不足、精神匮乏、自我否定感强以及沟通弱化等较为显著的问题。⑥ 可以概括为：经济贫困、社会支持不足、老无所依、身体状况堪忧、心理敏感、负能量感强、社会排斥感强、社会交往减少等显著问题。⑦ 有学者调查了黄山市屯溪区的57户失独家庭，发现其经济困难状况普遍存在，身体健康恶化和精神层面抑郁的状况也很普遍，日常生活无规律、人际交往敏感自卑、生活起居没有人照顾都是失独老人的基本状况。⑧ 还有学者调查了合肥市区400户失独家庭，发现6成以上的失独老人纯月收入在501—800元，近8成的失独老人只与亲戚交往，9成以上的失独老人对当前生活状况不满意。可见，失独老人生活困难，社会关系断裂，社会保障缺乏，社会支持薄弱，已经成为当前社会的弱势群体。⑨ 有

---

① 管鹏、张云英：《农村失独家庭社会保障问题研究综述——基于2001—2015年国内文献》，《社会福利》（理论版）2016年第1期。

② 陈恩：《全国"失独"家庭的规模估计》，《人口与发展》2013年第6期。

③ 程中兴：《公共政策视角下的"失独"问题探视：基于公众认知与主体感知的研究综述》，《人口与发展》2013年第4期。

④ 慈勤英、周冬霞：《失独家庭政策"去特殊化"探讨——基于媒介失独家庭社会形象建构的反思》，《中国人口科学》2015年第2期。

⑤ 李涛、刘畅：《国内失独家庭研究述评》，《怀化学院学报》2015年第1期。

⑥ 李帮彬：《失独家庭及其养老问题研究综述》，《商》2014年第3期。

⑦ 胡叠泉、邢启顺：《失独家庭养老的社会保障体系建构》，《三峡论坛》2013年第1期。

⑧ 郭宏斌、张璐生：《失独家庭生活现状与社会支持系统的构建研究——基于屯溪区57户失独家庭的调查》，《吉林工程技术师范学院学报》2014年第12期。

⑨ 李欢欢、韩彦超：《"失独"问题的社会学解读》，《贵州民族大学学报》（哲学社会科学版）2014年第3期。

人收集了韶关市32例失独案例并利用量表测量，发现独生子女遭遇意外很容易使父母出现严重抑郁或焦虑、睡眠障碍等心理问题，个别还显出严重的精神病态。[1]

笔者在整理文献中发现，一方面，体育项目介入影响正常老年人生活质量等相关方面的研究居多，健身气功·八段锦介入影响各年龄段正常群体的研究也不在少数，但健身气功·八段锦介入影响城市失独群体的研究较少。另外，就社会质量理论而言，相关研究成果比较丰富，但多数都是对社会质量理论本身展开的研究，重点在于论证社会质量理论的普遍适应性如何，社会质量在群体应用的实践研究较少；另一方面，学者对城市失独老人生存现状研究较多，但大都只是罗列失独老人的生存困境。本书运用社会质量理论的四个维度，通过观察练习六个月健身气功·八段锦之后四个维度产生的变化来反映失独老人社会质量的变化。

三 研究设计：概念、假设、对象、方法

（一）相关核心概念界定

1. 城市失独老人

学界对于"失独"在概念界定上大致分为狭义和广义两类。狭义上的"失独"指的是身份固定的、不会随着时间推移而变动的永久性失独；广义说的失独包括暂时性失独和永久性失独，"失独"这一身份，有可能随着时间推移产生变动。本书中的失独老人基本丧失生育能力和机会，应当属于狭义上的失独。2007年由人口计生委、财政部颁布的《全国独生子女伤残死亡家庭扶助制度试点方案》中界定，"独生子女伤残死亡家庭"必须符合的条件：父母出生于1933年1月1日以后、女方年满49周岁、只生育一个子女或合法收养一个子女、现无存活子女或独生子女被依法鉴定为三级以上残疾。综上，本书将城市失独老人的概念定义为：非农业户口，年龄超过50周岁，自己生养一个或是合法领养一个子女，在子女成年后，由于各种原因其子女意外死亡离世，并且自身已失去生

---

[1] 陈雯：《从"制度"到"能动性"：对死亡独生子女家庭扶助机制的思考》，《中共福建省委党校学报》2012年第2期。

育能力，从而造成无子女情况的老人。

2. 社会质量

社会质量作为新的范式用来衡量社会的发展，要解决的是如何衡量一个社会是好还是坏的问题，以及如何评判一个社会的质量高低的问题[①]。换句话说，社会质量衡量的是社会进步的程度，包含社会经济保障、社会凝聚、社会包容、社会赋权四个维度。本书将社会质量概念定义为：社会把民众视为发展目标并创造其福祉，用民众参与社会生活的满意程度当作衡量社会进步的尺度，包含社会经济保障、社会凝聚、社会包容、社会赋权四个维度。

下面对四个维度在本书中的用意分别进行解释：

社会经济保障反映了公民获取必要的物质资源和非物质资源等基本需求保障。包含社会物质经济条件的指标，指标涉及收入保障、环境、房屋所有权等方面。

社会凝聚指在基于共享的价值和规范的社会关系前提下，考察社区层面的、集体认可的价值基础和规范，以及社会关系在何种程度上维持基本价值观念。其包含机构信任、人员信任和公共责任。其指标包含有反映人们对警察、公务员、企业家、专家的人员信任程度，包含有反映人们对报社、司法机关、地方政府等机构信任程度，包含有反映人们对帮助他人的意愿程度，比如是否愿意帮助灾民、孤儿等。

社会包容主要指公民在社会环境里群体融入程度，被社会环境接纳程度和与多样化制度的融合程度。通过社会群体互动频率来反映个体的群体融入程度，通过研究社会的结构和制度因素来反映这些结构和框架是否具有普适性。指标包含群体融入、制度融合、社会接纳。

社会赋权是指充分参与社会互动和所有权状态的能力，重点关注个体立足社会的潜能（技能、知识、经验）及其实现程度。指标包含社会主体能力感和社会心态。

（二）假设的提出

健身气功干预各类群体后，对改善其精神面貌、心理健康有着明显

[①] 张海东、石海波、毕婧千：《社会质量研究及其新进展》，《社会学研究》2012年第3期。

促进效果。那么针对失独老人这一特殊群体，健身气功·八段锦是不是也有着显著的效果呢？综合前人研究，笔者发现，城市失独老人不仅在物质经济方面缺乏保障与支持，而且在精神层面上也存在精神匮乏、信任缺失、沟通心理弱化等现象，直接表明城市失独老人社会质量不足。本书中，笔者提出下列研究假设：

假设一：八段锦练习使失独老人社会凝聚得到增加

假设二：八段锦练习使失独老人社会包容得到促进

假设三：八段锦练习使失独老人社会赋权得到提升

（三）研究对象

研究对象：YT 市 QS 街道 30 位城市失独老人。

男女比例：14∶16

年龄区间：55—67 周岁

研究对象的确定：在政府服务外包的政策下，通过 YT 市 PZ 社会工作服务中心项目平台，与 YT 市 QS 街道居委会办事处建立联系，了解街道辖区内的失独老人情况。笔者与 PZ 工作人员通过依名单入户的形式，对失独老人讲解健身气功·八段锦的相关内容，动员失独老人走出家门去锻炼。QS 街道管辖内共含三个社区，分别是 QN 社区、TS 社区和 YX 社区，笔者从每个社区中随机选取了在册的 10 位失独老人，最终确定了 30 位失独老人作为研究对象。这 30 位失独老人都是非农业户口，其子女都是在成年后由于各种原因意外离世的。失独老人中夫妻两人共同生活的有 22 人，另有 8 位失独老人因夫妻离婚或另一位去世而独自生活。

表 3-1　　　　　　　　城市失独老人基本信息汇总

序号	姓名	性别	出生年月	年龄
1	杨 SJ	女	1953—11	64
2	陈 MY	女	1953—02	65
3	许 L	女	1956—12	61
4	吴 JX	男	1951—02	66
5	刘 J	女	1956—04	61
6	夏 YZ	男	1950—10	67

续表

序号	姓名	性别	出生年月	年龄
7	王 DZ	男	1954—05	63
8	张 SF	女	1950—10	67
9	史 DS	男	1957—09	60
10	张 XR	女	1954—02	63
11	宋 HN	女	1957—07	60
12	张 GX	女	1953—09	65
13	徐 XP	男	1951—02	66
14	胡 YL	男	1955—02	62
15	于 CR	女	1955—03	62
16	刘 QX	女	1951—02	66
17	刘 JM	女	1952—06	65
18	庄 JM	男	1955—03	62
19	张 PD	男	1962—03	55
20	刘 Y	男	1957—07	60
21	范 JM	女	1957—01	61
22	陈 MS	女	1954—10	63
23	周 JG	男	1952—05	65
24	汪 X	女	1959—07	58
25	李 ZF	女	1958—05	59
26	王 RC	男	1954—06	63
27	杜 JG	男	1957—06	60
28	栾 GL	女	1953—01	65
29	吕 SL	男	1953—11	65
30	戴 HS	男	1955—04	62

（四）研究方法

1. 实验法

实验对象：YT 市 QS 街道 30 位失独老人。

实验地点：LD 大学法学院社会工作实验室，YT 市老年大学

男女比例：14∶16

年龄区间：55—67 周岁

实验时间：2017 年 7 月 15 日——2018 年 1 月 15 日。

实验过程分为以下三个阶段：

（1）实验前：与 PZ 社会工作服务中心工作人员去 YT 市 QS 街道居委会了解失独老人居住地点，逐一入户进行访问，访问内容包括询问生活状况、身体状况以及讲解健身气功·八段锦的相关理论知识。并在 LD 大学法学院社会工作实验室集合，统一讲解了八段锦的来龙去脉和健身原理。

（2）实验中：在第一次练习课之前，所有失独老人在精神状态正常情况下第一次填写了"社会质量测评量表"。然后每周进行 6 次课，分别为：3 次专家辅导（大学专业教授、笔者）、3 次自主练习，共计 144 次课程。每个月举办一次文娱或培训活动，活动时间为每个月最后一周的最后一节课。在整个过程中设定变量为健身气功·八段锦，因变量为失独老人的社会质量的变化。在过程中可能产生的额外变量：失独老人在课程出勤上有所差异，在过程中可能认识新的朋友或发生重大事故。在实验额外变量的控制方面：首先尽力保证课程的一致性，随时打电话进行督促。将发生重大事故的人的实验数据抛弃。整个过程中尽可能保证可控性。最后两节课，所有人员在精神状态正常情况下填写了第二次"社会质量测评量表"。

（3）实验后：所有课程结束后，我们举办了总结座谈会，大家畅所欲言，精神面貌和身体健康得到很大改善。并且多次受邀参加各个社区晚会的表演活动，并于 2018 年 5 月份参加了 YT 市的健身气功·八段锦的比赛，获得了三等奖的优异成绩。通过后期的电话回访和入户了解，大部分失独老人都养成了日常锻炼身体的好习惯。

测量工具：社会质量测评量表

该表首先源自于王沪宁提出的社会质量的两大类指标，即物质性指标和价值性指标，在对社会质量概念进行拆分时，包含了四个方面的内容：社会经济保障、社会凝聚、社会包容和社会赋权。张海东在分析上述四个方面内容后，进一步细化并衍生出各个方面的次级维度，操作化

为一系列测量指标，用来具体而科学地反映出社会质量的水平。本书在设计问卷时便延续了国内学者通常采用的测量指标，整合成了社会质量测评量表。量表内容有两大模块，即基本部分模块和社会质量模块，基本部分反映研究对象的基本信息（受教育程度、政治面貌、是否健身），社会质量模块包含四个维度，即社会经济保障、社会凝聚、社会包容以及社会赋权，每个维度都包含对应的测量指标。由于量表本身已被国内学者普遍使用，信度效度较高。本书的测评量表设计好之后，得到多位专家的建议，具有较高的信度和效度，符合使用要求。

2. 数理统计法

实验前后我们分别向 30 位老人发放了问卷，并耐心讲解了问卷题目的含义，确保问卷填写的有效性。借助 SPSS、EXCEL 等统计软件对数据进行了科学的统计与分析，运用了配对样本 T 检验的分析方法，分析城市失独老人的社会质量在实验前后是否存在显著性差异，实验结果均以平均数 ± 标准差（X ± SD）表示。若 $P < 0.05$，则表示具有显著性差异，若 $P < 0.01$，则表示具有非常显著性差异。从而得出科学有效的信息，为本书的结论提供量化支撑和科学依据。

对于问卷内容的数据统计，本书采取了赋值的方法，各个维度的各个子题目得分累计便是这个维度的总得分，笔者使用实验前后的各维度分值予以分析。从问卷的内容来看，基本信息部分和社会质量的社会经济保障维度为客观存在的不变条件，故没有采取赋值方法进行分析，只用来作为分析问题的一个思考方向。下面对社会质量的社会凝聚、社会包容、社会赋权维度进行详细的赋值说明：

（1）社会凝聚 [9. 您对"大多数人都是可以信任的"的认同程度如何？①很不信任（1分）②不太信任（2分）③一般（3分）④比较信任（4分）⑤很信任（5分）。10. 您对以下各类人员的信任程度如何？（9项独立且累计得分）家人、邻居、朋友、医生、专家、警察、律师、雇主、银行人员①很不信任（1分）②不太信任（2分）③一般（3分）④比较信任（4分）⑤很信任（5分）。11. 您对以下机构信任程度如何？（6项独立且累计得分）报社、电视台、司法机关、地方政府、中央政府、人大①很不信任（1分）②不太信任（2分）③一般（3分）④比较信任（4分）⑤很信任（5分）。12. 如果现在有个计划，是从您收入中扣除 10% 去帮助改善一

些人的生活情况，您是否愿意支持该计划？①很不愿意（1分）②不愿意（2分）③愿意（3分）④很愿意（4分）。］

（2）社会包容［13. 过去一年里，请选择您与下列人员保持联系的情况（见面、电话、通信、电子邮件、网络聊天等）。（独立且累计得分）家庭成员、亲属、朋友、同事（非工作时间联系）、邻居①从不（1分）②一年几次（2分）③至少每月一次（3分）④至少一周一次（4分）⑤一天多次（5分）。14. 您在平常是否感到孤独？①是（0分）②否（1分）。15. 在过去1年，您是否因为以下因素受到歧视？（9项独立且累计得分）社会地位低（例如没有固定工作、低收入）、身体残疾、年龄、性别、外表、学历、疾病、信仰、其他①有（0分）②没有（1分）。16. 在过去一年，您和家人是否经历过以下事情？（8项独立且累计得分）对自己家庭不利的政策、与政府干部发生过冲突、在政府机构办事时受到不合理拖延推诿、在政府办事时受到不合理收费、与所在小区保安发生冲突、被强制性捐款、医患纠纷、不当执法①有（0分）②没有（1分）。］

（3）社会赋权［17. 您觉得一个人是否有可能通过自己的努力获得成功？①很有可能（5分）②有可能（4分）③中立（3分）④不大可能（2分）⑤很不可能（1分）。18. 您觉得能否公开自由表达意见吗？（按程度从1—10选择）选项即是分数。19. 您对以下五种情况分别持什么态度？（5项独立且累计得分）我感觉被社会遗弃、要获得成功被迫做不正确的事、有些人轻视我、我对未来不乐观、现实与理想之间差距较大①很不同意（5分）②不同意（4分）③中立（3分）④同意（2分）⑤很同意（1分）。］

3. 访谈法

笔者曾对体育学界的专家教授进行了采访，了解传统体育养生的文化精髓，了解健身气功·八段锦的健身效果以及发展趋势；对社会学的专家学者进行采访，了解社会质量理论的研究成果进展和应用方向，了解失独群体的鲜明特征；向社会工作专业和公共管理专业的老师虚心求教，大体掌握了与失独老人群体沟通的技巧与避讳。在研究过程中，笔者多次去QS街道居委会进行访问，了解失独老人训练后的感受反馈，并且及时了解居委会关于失独老人的活动动向，协调教学内容的安排。和PJ工作人员一起多次入户了解失独老人生活情况、身体健康情况以及情绪波动情况。

4. 文献资料法

通过检索中国学术期刊网（CNKI）、万方网，中国知网中的优秀硕士、博士学位论文以及期刊论文，以"失独老人""健身气功·八段锦""社会质量"等作为关键字，查阅了大量学术文献，做了系统的梳理。根据需要研读了失独老人生存现状和健身气功方面的书籍杂志若干，做了相关的内容的整理、归纳，这些文章和期刊中提供的数据和理论基础对本书的研究有一定的价值。

5. 痕迹工作法

痕迹工作法是指根据工作中产生内在或外在的痕迹，反向推理出工作发生的具体细节或过程的方法。痕迹工作法的表现形式主要为建档以及工作笔记。在研究过程中，痕迹工作法的运用主要是对参与健身气功·八段锦的失独老人建立基本的档案信息并对跟踪实验的对象建立跟踪档案[1]。档案内容包括姓名、性别、年龄、联系方式等基本信息，以及失独老人每天情绪状态、访谈内容等工作笔记。因为失独老人这一群体的特殊性，情绪起伏或者精神状态变化较大，痕迹工作法可帮助笔者记录失独老人情绪和感情上细微的变化，对笔者后期梳理文章脉络，整理文章内容提供了很大的帮助。

6. 逻辑分析法

对搜集的相关材料进行系统分析，对社会质量测评量表产生的数据进行科学分析对比。为了保证统计数据能够有效反映失独家庭面临的问题，笔者阅读大量的文献，通过应用归纳、演绎逻辑原则、结合理论体系，研究得出正确的结论。

四 结果分析：健身气功对失独老人社会质量的改善

（一）实验前城市失独老人社会质量现状及原因分析

1. 城市失独老人基本情况分析

这一部分主要包含研究对象的基本情况，比如说受教育程度、宗教信仰、政治面貌、工作单位性质以及健身情况等，目的是反向推理，在

---

[1] 伦恒栋：《健身气功·八段锦对城市失独老人心理健康影响的研究》，硕士学位论文，鲁东大学，2018年，第16—19页。

一定程度上了解研究对象失独之前生活状态。由于基本部分主要涉及一些客观条件，不会随着实验的进行而产生变化，因此没有纳入赋值，进行前后数据的对比分析，只是作为分析考量的一个面向。

表 3 - 2　城市失独老人社会质量问卷基本部分各方面比重（N = 30）

类别	教育程度	宗教信仰	政治面貌	工作单位	其他健身活动
		有 16.7%	共产党员 26.7%	机关 50.0%	有 23.3%
	小学 10.0%		民主党派 0	企业 30.0%	
	初中 30.0%		共青团员 10.0%	事业 10.0%	
	高中 43.3%		群众 63.3%	社会团体 10.0%	
	大学 16.7%		其他 0		
	研究生 0	无 83.3%			无 76.7%

2. 城市失独老人与正常老人体质检测数据对比分析

为了更深入地了解研究对象的社会质量状况，笔者为失独老人安排了体质检测，对研究对象进行了系统全面的身体检查。旨在了解城市失独老人和正常老人在体质方面是否存在差异，会带来什么样的压力和负担？测试地点位于 YT 市国民体质检测中心，其定期可为社会团体和个人进行免费的体质测试。由于国民体质检测仪器技术较高端，不适用体内含有金属支架等辅助金属器械的人，综合安全因素考虑，故测试了 26 位城市失独老人的国民体质。对照数据仍然来自 YT 市体质检测中心，在征得测试团体人员同意后，调取了年龄区间同为 55—67 周岁的 26 位城市正常老人体质监测数据，且男女比例相同，对比分析城市失独老人和正常老人的体质情况，看看两个群体是否存在显著的差异。体质检测的内容为：国民体质测试（身高、体重、肺活量、坐位体前屈等），级别评定为：良好 > 合格 > 不合格；血管机能 VS - 1500（测试左右双踝血管弹性和闭塞程度，并给予评定），级别评定为：正常 > 疑闭 > 闭塞；体成分 MC - 180（身体质量指数及评价、去脂体重、脂肪量、肌肉量、蛋白质、细胞内液、体脂肪率及评价、内脏脂肪等级及评价等方面），级别评定为：适当 > 超重 > 肥胖；骨密度（测试左脚跟骨并进行评价），级别评定为：正常 > 少孔 > 疏松；亚健康（大、中、小脑、脊柱、眼、耳、鼻、五脏、胃、小肠等），级别评定为：健康＞亚健康，共计五方面的内容，每个方面都有总体评价，用来评定身体在此方面的优劣程度。如下：

表3-3　　　　城市失独老人体质检测总体评价表（N=26）

姓名	国民体质	血管机能 左踝	血管机能 右踝	体成分	骨密度	亚健康
史DS	不合格	疑闭	正常	肥胖	正常	亚健康
李ZF	合格	正常	正常	适当	少孔	健康
杨SJ	不合格	正常	正常	适当	少孔	亚健康
陈MS	不合格	正常	正常	肥胖	正常	亚健康
栾GL	合格	正常	正常	适当	少孔	亚健康
吴JX	合格	正常	正常	肥胖	正常	亚健康
汪X	合格	正常	正常	超重	正常	健康
张SF	合格	正常	正常	超重	少孔	亚健康
范JM	合格	正常	正常	超重	正常	健康
张XR	不合格	正常	正常	超重	正常	亚健康
刘Y	合格	正常	正常	超重	正常	健康
许L	合格	正常	疑闭	超重	正常	亚健康
刘J	不合格	正常	正常	肥胖	正常	亚健康
宋HN	合格	正常	正常	肥胖	正常	亚健康
张GX	合格	正常	正常	适当	少孔	亚健康
杜JG	不合格	疑闭	疑闭	超重	正常	亚健康
张PD	不合格	疑闭	闭塞	适当	少孔	健康
王RC	合格	疑闭	疑闭	适当	正常	健康
于CR	合格	正常	正常	适当	正常	亚健康
庄JM	合格	疑闭	疑闭	适当	正常	亚健康
刘JM	合格	正常	正常	肥胖	少孔	亚健康
夏YZ	不合格	闭塞	疑闭	超重	正常	亚健康
陈MY	合格	正常	正常	适当	正常	亚健康
刘QX	不合格	正常	正常	超重	少孔	亚健康
王RC	不合格	正常	正常	肥胖	正常	亚健康
吕SL	合格	正常	正常	肥胖	正常	亚健康

表 3 – 4　　　　城市正常老人体质检测总体评价表（N = 26）

姓名	国民体质	血管机能 左踝	血管机能 右踝	体成分	骨密度	亚健康
孙 ZX	不合格	疑闭	疑闭	超重	少孔	亚健康
夏 YL	良好	正常	正常	超重	少孔	健康
宋 ML	合格	正常	正常	适当	少孔	亚健康
曲 YD	良好	正常	疑闭	超重	少孔	亚健康
逄 CL	合格	正常	正常	超重	少孔	健康
李 ML	不合格	闭塞	正常	超重	少孔	亚健康
刘 JY	合格	正常	正常	适当	少孔	健康
丁 WZ	良好	正常	正常	超重	少孔	健康
张 JB	合格	正常	正常	超重	疏松	健康
邱 YX	良好	正常	正常	适当	正常	亚健康
聂 ZJ	不合格	正常	正常	肥胖	少孔	健康
曲 SL	合格	正常	疑闭	适当	正常	亚健康
唐 YM	合格	正常	正常	超重	少孔	健康
周 Y	不合格	正常	正常	肥胖	正常	亚健康
周 ZY	合格	正常	正常	适当	正常	健康
王 ZS	合格	正常	疑闭	适当	少孔	亚健康
张 W	不合格	疑闭	正常	超重	少孔	健康
褚 J	合格	正常	疑闭	适当	少孔	健康
崔 JY	良好	正常	正常	适当	少孔	亚健康
温 HB	不合格	疑闭	疑闭	超重	正常	亚健康
谭 ZZ	合格	正常	正常	适当	少孔	健康
闫 XY	合格	正常	疑闭	超重	少孔	亚健康
郭 ZX	合格	正常	正常	适当	正常	亚健康
宫 YQ	不合格	正常	正常	超重	少孔	亚健康
高 L	合格	正常	正常	适当	少孔	亚健康
曹 XQ	合格	正常	正常	适当	正常	健康

注：数据来自国民体质专业测试仪器。国民体质方面显示结果为各指标的综合评价；血管机能方面，疑闭代表血管疑似闭塞，闭塞代表血管闭塞；体成分涉及指标广，只采取了身体质量指数评定（身高体重比）；骨密度方面，正常代表骨质正常，少孔代表骨质少孔，疏松代表骨质疏松。

对比数据我们发现，在国民体质、血管机能、体成分和亚健康四个方面，城市失独老人的状态都在一定程度上低于正常老人。主要有以下两方面原因：一是伴随着年龄增长，身体机能出现不同程度的退化；二是城市失独老人由于摆脱不了"绝户身份"，不愿意走出家门参与集体锻炼，导致身体健康不佳。所以说，引导失独老人走出家门，进行合适体育锻炼刻不容缓。身体状况不佳易造成疾病缠身，导致医疗费用支出过多，形成过大的经济压力。中国人信奉"开源节流"才能过高品质生活，城市失独老人由于没有子女赡养和身体不佳造成的经济压力，形成了经济物质不足的"开流节源"的生活状态。

3. 城市失独老人社会经济保障分析

社会经济保障是反映公民获取必要的物质资源和非物质资源等基本需求保障。包含社会物质经济条件的指标，指标涉及收入保障、环境、房屋所有权等方面。由于此维度数据不会随着实验推行而产生变化，所以没有进行实验前后的数据对比分析，数据统计仅作为社会质量分析考量的一个方面，用来反映失独老人社会质量现状。如下：

表3-5　　城市失独老人社会经济保障维度数据分析（N=30）

类别	去年的经济状况	个人年总收入（元）	房屋所有权
	有余款储蓄20.0%	十万以上0	有76.7%
	勉强维持生活63.3%	五万—十万7.0%	
	需动用储蓄16.7%	一万—五万56.7%	
	需借款生活0	一万以下36.7%	无23.3%

4. 实验前城市失独老人社会凝聚维度分析

在本书中社会凝聚即指在基于共享的价值和规范的社会关系前提下，考察社区层面的、集体认可的价值基础和规范，以及社会关系在何种程度上维持基本价值观念。其包含机构信任、人员信任和公共责任。指标包含有反映人们对警察、公务员、企业家、专家的人员信任程度，包含有反映人们对报社、司法机关、地方政府等机构信任程度，包含有反映人们对帮助他人的意愿程度，比如是否愿意帮助灾民、孤儿等。

本维度采取赋值方法进行分析，前文已做了详细的赋值方法解释。本维度赋值总分为104分，然后总分值×0.6，得到等级为中的最小值，划分为优、良、中、差、极差五个等级并附有得分区间，如下：

表3-6　实验前社会凝聚维度各等级得分人数及百分比（N=30）

等级	分数（分）	人数（位）	百分比
优	92—104	0	0%
良	82—91	5	17.7%
中	72—81	8	26.7%
差	62—71	13	43.3%
极差	52—61	4	13.3%

表3-6显示了各个等级的人数分布情况，其中人数集中在分数为62—71的区间内，等级评定差，占总人数的43.3%；等级评定为极差的人数是4，占13.3%，等级为中的人数为8，占总人数的26.7%，等级为良的人数是5，占17.7%，等级为优的情况为零。由此可见，城市失独老人在社会凝聚力方面存在较为严重的问题，对警察、公安、政府官员、专家、律师等的人员信任程度较低；对当前我国政府、司法机关、报社电台等机构也出现了信任危机。公共责任感模糊偏低，但是他们对帮助孤儿和灾民的意愿较大，笔者认为其原因是他们对孩子的惜爱，以及能理解灾民失去家园的痛苦。

5. 实验前城市失独老人社会包容维度分析

社会包容主要指公民在社会环境里群体融入程度，被社会环境接纳程度和与多样化制度的融合程度。通过社会群体互动频率来反映个体的群体融入程度，通过研究社会的结构和制度因素来反映这些结构和框架是否具有普适性。指标包含群体融入、制度融合、社会接纳。

本维度采取赋值方法进行分析，前文已做了详细的赋值方法解释。本维度赋值总分为38分（等级确定及划分同上）。如下：

表3-7　实验前社会包容维度各等级得分人数及百分比（N=30）

等级	分数（分）	人数（位）	百分比
优	33—38	4	13.3%
良	28—32	8	26.7%
中	23—27	10	33.3%
差	18—22	7	23.3%
极差	13—17	1	3.3%

表3-7直观显示了社会包容维度各等级人数分布，4位失独老人等级为优，占13.3%，8位失独老人等级为良，占26.7%，10位失独老人等级为中，占33.3%，7位失独老人等级为差，占23.3%，人数集中在差、中、良三个等级中，说明了城市失独老人社会融入程度不高，不愿意和他人交流，比如家人、朋友、邻居等，倾向于独自在家静处的状态，他们当中有56.7%的老人在日常生活中感到孤独。社会接纳程度不足，主要原因是自我难以走出"绝户"的固守观念。

6. 实验前城市失独老人社会赋权维度分析

社会赋权是指充分参与社会互动和所有权状态的能力，其重点关注个体立足社会的潜能（技能、知识、经验）及其实现程度。指标包含社会主体能力感和社会心态。本维度采取赋值方法进行分析，前文已做了详细的赋值方法解释。本维度赋值总分为40分（等级确定计划分同上）。如下：

表3-8　实验前社会赋权维度各等级得分人数及百分比（N=30）

等级	分数（分）	人数（位）	百分比
优	36—40	0	0
良	30—35	3	10.0%
中	24—29	15	50.0%
差	18—23	4	13.3%
极差	11—17	8	23.7%

表3-8直观显示了实验前社会赋权维度各等级得分人数及百分比，其中等级为优的人数为零，等级为良的人数为3，仅仅占总人数的

10.0%，等级为中的人数最多，为15人，占总人数的50.0%，等级为差的人数为4人，占总人数的13.3%，"极差"的人数为8人，占总人数的23.7%，等级为差和等级为极差的人数相加占总人数的40.0%。数据说明了城市失独老人在参与社会互动的能力实现上十分不理想，他们对努力本身存在的价值认识不清晰，个体的（技能、知识、经验）的获得能力基本没有被开发出来，或者仅仅在一定程度上有所开发。从社会心态来讲，研究对象处于特殊群体，大多数人总是感觉自己被社会抛弃，对未来不乐观。在这样的状况下，极容易产生自我否定的想法，认为自身没有可以实现的价值。这对失独老人来说是一种非常可怕的消极情绪。

（二）影响城市失独老人社会质量的消极因素分析

究竟是什么原因导致城市失独老人的社会质量不足？从问卷分析上可以看出部分原因，但是笔者认为还是不够全面，笔者通过痕迹工作法记录了平常的沟通内容，借此更加全面地分析原因：

张SF（退休中学高级教师、健身队伍队长）："现在群体面临两个主要的问题：一是生病住院问题。由于没有了子女，生病住院后便没有人来陪护，请陪护的费用是200—300元/天，再加上医疗费用，开支巨大。即使能走保险和合作医疗，但是前期需要交纳垫付的费用仍然难以承担；二是养老问题。养老院费用目前是2000元/月，现在很多老年朋友的收入也就是这些。再就是养老问题日趋严重的情况下，怎么安排，如何安排？还有就是真到了养老的时候，收费标准会不会变得更高呢？"

张SF说的医疗经济压力问题和养老忧患问题，也是整个失独群体面临的主要问题，在医疗方面，并没有因为失独群体存在很大的经济压力而出台优惠政策；"养儿防老"观念深入人心，如今失独状况难以改变，使其养老忧患更加严重。

戴HS："目前YT市五区（ZF区、LS区、KF区、MP区、FS区）失独人口注册大约是8000人，还有很多不愿意走出家门，不愿意直面正常生活人群的老人没有进行注册，这是一个庞大的群体，也是一个非常严峻的问题。政策里面说，养老院优先考虑'三无住户'进行安排，而失独老人不符合条件。政府给的话是，失独老人也会优先考虑，但是现在养老状况紧张，在养老院没有空余床铺的前提下，怎样进行优先安排？"

戴 HS 再次提出了养老忧患，并指出失独群体没有享受到养老上的优先待遇；而且有很大部分失独老人由于各种原因，没有进行过摸查注册。

徐 XP："我在养老问题上有自己的看法。即便入住养老院，谁又能保障不会受到不公平的对待呢？现在网上报道的养老院不公平对待老年人朋友的事件时有发生。我们这类群体身体不好，还没有子女，倘若真有此事的话，谁为我们撑腰？谁替我们维权？再就是精神上来说，逢年过节的时候，看见别的老人有人看望，对我们来说也是一种煎熬。我们老两口还在抚养自己的小孙女，自从儿子走了之后，儿媳改嫁，孙女便由我们老两口抚养，现在孙女二年级的家庭作业我们都辅导不了，这也是个问题。"

徐 XP 提出了人权的不公平待遇，认为即便有地方养老，但可能会受到不公平待遇，没有人或者机构能保障他们受到公平待遇；同时还提出了隔代教育的问题。

史 DS："大家说的养老问题本身就是一个很大的问题，解决起来需要全社会的长久努力，单靠政府或者单靠社会组织等都行不通，不如政府先做点眼前能解决的事。现 YT 市有那么多的失独老人，仅 QS 街道就有 400 多人，现在参与健身队活动的也就是 40 人，这样看来，大部分人还是没有从阴影里走出来，不愿意面对正常人群，而且甚至仇视生活。长期如此压抑，无人问津，说不定会采取什么极端手段，对社会造成不好的影响。逢年过节，别人越团圆越幸福，他便越伤心越厌恶，在这个陷阱里面难以自拔，便成为社会安定的潜在威胁。政府有责任做的事情是为这个特殊群体提供一个活动的场所和平台。你看我们健身队室内活动的空间是有限的，还是 LD 大学提供的地方。应该鼓励特殊群体走出阴影，精神上要向正常群体看齐，减少对社会的仇视，才能减少甚至消除这类群体对社会的潜在威胁。"

史 DS 提出的养老忧患确实存在，但是养老问题是社会问题，解决起来并非朝夕之事，需要全社会共同努力；失独老人想有群体活动却无处可去，这也是失独群体不愿意走出家门的原因之一。

栾 GL：现在几乎所有人的目光都集中在孩子和青年人身上，对我们失独老人的关注太少了，我们根本感觉不到关爱，因为孩子、青少年是国家的未来，培养出来对社会有用，我们失独老人都成了社会讨厌的一帮人了，对社会没有用处了。我之所以参加这个活动，还是因为我孩子以前和你们一样，在 LD 大学读书，我对 LD 大学有感情。

栾 GL 从社会关注角度提出失独群体受到的不公平待遇，社会对他们缺乏关爱，他们对孩子更加心心念念放不下。

根据问卷上各维度数据分析，参考平常沟通所做的笔记，笔者归纳出影响城市失独老人社会质量的消极因素。

1. 经济物质保障不足且身体机能退化

"物质基础决定上层建筑"，说明了经济物质基础的重要性。笔者在对 30 位研究对象进行数据统计时发现，63.3% 的失独老人在过去一年中经济收入属于勉强维持生活的状态，23.3% 的老人没有所居住房屋的拥有权；体质检测数据分析发现，30 位失独老人中处于亚健康状态占大多数，而且体质检测也有一半人数不合格，体重超重及肥胖者居多，还有个别老人患有心脏病等慢性病，长期需要医药投入。由于他们没有子女分担医药费，收入微薄，在经济支出面前，老人们显得格外吃力。其中史 DS 做心脏手术，一次性花费十三余万元，整个恢复过程中大都使用进口药，无法报销，这就造成了很大的经济压力。还有老人需抚养孙女或者孙子，六十多岁了仍要早起工作，应对日常开销。本来应该颐养天年的时候，他们却还不得不赚钱养家，那种身体上的劳累和心理上的创伤难以弥补。他们的经济压力主要来自于医疗和未来养老，张SF提到在医疗方面，相关部门并没有因为特殊群体存在很大的经济压力，而出台了优惠政策。所以说，经济物质保障不足和身体机能退化，是影响城市失独老人社会质量的消极因素之一。

2. 信任缺失且公共责任感不强

谈到信任问题，在本书中涉及了人员信任和机构信任。数据显示城市失独老人在这两方面的信任程度都非常低。有学者针对中国人的"面子"进行过研究，表明越是隐私和人们不愿接受的事情，例如疾病、失独等，越是不愿意向旁人提起，其根本原因就是心理层面在作祟，感觉身边人看不起自己，对自己的能力不信任，所以说失独群体对家人、亲戚的言行举止也持有怀疑态度[1]，以至于有些失独老人在孩子离世后两口子离婚，各自换个生活环境减少精神压力。在笔者记录的聊天内容里，徐XP提出了一些不公平待遇，担心即便有地方养老，还是会受到不公平对待，他的这种担忧不是空穴来风，电视上有过这样的报道，所以对养老机构以及其服务人员抱有不信任的态度，是失独群体在机构信任和人员信任上存在信任危机的具体体现，从而一直处于信任缺失的状态中。在公共责任上，自我感觉被社会抛弃，对生活不抱有希望，导致他们逃避，不愿意去帮助他人，或者是在一定程度上没能力去帮助他人，体会不到互帮互助的快乐和成就感。公责任感不强，加上现有的处境，极有可能导致城市失独老人采取极端手段去报复社会，对社会治安造成潜在威胁。所以，信任缺失和逃避公共责任是影响城市失独老人社会质量的消极因素之二。

3. 交往沟通心理弱化且社会制度难以契合

通常情况下，失独老人的孩子意外离世后，变得不爱与他人沟通，社交范围急剧缩小，有的甚至是彻底关闭了自己与他人交往的大门。在本书中，56.7%失独老人的日常生活充斥着孤独感。"刚刚失去孩子的时候，感觉自己便和自己周围的一切脱节了，没有任何人能和我有共同语

---

[1] 黄光国、胡先缙：《人情与面子——中国人的权力游戏》，中国人民大学出版社2017年版，第86—92页。

言，所以我选择了逃避现实、逃避生活，避免一切和他人的对视和聊天。"这就是我们所说的"大门不出，二门不迈"吧①。另外，在聊天记录的内容中可以发现，很多城市失独老人强烈感觉到现有社会制度对他们不利，在医疗方面没有给予相应的政策支持，造成极大的经济压力；在养老方面，他们也不能享受到优先安排的待遇，形成失独群体"谈养老则色变"的情形；因为失独群体的特殊性，他们更倾向和同质群体进行团体化的活动。综合问卷数据和聊天内容来看，城市失独群体和现有制度融合存在一定的困难。人具有社会属性，失独老人在沟通心理弱化的和难以融入制度的情况下，难免会处于"后继无路、生活无望"的焦虑状态。所以说，交往沟通心理弱化且与社会制度难以契合，是影响城市失独老人社会质量的消极因素之三。

4. 主体能力感欠佳且生活匮乏

失独老人还存在一种自我否定的情绪。笔者认为自我否定情绪的产生，一方面是受到了"失独"的无力感的刺激，另一方面则是受到了不被社会重视的刺激。前文中说到，失独老人不愿意与正常群体交流，不愿迈出家门，走出家门后没有专供他们活动的场地，对他们又是一种忽视。研究对象里的戴 HS 曾多次为此去找相关负责部门，这个问题都没有得到很好的解决。这种现象在失独群体中普遍存在，他们有诉求，却得不到重视和回应，导致他们认为努力也没有用，反过来讲，不努力便更加认识不到自我价值，更加深了对主体能动性的否定。另外，除了对自身价值否定之外，失独老人的社会心态也令人担忧，他们认为被社会抛弃，人们在轻视他们。失独群体无法和其他群体进行正常的互动交流，社会关注度又不够，只能依靠群体内部的互动来满足精神安慰需求，但专门活动场地的缺失，直接造成的结果就是失独老人的生活更加匮乏。所以说，主体能力欠佳和生活匮乏是影响城市失独老人社会质量的消极因素之四。

（三）实验前后城市失独老人社会质量对比分析

在社会质量不足的情况下，健身气功·八段锦的介入，是不是会提

---

① 李晓兰、巩文彧：《失独家庭精神关爱问题研究》，《黑龙江教育学院学报》2014 年第 7 期。

高城市失独老人的社会质量,完成三个假设的认定呢?在练习健身气功·八段锦六个月后,笔者对社会质量问卷数据进行前后对比分析,分析城市失独老人社会质量是否产生了变化。

1. 实验前后城市失独老人社会凝聚维度的对比分析

城市失独老人在练习六个月健身气功·八段锦之后,社会凝聚维度会不会产生变化?本书对数据进行配对样本T检验,获得结果如下:

表3-9 实验前后社会凝聚维度各等级人数分布及百分比(N=30)

等级	分数(分)	实验前 人数(位)	实验前 百分比	实验后 人数(位)	实验后 百分比	百分比变化
优	92—104	0	0%	2	6.7%	+6.7%
良	82—91	5	17.7%	8	26.7%	+9%
中	72—81	8	26.7%	14	46.7%	+20%
差	62—71	13	43.3%	4	13.4%	-29.9%
极差	52—61	4	13.3%	2	6.7%	-6.6%

注:"+"为百分比上升;"-"为百分比下降(下同)。

表3-10 实验前后社会凝聚维度数据的配对样本检验结果(N=30)

社会凝聚	平均值	标准差	显著性(P)
实验前	71.4333	9.14135	0.005
实验后	77.8333	9.45072	

表3-9直观显示了实验前后社会凝聚维度各等级人数分布及百分比,可以发现,在实验后各个等级人数都有了明显的变化,特别是等级为中的百分比从26.7%上升到了46.7%,上升幅度较大;等级为优人数从零上升到了总人数的6.7%;等级为良人数比重由17.7%上升到26.7%;等级为差人数比重由43.3%下降到13.4%,下降幅度明显;等级为极差的人数比重从13.3%下降到6.7%。五个等级百分比较实验前均有不同程度的正向变化。表3-10是实验前后数据的配对样本T检验结果,得到P(显著性)=0.005,具备非常显著性差异,说明健身气功·八段锦对城市失独老人的社会凝聚有着明显的改善作用。在系统练习健

身气功·八段锦后,对当前政府、电台报社、司法机关等机构的信任程度有所增加,对政府人员、专家、学者等权威人员的信任程度也有所提升,从公共责任感来讲,城市失独老人在认识履行公共责任的意识上变得积极,以前只愿意帮助孤儿,现在愿意帮助穷人、灾民、老人等弱势群体,这是城市失独老人社会凝聚力提升的表现。

2. 实验前后城市失独老人社会包容维度的对比分析

我们探究城市失独老人在练习六个月健身气功·八段锦之后,社会包容维度是否存在变化,运用了配对样本T检验的分析方法,对实验前后数据进行解析。如下:

表3–11 实验前后社会包容维度各等级人数分布及百分比(N=30)

等级	分数(分)	实验前 人数(位)	实验前 百分比	实验后 人数(位)	实验后 百分比	百分比变化
优	33—38	4	13.3%	12	40.0%	+26.7%
良	28—32	8	26.7%	15	50.0%	+23.3%
中	23—27	10	33.3%	2	6.7%	-26.6%
差	18—22	7	23.3%	1	3.3%	-20.0%
极差	13—17	1	3.3%	0	0	-3.3%

表3–12 实验前后社会包容维度数据的配对样本检验结果(N=30)

社会包容	平均值	标准差	显著性
实验前	27.1000	4.51320	0
实验后	31.2667	3.85901	

研究发现,城市失独老人在练习健身气功·八段锦六个月后,各个等级的人数都有显著的正向变化,等级为优的人数从实验前的13.3%变成了40.0%;等级为良的人数从实验前的26.7%变成了50.0%;等级为中的人数从实验前的33.3%降为了6.7%;等级为差的人数比重从23.3%降为3.3%,下降幅度较大;等级为极差的人数比重从3.3%降为0%。表3–12是运用配对样本T检验,得到结果是P(显著性)=0.000,说明实验前后数据具有非常显著性差异。从数据上来看,失独老人实验

后的群体融入感和制度融合感得到了较大提升，大部分人已经到达了优良的水平。城市失独老人的交往沟通心理开始强化，变得乐意或者主动和别人交流，社会接纳感增强。以下是座谈会时吴 JX 的发言（2017 年 11 月）："以前我这个人没什么爱好，整天躲在家里不出门，在家里也不知道干什么，整天精神萎靡，也和朋友断了联系，三年前慢慢接触了拍照，便养成了这个爱好，虽然相机也不是什么好相机。以前不知道去哪里拍，不知道拍什么，现在咱们一块参与健身队之后，我可以为我们的队员留下精彩的瞬间，也可以在来的路上随手拍些花花草草，挺好的，心情也变得比以前平静。刚来的时候大家不让拍，我也不怎么敢拍，现在好了，大家让拍了，我也敢拍了。我感觉这就是我的进步，这也是大家的进步。"从吴 JX 的发言分析来看，参加了健身气功·八段锦的练习之后，群体融入感得到增强，这是该群体在社会包容上进步的体现。

3. 实验前后城市失独老人社会赋权维度的对比分析

最后，城市失独老人在练习六个月健身气功·八段锦之后，社会赋权这一维度会不会得到一定的改善？运用配对样本 T 检验的分析实验前后数据。如下：

表 3-13　实验前后社会赋权维度各等级人数分布及百分比（N=30）

等级	分数（分）	实验前 人数（位）	实验前 百分比	实验后 人数（位）	实验后 百分比	百分比变化
优	36—40	0	0%	1	3.3%	+3.3%
良	30—35	3	10.0%	10	33.3%	+23.3%
中	24—29	15	50.0%	12	40.0%	-10.0%
差	18—23	4	13.3%	7	23.3%	+10.0%
极差	11—17	8	23.7%	0	0	-23.7%

表 3-14　实验前后社会赋权维度数据的配对样本检验结果（N=30）

社会包容	平均值	标准差	显著性
实验前	27.1000	4.51320	0
实验后	31.2667	3.85901	

表3-13显示了失独老人社会赋权维度实验前后的数据对比,发现极差等级的人数比重从实验前的23.7%降为了0%,减幅较大;差等级的人数比重从13.3%上升到了23.3%,情形好转;中等级的人数比重从50.0%降为40.0%,情形好转;良等级的人数比重从10.0%上升到33.3%,增幅较大;优等级的人数比重从0上升为3.3%。在表3-14中,对实验前后数据进行配对样本T检验,得到P(显著性)=0.000,存在非常显著性差异。说明了健身气功·八段锦对城市失独老人社会赋权具有明显的促进作用。前文说到,社会赋权主要包括主体能力和社会心态,经过健身气功·八段锦的学习和掌握,失独老人认识到存在自我潜能,也在进一步挖掘自己获得知识、技能和经验的能力,主体能力认同感在大大地增强;在社会心态方面,城市失独老人之前的绝望无助心态在逐渐改善,对未来的生活也逐渐抱有乐观态度。

(四) 整体分析

在分析城市失独老人实验前的社会质量现状和原因时,我们知道失独老人社会质量下降的原因不只是物质经济保障不足,精神层面的匮乏和他人关爱的缺失也是主要原因。在失独老人系统练习健身气功·八段锦六个月后发现,其社会凝聚、社会包容、社会赋权三个维度都发生了显著变化,如下所示:

表3-15　实验前后失独老人社会质量各维度数据对比（X±SD）

维度	实验前（N=30）	试验后（N=30）
社会凝聚	71.4333±9.14135	77.8333±9.45072**
社会包容	27.1000±4.51320	31.2667±3.85901**
社会赋权	22.9667±6.12785	27.8667±4.95311**

注：**代表具有非常显著性差异

社会凝聚方面,实验后较实验前城市失独老人对人员和机构的信任程度大大增强,公共责任感增强;社会包容方面,沟通心理强化,群体关系融洽,反社会接纳心理逐渐减缓;社会赋权方面,主体能力认同感增强,失独老人也正在向自我实现方面努力,社会心态变得积极。总体来说,城市失独老人在系统练习健身气功·八段锦六个月后,其社会质

量得到明显提升。因此,可以得出以下结论:

1. 失独老人社会凝聚实验前后数据发生正向变化

通过问卷赋值分析可以发现,在实验后社会凝聚各个等级人数都有了明显的变化,特别是等级为中的百分比从26.7%上升到了46.7%,上升幅度较大,通过配对样本T检验,得到P(显著性)=0.005,证实实验前后数据具有非常显著性差异,说明健身气功·八段锦对城市失独老人的社会凝聚有着明显的改善作用。在系统练习健身气功·八段锦后,城市失独老人敢于走出自己的狭小世界,接受来自社会的关怀,对当前政府、电台报社、司法机关等机构信任增加,对政府人员、专家学者等权威人员的信任程度也得到了提升,公共责任感也有一定程度的改善。

2. 失独老人社会包容实验前后数据发生正向变化

通过问卷赋值分析发现,城市失独老人在练习健身气功·八段锦六个月后,各个等级的人数都有显著的变化,等级为优的人数从实验前的13.3%变成了40.0%,等级为良的人数从实验前的26.7%变成了50.0%,等级为中的人数从实验前的33.3%降为了6.7%。从数据上来看,失独老人实验后的群体融入感和制度融合度得到了较大提升,绝大部分已经到达了优良的水平。运用配对样本T检验,得到P(显著性)=0.000,证实实验前后数据具有非常显著性差异,也说明了健身气功·八段锦对城市失独老人的社会包容有明显的改善作用。城市失独老人的交往沟通心理开始强化,社会接纳感增强,在乐意接纳别人行为做法的同时,也感到别人没有异样眼光。对政府政策解读的理解上,无助感也有所减缓。

3. 失独老人社会赋权实验前后数据发生正向变化

通过问卷赋值,对失独老人社会赋权维度实验前后的数据进行对比,发现极差等级的人数比重从实验前的23.7%降低成0%,等级差的人数比重从实验前13.3%上升到了23.3%,中、良、优三个等级的人数比重总和,从实验前的60.0%上升到了76.6%,数据变化非常明显。运用配对样本T检验,得到P(显著性)=0.000,证实实验前后两组数据存在非常显著性差异,说明了健身气功·八段锦对城市失独老人社会赋权具有明显的提升作用。经过健身气功·八段锦的学习和掌握,失独老人认识到了自我的潜能,也在进一步挖掘自己获得知识、技能和经验的能力,主体能力的认同感在大大增强;社会心态方面,失独老人对未来逐渐乐观，也在向实现自我价值的需求层次发展。

4. 健身气功·八段锦对社会质量提升产生直接促进作用

健身气功·八段锦功法具有浓厚的传统文化特色和体育养生功效，距今已有一千多年的历史。其动作节奏缓慢，绵绵流畅，具有科学性极强的健身原理，并充满"道家思想"哲学理念，追求"天人合一"的武术境界，对各个年龄和层次阶段的人群身体健康都有着显著的正向促进作用。本书研究结果显示，健身气功·八段锦对城市失独老人的社会质量有明显的提升作用。在练习健身气功·八段锦前，要求心神安静，身心放松，久而久之便会减轻焦虑，变得气定神闲。在练习健身气功·八段锦时，要求动作节奏缓慢并要与美妙的背景音乐合拍，长期练习就会变得严格克己，不骄不躁。失独老人年龄大，身体健康状态不佳，健身气功·八段锦运动负荷小，技术动作科学性强，对膝盖零损伤，上肢的抻拉升降，可通过肌肉的收缩起到按摩五脏六腑的作用。不少失独老人反映，在练习八段锦后，体重减轻，精力也更加充沛。健身气功·八段锦讲究"天人合一"，也就是说人与自然、与他人都要和谐相处，长期系统的练习之后，失独老人与他人相处也变得更加自然、更加和谐。综合来说，健身气功·八段锦对提升城市失独老人的社会质量起着直接作用。

5. 搭建平台式的综合服务起到间接促进作用

"增能"理论告诉我们，团体化的练习模式，研究人员及社会工作者整合社会资源，综合活动的策划与实施，能够刺激城市失独老人的潜能开发，在一定程度上也对失独老人的社会质量的提升起到促进作用。搭建平台式的综合服务，其实是一种把传统体育养生作为干预城市失独老人社会质量手段的一种模式。其中需要考虑的因素很多，失独老人不同于正常群体，在自闭、自封、自卑的同时，对政府相关部门和相关人员也抱有怀疑和不安的态度，究其原因，还是失独老人认为政府政策并没有顾及他们，他们是被遗忘的一分子，所以说单靠政府人员去动员，难度很大，所以笔者借助社会工作者的力量与失独老人沟通。失独老人精神层面匮乏，单单接受健身气功·八段锦的教学也是不够的，需要搭建健身气功为主、其他活动为辅的教学平台，这样既能改善失独老人的身体健康状况，也能最大限度地填补失独老人的精神缺失。我们在进行健身气功·八段锦的学习之余，每月都安排其他活动进行辅助充实，例如户外游玩、法律讲座、心理疏通等，借此实现"增能"。基于现在政府外包服务的政策，在社会工作服务中心日益成熟的条件下，配合高校"产学研"的教学倡议，综合失独老人这一群体的特点，我们形成了"四方联动"的平台式综合服务模式，共同作用于失独老人这个群体。"四方"是指"政府、社工机构、居委会、高校"。"四方联动"相互协调、取长补短地共同搭建失独老人救助平台，有效率、有方法地提升了城市失独老人的社会质量。如下图：

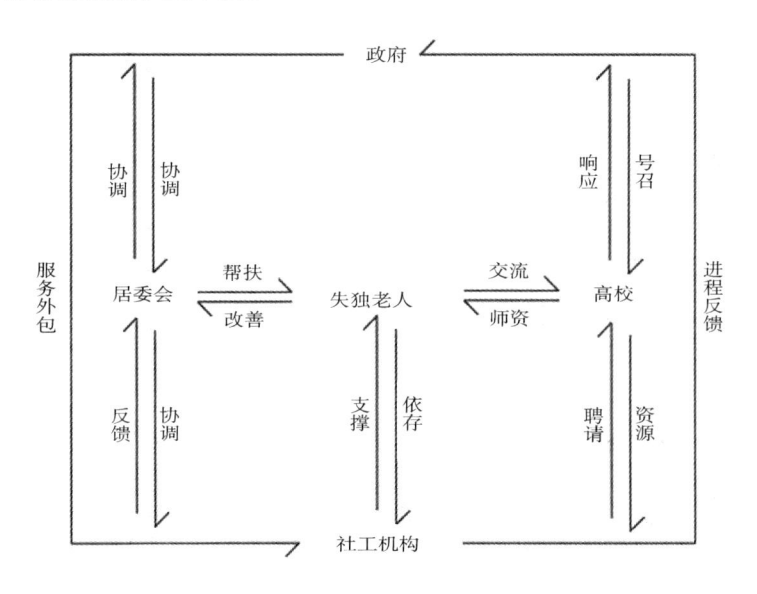

图 3-1　"四方联动"平台搭建示意图

第四章　传统体育社团参与社区健康促进的耦合机制

传统体育是指"能够经由历史凝聚而传承、流变的一种特殊的体育文化形态",主要包括民俗体育和民族体育两大类,我国的传统体育主要由传统武术、养生气功、民俗体育和少数民族体育四部分构成[①]。在现代化大潮的冲击下,我国传统体育面临市场化、国际化、科学化等多重挑战,社会价值逐渐式微。其发展如何适应现代社会的需要,如何弘扬自身的社会价值,是近年来传统体育研究者们非常关注的问题,引起了广泛的讨论[②]。传统体育是中华民族的宝贵财富,对生命健康发展和社会文化传承起到积极意义。克服传统体育的发展困境,实现传统体育的社会价值,对于促进社会和谐,完善社会治理,最终实现中国梦,具有重要的现实意义。根据以往的研究,传统体育主要面临价值、实践和传承三重困境,研究者们已经指出学校教育、政府支持、市场运作和国际交流四条发展路径。下面,我们在对以往研究进行回顾和反思的基础上,探索传统体育发展的社团化发展新路径。

一　传统体育发展的困境、路径与反思

(一) 三重发展困境

1. 价值困境:在传统与现代之间难以取舍

我国传统体育并未随着休闲文化的兴起而迎来繁荣,传统文化与现代

[①] 涂传飞等:《民间体育、传统体育、民俗体育、民族体育的概念及其关系辨析》,《武汉体育学院学报》2007年第8期。

[②] 尹海立、刘晓黎、车艳丽:《民族传统体育的困境与出路》,人民体育出版社2012年版,第76—78页。

文化之间的冲突是其重要原因①。传统体育既不愿丢弃传统价值，又试图与现代价值接轨，这种价值定位的模糊和缺失是其发展中的文化障碍。以武术为例，一方面，提倡抽象理念，重自修、轻交流，重领会、轻实证，重礼仪、轻细节，重传统、轻创新，重正宗、轻现代，"教条的、保守的、泥古的"成分占据主要地位②；另一方面，又呼吁将武术尽快列入奥运会、民运会或是其他形式的比赛，使自身的娱乐价值、表演价值与实践价值失去了空间，使传统武术原先所蕴含的思想内涵被削弱。竞技体育已经提出"相互理解、友谊、团结和公平竞争"这样的奥林匹克精神，而传统体育仍在传统与现代之间摇摆，没有明确提出为现代社会所普遍接受的价值理念。

2. 实践困境：内容与形式的错位

传统体育具有鲜明的血缘和地缘文化特点。随着传统村落、宗族等共同体生活的解体，传统体育在实践中失去了现实载体和生活形式③。由于传统体育缺乏统一、明确的标准和规则，"不符合当今具有量化尺度、科学化的评价标准"，结果在竞技形式中出现了异化，"武术套路异化为体操、舞蹈、戏剧的'奴婢'；武术散打异化为拳击摔跤等其他搏击范式的'竞技场'；竞技武术异化为金牌的'牺牲'；散打没有打出武术所追求的巧妙和精心构思的技术，套路也未能引发对技击的想象；传统武术的'健身、修身、养性'等本质，在现代化中丧失了"④。少数民族体育也面临类似的困境，民族运动会淡化了少数民族体育丰富的文化内涵，限制了传统体育的各种社会价值⑤。可见在实践中，传统体育没有找到适合自身发展的形式。

3. 传承困境：传承渠道和主体的缺失

在城市化背景下，家族和村落生活的传承方式难以为继，很多传统体育项目面临失传。城市化的生产方式、生活方式和生态结构，使传统体育变成了无源之水、无根之木，"赛马失去草原，抛绣球失去土楼，高

---

① 倪依克：《蒸腾与困窘：当代中华民族传统体育发展之惑》，《体育科学》2005年第9期。
② 蔡仲林、汤立许：《武术文化传播障碍之思考——以文化软实力为视角》，《天津体育学院学》2009年第5期。
③ 张纳新、蔡智忠：《我国民族传统体育发展的困惑及对策》，《成都体育学院学报》2011年第1期。
④ 戴国斌：《武术现代化的异化研究》，《体育与科学》2004年第1期。
⑤ 倪依克：《论中华民族传统体育的发展》，《体育科学》2004年第11期。

脚马失去山林"①。同时，传统体育难以进入中小学教育体系中，只在高等教育阶段开设少量的传统武术课程，这一状况不利于传统体育的传承②。有学者指出，传统体育项目是"静态文化"，而传统体育的传承主体是"活态文化"。通过"活态文化"不断地交流与互动，传统体育项目这种"静态文化"才可以不断改革与创新。但当下传统体育所依托的传承者后继乏人，中小学生等基层"活态文化"对传统体育价值认同缺失，使传统体育失去发展和传承的主体，变成了难以流通的"静态文化"③。

（二）四条发展路径

1. 学校教育

学校教育被研究者当成传承和发展传统体育的最佳途径和理想载体。例如，泰国将泰拳、日本把空手道和柔道列为各级学校教育的必修课，韩国和俄罗斯也将本国传统体育项目列在教学大纲中，事实证明这些国家的传统体育确实得到显著发展④。反观国内，近年来，在校大学生稳定在3500万人左右，中小学生群体稳定在2.3亿人左右，教育规模为世界之最，教育体系完备，但是中小学教育阶段难见传统体育的踪影。如果将传统体育项目加入学校公共体育课的教材和课程中，将其列入正式教学计划，完全可以促进传统体育的快速普及和持续传承，从而摆脱发展困境⑤。

2. 政府支持

很多研究者呼吁，应加强政府中各级体育行政部门的主导地位，在组织宣传、政策扶持、资金资助等方面对传统体育发展进行支持。政府要保护传统体育的传承人，制定传统体育的"继承与发展名人录"，定期举办具有地域民族特色的体育活动，形成"活态文化"资源传承链条。应成立专门的传统体育传承机构，采取"边护边养"的方式，提升传统

---

① 汪全先等：《我国民族传统体育文化的当代困境与消解》，《武汉体育学院学报》2015年第7期。

② 胡小明：《体育人类学》，广东人民出版社1999年版，第134—136页。

③ 陈茂林、余启政：《我国民族传统体育的发展困境与优化途径透视》，《成都体育学院学报》2011年第8期。

④ 汤立许：《我国民族传统体育发展的困境及路径选择》，《西安体育学院学报》2011年第5期。

⑤ 胡小明等：《论中华民族传统体育的现代化》，《武汉体育学院学报》2003年第4期。

体育资源的保护力度。甚至还有人提出，政府应该采取行政手段，自上而下对民族传统体育项目进行确认、立档、研究、保存、保护和传承，有计划地推行传统体育人才培养体制，有组织地选送传统体育项目学员到高等体育院校进修学习深造[①]。

3. 市场运作

有研究者指出，传统体育具有潜在的商业价值，能满足消费者的身体调养、精神享受和文化娱乐的需求，市场化运作将迎来很大的发展空间，比如，开办武馆和气功养生馆可以成为大力发展的产业。少数民族体育和民俗体育也是珍贵的旅游资源。在旅游景点设一些具有娱乐性、健身性、观赏性、竞技性的传统体育项目活动区，或者设立民族体育文化广场，供游人观赏和参与，以增加人文景观和民族文化氛围，从而创造经济效益。另外，将少数民族的传统体育活动纳入旅游项目中，让游客观赏或参与体验少数民族传统体育的魅力，不失为保护和弘扬传统体育的一项举措[②]。

4. 国际交流

在全球化背景下，采取开放的态度，通过积极交流、吸纳和选择各种外部文化要素来改进传统体育，实现与奥运项目对接，是传统体育发展的必由之路。挖掘我国传统体育中的竞技元素，开展符合奥运规则的传统体育运动，对于保持与外来体育文化的融合具有跨时代的超越性。例如，传统骑射与现代马术和射击，散打与拳击运动，传统武术与体操，划龙舟与赛艇等存在共通性，完全可以在借鉴国际经验的基础上，通过为传统体育项目制定规则、优化流程等方式与奥运项目对接起来[③]。

(三) 对以往发展路径的反思

1. 以往发展路径的局限

首先，由于传统体育项目难以进行标准化的考核，在标准化要求较

[①] 汪全先等：《我国民族传统体育文化的当代困境与消解》，《武汉体育学院学报》2015年第7期。

[②] 姜娟：《城镇化进程中满族传统体育传承的困境与出路》，《沈阳体育学院学报》2011年第3期。

[③] 张建新等：《现代化进程中民族传统体育的困境与对策》，《广州体育学院学报》2005年第4期。

高的基础教育阶段难以推行。在高等教育阶段，20 世纪 70 年代传统体育就被教育部正式确立为体育学的二级学科，相应的课程建设、学位制度、考核体系等也陆续得以确立，实现了传统体育项目与高校教育体系的衔接。但是，高校传统体育学科脱离基层，无法将传统体育的发展推向社会，在弘扬传统体育价值方面一直没有发挥出显著作用。

其次，政府在传统体育传承中承担一定责任，但是政府部门也并非万能，举办活动、制作名录、保存档案等形式不能让传统体育真正进入社会生活。为保护而保护、为传承而传承、为活动而活动使传统体育的社会价值仍然无法彰显。而且，政府管理也存在成本问题，政府干预过度或干预不当，也会伤及事物自身的发展规律，同时增加了社会管理成本。

复次，市场路径存在两个问题：一是武术馆和气功健身馆的经营模式并没有迎来预想的市场需求，人们不进武馆和养生馆也可以在公园或小区内习武练剑、强身健体。二是将少数民族体育或者民俗体育单纯地理解为一种旅游资源，无疑会加重传统体育的异化。单纯的市场路径并不能解决传统体育的发展问题。

最后，对武术项目进行规则化改进，有利于将其推广到国际赛场，但对少数民族体育、民俗体育以及健身气功等并不适应，减少门类很可能意味着这些传统体育项目的失传。而且通过竞技比赛形式与国际对接是一种生搬硬套的方式，例如，划龙舟虽然具有竞技性，但是其价值并不在于更快，而是特定节日的纪念仪式，所谓与奥运对接，只是由皮划艇变成了龙舟，此外并没有实质意义。

总之，以上所举的四种发展路径存在明显的缺陷，在推动传统体育发展方面不能有效发挥其作用。

2. 发展目的和发展手段

今天，我们探讨和反思传统体育发展的困境和出路，关键要厘清两个问题：一是应区分发展目的和发展手段。走向国际赛场，或者全面市场化，或者在教育体系中占据一席之地，或者得到政策的大力支持，这些都只是发展手段，而并不是传统体育的发展目的。传统体育的发展目的，应该指向社会生活、经济生活、政治生活和文化生活，只有在生活领域做出贡献，发挥了积极功能，我们才说传统体育的发展目的实现了。例如，增进了人们的健康状态，调整了人们的心态，促进了社会的和谐，提高了社会的质量，这些才是传统体育发展的目的所在。我们不可以把发展手段当成发展目的，如果对生活领域没有价值，一切手段皆无意义。毕竟体育的本质，就是属于生活①。

二是反思如何发展的问题。我们应该看到，传统体育的根本困境在于生活方式的变迁使其失去了所依托的生活环境和生活形式，即传统的家庭、宗族和村落生活。如果现代社会中找不到合适的生活形式，也就不能为其传统体育的生长提供土壤和养分。学校教育、政府支持、市场运作、国际交流等发展路径都没有明确提出适合传统体育发展的现代生活形式，这就决定了这些路径难以通往传统体育真正的发展大道。而解决传统体育发展困境的出路恰恰在于如何创造或支持一种适合传统体育自身发展的生活形式，而这种生活形式也必须与现代社会需求相关联。如能找到这样一种生活形式，实践困境，即内容和形式的矛盾就可以得到解决，也就不必勉强适应竞技体育的理念，价值困境和传承困境也可迎刃而解。总之，解决困境的出路在于能否为传统体育发展提供一种合适的生活形式和现实载体。

3. 新的思路：社团化（组织化）发展路径

现代社会中适合传统体育发展的生活形式到底是什么？如何证明这种生活形式适合传统体育的发展，并可以发挥传统体育的社会价值？有学者指出，"应立足现实、面向未来打造大众化和生活化的民族传统体育文化，构建具有传统性和现代性双维特征的民族传统体育文化"②。笔者认为，这种提法非常有启发意义。我们必须立足现实，从现有的社会生活中寻找传统体育的发展空间，而不是生造出一个新空间；我们应充分认清大众化和生活化才是传统体育发展的正确方向；我们不能放弃传统文化自身的主体价值去迎合其他规则；我们不应局限于将某一部分人当成文化传承者，也不应为传承而传承；我们应当站在现代社会的视角来理性地审视传统体育的价值所在，而不是仅仅出于守护传统资源的视角来看待传统体育。如果认清这些问题，我们就可以突破一些固有成见，

---

① 卢元镇：《体育的本质属于生活》，《体育科研》2006 年第 4 期。
② 尹继林等：《我国民族传统体育文化现代化转型的困境与启示》，《西安体育学院学报》2016 年第 1 期。

为传统体育找到一条发展大道。如果不能，那么只能说明传统体育在现代社会已经彻底失去了存在价值。但显然，事实并非如此。

本书将探索和论证传统体育发展的新路径——社团化发展路径。我们将通过分析和考察传统体育社团的社会功能和作用机制，来揭示社团生活与传统体育的耦合之处，进而指出社团化路径与市场路径、政府路径、教育路径、国际化路径相比所具有的优越性和可行性等优势。而从以往的研究来看，传统体育的社团化发展路径并没有引起足够的重视。

二 定量分析：传统体育社团的社会功能

社会质量是衡量社会总体发展状况的概念，"指人们能够在多大程度上参与其共同体的社会与经济生活，并且这种生活能够提升其福利和潜能"[1]。它既可以衡量和测度一个具体社会的发展状况，同时也体现了社会发展的目标和本质[2]。因此我们使用社会质量的各项指标来测量传统体育社团的影响。笔者和研究团队在2013—2014年对烟台市6个传统体育开展较好的城市社区进行了长期调查，研究传统体育社团对城市居民生活的影响。问卷调查阶段，我们在每个社区中采用户外随机抽样的方式，分别抽取了100名居民作为样本，样本总量为600人。回收596份，其中有效问卷544份。调查的样本中，参加体育社团者364人，未参加体育社团者180人；女性380人，男性164人；55岁以上中老年人498人。

（一）社会质量指标体系

社会质量概念包括生活保障水平、社会凝聚力、社会包容性、社会赋权感4个维度，其中后3个维度可以用来测量传统体育社团的影响。具体可以将社会凝聚力操作化为系统信任指数、公共责任指数；将社会包容性操作化为群体融入指数、社会接纳指数和制度融合指数；将社会赋

---

[1] Beck, Wolfgang, Laurent J. G. Vander Maesen, Fleur Thomese and Alan Walker, *Social Quality: A Vision for Europe*, Kluwer Law International, 2001, p. 334.

[2] 张海东：《从发展道路到社会质量：社会发展研究的范式转换》，《江海学刊》2010年第3期。

权感操作化为主体能力感指数和社会心态指数①。我们将社会质量的概念分解为如下维度、指标和具体问题。

表 4-1　　　　　　　　社会质量的维度、指标和问题设计

维度	指标	问题	选项及赋分
社会凝聚力	系统信任	您对媒体、司法机关、中央政府、地方政府等公共机构的信任程度如何？	很不信任（1分）；不信任（2分）；一般（3分）；信任（4分）；很信任（5分）。系列问题取均值。
社会凝聚力	公共责任	您是否愿意扣除本月10%的收入去帮助失业者、残疾人、老年人、穷人、孤儿、灾民等困难群体改善生活状况？	很不愿意（1分）；不愿意（2分）；无所谓（3分）；愿意（4分）；很愿意（5分）。系列问题取均值。
社会包容性	群体融入	过去一年，您与家属、朋友、邻居保持联系的情况？	从不（1分）；偶尔（2分）；经常（3分）；频繁（4分）；非常频繁（5分）。系列问题取均值。
社会包容性	社会接纳	过去一年，您是否因社会地位、身体状况、年龄、性别、外表、出生地、学历、户籍等原因受到歧视？	从来没有（1分）；偶尔（2分）；经常（3分）；频繁（4分）；非常频繁（5分）。系列问题取均值。
社会包容性	制度融合	过去一年中，您和家人是否经历过不利政策、干群冲突、在政府办事不顺、医患纠纷、不当执法等情况？	从来没有（5分）；偶尔（4分）；经常（3分）；频繁（2分）；非常频繁（1分）。系列问题取均值。
社会赋权感	主体能力感	您是否觉得能通过自身努力改善处境？	完全有可能（5分）；有可能（4分）；中立（3分）；不大可能（2分）；完全不可能（1分）。
社会赋权感	社会心态	您是否同意以下陈述：感觉被社会遗弃；不择手段才会成功；常被人瞧不起；情况越来越糟；理想遥不可及？	非常不同意（5分）；不同意（4分）；中立（3分）；同意（2分）；非常同意（1分）。系列问题取均值。

---

① 焦玉良：《体育社团活动对城市居民社会质量的影响》，《沈阳体育学院学报》2015年第6期。

(二) 统计结果分析

参与传统体育社团对社会质量会产生什么影响？我们结合 SPSS 统计和 Excel 制图方法，分别比较传统体育社团的参与者和非参与者在系统信任、公共责任、群体融入、社会接纳、制度融合、主体能力感、社会心态 7 个方面的均值和标准差，结果如下图所示①：

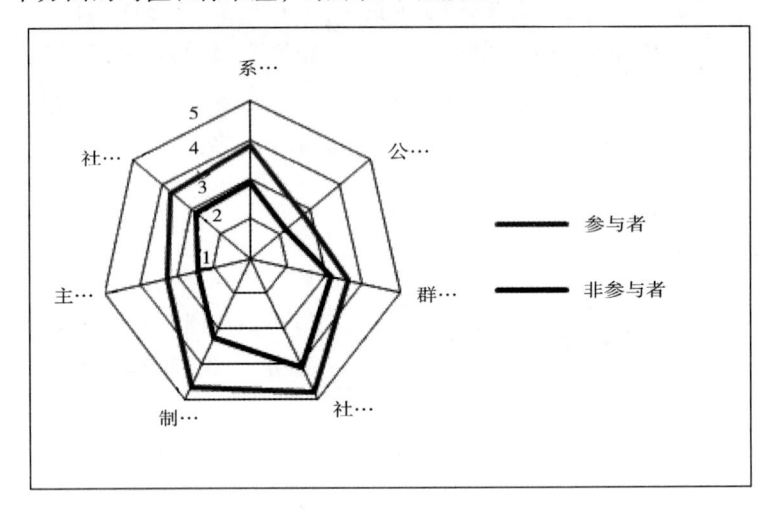

图 4 – 1 均值比较

比较均值发现（图 4 – 1），传统体育社团的参与者在社会质量的各项指标上都明显高于未参与者。即参与传统体育社团对增强社会凝聚力，提高社会包容性，增加社会赋权感都产生了积极作用。具体说来：

参加传统体育社团能增强人们的系统信任感，更认可媒体、司法机关和政府等公共机构的公信力；

参加传统体育社团能增强公共责任感，能促进人们帮助失业者、残疾人、老年人、穷人、孤儿和灾民等弱势群体的意愿，投身公益事业；

参加传统体育社团能促进群体融入，有助于个人与家人、朋友、同事、邻居保持更密切的交往；

---

① 在《体育社团活动对城市居民社会质量的影响》一文中，我们使用线性回归的方法来考察传统体育社团与社会质量的关系，在回归模型中纳入了多个控制变量。本书为了更加直观地呈现结论，使用了均值比较和方差分析方法，未考虑控制变量的影响。但两项研究的结论是一致的。

参加体育社团明显改善参与者的社会接纳状况，减轻了人们的被歧视感和被排斥感；

参加传统体育社团能有效促进制度融合，帮助人们改善与公共机构的关系；

参加传统体育社团增加人的尊严感和能力感，让人更加相信通过自身努力会取得成功，实现梦想；

参加传统体育社团可以调整社会心态，减少人们的遗弃感、被强迫感、被轻视感、顾虑感和挫败感，让人变得更加自主、自信、乐观和客观。

用上述这些结论推论总体时均能通过检验（表4-2）。

表4-2　　　　各项指标与参与传统体育社团的相关性

	Eta	Eta方	F	显著性
系统信任	.408	.167	108.289	.000
公共责任	.426	.182	120.412	.000
群体融入	.282	.080	46.871	.000
社会接纳	.381	.145	91.889	.000
制度融合	.467	.218	151.054	.000
主体能力感	.360	.129	80.522	.000
社会心态	.408	.167	108.329	.000

对比标准差发现（图4-2），参与传统体育社团不仅可以在各个指标上提升社会质量，而且能够使人们在这些指标的评定上选择更加集中，意见更加一致。而未参与传统体育社团的被调查者在这些问题上往往存在较大分歧，离心力大，并未形成较为统一的看法和做法。特别在制度融合和系统信任方面的分歧很大，意见相左，说明他们对制度化交往对象的看法，或者在制度交往中产生的感受存在很大差别。而在这两项指标上，参与传统体育社团的人分歧非常小，与非参与者形成明显对比，这说明参与传统体育社团能非常普遍地改善个体与制度环境之间的关系。可见，参与传统体育社团能够让人们对社会产生统一的、积极的认识，形成较为一致的做法，在整体上提升社会质量。

如上所述，传统体育社团在提高社会质量方面具有非常明显的效果。

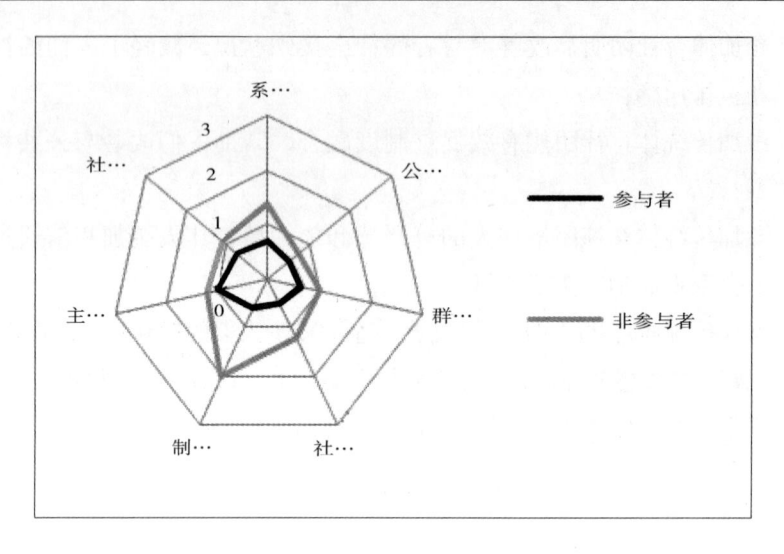

图4-2 标准差比较

但是,"参与传统体育社团",其中隐含着"社团参与"和"传统体育"两个次级自变量,前者是一种生活形式,后者是一项生活内容。二者在对社会质量各个指标发生影响时,哪个发挥了更主要的作用?是单独发挥作用还是交互发挥作用?对社会质量各指标发挥的影响有无偏重?这些问题都需进一步研究。这就需要深入传统体育社团的内部,考察其作用机制。

三 定性考察:传统体育社团的作用机制

我们考察了烟台市传统体育社团——"社团之家"的管理运行和活动开展情况,分析其对社会质量的作用机制。社团之家是受烟台市老年体育协会直接管理的老年人体育健身社团,而烟台市老年体育协会又是受市体育局直接管理的社会团体。社团之家按照社会团体的方式组织起来,建立了自己的组织结构和规章制度,目前设有体育健身站点24个,社团成员911人,平均每个站点38人。社团的体育健身项目主要包括太极拳、太极剑、功夫扇、螳螂拳等传统武术项目。锻炼时间主要集中在早晨5:30—7:30和傍晚6:00—7:30两个时段,根据冬夏时令有所调整。

表 4-3　　　　　　　　社团之家活动站点情况表

序号	活动站点	人数	体育项目	序号	活动站点	人数	体育项目
1	芝罘屯	40	太极拳	13	交警支队	30	太极拳/刀
2	七门炮	62	太极剑/飞叉	14	烈士塔	13	太极拳/健身气功
3	大世界1	50	太极拳/健身气功	15	西山路	12	刀/螳螂拳
4	大世界2	23	刀/螳螂拳	16	新桥1	28	健身气功
5	大世界3	75	健身气功/陀螺	17	新桥2	34	舞狮/太极
6	大世界4	54	舞狮/太极	18	大疃	35	健身球/螳螂拳
7	大世界5	18	健身球/螳螂拳	19	大润发	52	健身气功/太极拳/刀
8	大世界6	40	健身气功/太极拳/刀	20	万华1	23	太极拳/健身气功
9	下曲家	27	太极拳/健身气功	21	万华2	100	太极拳/刀/陀螺
10	小黄山	20	太极拳/健身气功	22	冰轮	27	太极拳/健身气功
11	西炮台	23	刀/螳螂拳	23	华信家园	50	刀/螳螂拳
12	开元新村	40	太极拳/健身气功	24	东方巴黎	35	健身气功/太极拳

每天在锻炼时段内，站点辅导员会在活动地点组织成员进行传统体育锻炼，准备音响、排练队形、指导动作等。站点辅导员一般由熟悉掌握传统体育项目的人来担任，并可领取一定的补贴。该社团广受老年人欢迎，社团发起人和负责人安立盛告诉笔者："多数成员不论严寒酷暑，坚持锻炼，许多老人已经年逾古稀，但依然行动灵活，精力充沛。会员热情高涨，对待事物的积极性也很高，即便是寒冷的冬日也不例外。"下文将从社团管理、活动筹备和活动开展三个方面来讨论传统体育社团这种日常生活形式。

（一）社团管理强调守法、自愿

社团之家是一个志愿性传统武术健身组织，是"武术运动专业工作者、爱好者等人员自愿结成的非营利性的社会组织"，目标是促进老年健康，实现老年人"老有所学、老有所为、老有所乐、安享晚年"。社团之家的运行管理内容主要分为招募会员、训练会员、培训指导员、选择活动项目、实施活动赛事、后勤保障和媒体宣传等。社团内部设置团长、秘书组和竞训组等职务和部门。团长对社团工作负有主要责任并掌管财务。秘书组负责收集信息和对外宣传。竞训组管理日常训练和比赛。秘书组长、竞训组长、辅导员、指导员向团长提交书面申请材料,团长根据实际情况综合评选指定。在社团之家的组织结构中,团长安立盛是具有卡里斯玛风格的领袖[①]。

《社团之家章程》规定,接受政府领导,社团遵纪守法,"组织广大武术运动的工作者、爱好者和支持者,弘扬中华武术,发挥群众体育组织的桥梁和纽带作用"。要求会员爱国守法,"自觉服从管理""自觉遵守服务章程""自觉加强学习""顾全大局,维护本社团形象和集体荣誉"。会员享有"参加本社团的活动""获得本社团服务的优先权""对本社团工作批评、建议和监督""入团自愿、退团自由"等权利。会员承担"应该执行社团决议""应维护社团合法权益""应按规定缴纳会费""应完成社团交办的工作""应向社团提供有关资料"等义务。章程对站点辅导员有额外规定:必须服从组织安排;对站点的会员进行义务的指导和培训;不得乱收取费用;必须准时上岗。章程还规定社团经费主要来源为企业和社会捐赠,规定的培训制度是"定期组织会员开展有关传统体育的发展、传统体育项目的开展、传统体育与养生机理等各项理论和技能培训;定期邀请党政领导、优秀指导员、武术名师、武术教授、武术管理者等对象召开座谈,听取各方面意见和建议"。

通过章程内容,可以看出如下两个特点:一是对会员的要求以自愿为前提。对会员的要求多以"应该""自觉"开头,是提倡型的纪律,并且明确了会员享有自由参加和自由退出的权利,充分体现了社团的自愿性。二是对管理者的要求带有强制性。对站点辅导员的规定内容中,多以"必须"开头,是强制型的纪律,这体现了社团管理中的纪律性。可

[①] 安立盛是烟台公益界的知名人物。1943 年生于烟台,五岁时父母双亡,受政府救济,接受教育,参加工作。"新中国给了我第二次生命,自己要终生回报社会",雷锋是他毕生学习的榜样。1963 年社会主义教育运动期间,他被烟台地区政府授予"烟台学雷锋标兵",当年 6 月 1 日《烟台工人日报》发表长篇通讯《立志学习雷锋的安立盛》和《要像安立盛那样学雷锋》。安立盛多次获得过"道德模范""杰出志愿者""学雷锋标兵"等省市级荣誉,2012 年还荣登"中国好人榜"。1997 年在烟台市体育局的支持下,安立盛发起成立了社团之家。

见，社团的管理比经济组织、政治组织灵活自由，但同时也不失组织纪律性。自愿遵守纪律，是一种基于群体认同和纪律精神基础上的"道德的知性"。强调作为社会公民的责任意识和权利意识，还会注明"培养社团意识，全面了解社团，为社团的发展献计献策"等要求，一般没有超越公民权利的特殊规定，对于社团成员的公民意识有良好的培育功能。

（二）社团活动强调集体参与

1. 筹资活动

在社团之家的运行中，社团成员能够参与到经费筹集、竞赛筹备、评比激励，以及各种活动中，使社团成员完全融入社团生活。社团的经费一般需要多方筹集，除了少量会费和政府资助外，企业和社会赞助是主要的经费来源。传统体育社团在筹资方面有一定的优势，能组织和参太极拳表演比赛得到企业赞助。据安立盛介绍，社团之家在2008—2010年进行过三次大型表演活动，在活动现场宣传企业品牌，先后三次拉赞助，一次T恤衫，一次豆油，一次大米。共计价值11万元。在筹资过程中，社团成员同甘共苦，增强了群体融入感，提高了自身能力感。

2. 竞赛活动

在每年的8月8日"全民健身日"这一天，全市体育社团都会参与由"体彩基金"支持的竞赛活动。传统体育项目是重头戏，太极拳、功夫扇、太极剑、健身气功、健身球等都是保留项目。参与竞赛的筹备和准备是传统体育社团的重要事项，需要每个成员长期紧张忙碌地投入训练。这一过程增强了作为团队成员的责任意识，也增强了团队的凝聚力，并且在整个过程中能与政府等公共部门对接，促进了制度融合和系统信任，培养了积极向上的心态。社团还在内部评选优秀分子，这对社团成员来说也是一种激励和肯定，具有非同寻常的意义。传统体育社团的成员大多是退休的老年人，传统体育社团生活能抵消离开工作岗位的失落，评比和激励使他们找回了组织生活，增强了社会接纳，改善了社会心态。

3. 公益活动

社团之家活动除了展演活动和比赛活动之外，也会开展很多公益活动。这类活动对社团中老年成员的意义非常大，社团活动是他们的精神寄托。社团成员王月明写了一首自勉诗："路行七十古来稀，时光流逝成过去；时代变迁人未老，安乐享受抛九霄；老妇问我几时休，怨天尤人愁白头；还有余热要发光，早下战场怕蒙羞。"公益活动也是自主、自愿参与，同时也能保证组织纪律性。公益活动对于社团成员的公共责任意识、公共参与意识都有很积极的作用，同时，对社团成员的社会赋权，即社会心态的调整和主体能力感的增强也都有很明显的提升作用。社团活动也增强了社团成员的公共责任意识和公共参与意识，调整社团成员的社会心态，促进其社会融入，从而推动系统信任。

可见，传统体育社团的管理运行和活动开展都属于传统体育所依托的生活形式。而传统体育为社团生活提供了内容，在此基础上产生和丰富了社团生活。实际上，正是传统体育社团在形式和内容上的耦合，才放大了它自身的社会功能和社会价值。

四 形式与内容的耦合：社团生活与传统体育

涂尔干认为，集体生活是社会道德规范的土壤和源泉。体育社团是一种实实在在的社会生活，有自己的目标、需求和意识，并通过各种形式将自身的要求施加在个体身上，从而塑造着个体。集体生活需要纪律和规则的支持，同时又生产着纪律和规则。所以，一种有秩序的集体生活通过影响个人，而不断地生产和再生产社会所需要的规范和秩序。传统体育社团正是这样的集体生活，在参与者身上建立了规则意识、参与意识、接纳意识和普遍信任，而这些恰恰是今天的社会生活所需要的社会道德。由此看来，通过社团的形式，传统体育的社会价值得以弘扬，发展目的得以实现。

社团是一种具有志愿性、参与性、开放性的生活形式，通过社团这种形式，传统体育获得了很好的发展空间。如果将形式和内容相互分离开来，我们看到传统体育社团对社会质量影响主要是通过社团生活的内部机制来实现的，作为内容的传统体育对社会质量的影响相对有限。传统体育的主要功能是指向生命质量的提升[①]。国内外有不少研究已经证明

---

① 尹海立、林聚任：《社区体育与生命质量——一个来自烟台的调查》，《沈阳体育学院学报》2014年第5期。

太极拳和气功对生理和心理健康方面存在积极影响[1]。可见，社团生活形式的功能主要指向社会质量，而传统体育的功能主要指向个体生命质量。但是，这并不意味着其社会功能可以分别发挥作用，恰恰相反，传统体育社团形式和内容的耦合，使得传统体育社团的双重功能，即社会质量功能和生命质量功能都得到了强化。所谓"耦合"是这样一种关系机制，即两个或多个要素之间的结合使得各自的优势得以强化，从而构成了一个相辅相成的稳定系统[2]。一方面，正是传统体育这一独特的文化内容，吸引人们参与到社团生活中来，才使得传统体育社团的社会质量功能彰显出来。另一方面，社团生活又规避了传统体育的一些消极作用，使传统体育的社会价值凸显出来。

（一）传统体育有利于社团生活的展开

传统体育为社团生活提供了精彩内容，避免了社团生活的空虚化。传统体育项目是宝贵的文化资源，在强身健体、修身养性等各方面起到了非常显著的作用。更重要的是，传统体育有助于推动社团生活。第一，深受百姓欢迎。没有什么项目比传统体育项目更能引起人们的兴趣，尤其对于老年人来说，传统体育项目的价值甚至是不可或缺的；第二，更适合集体参与。在竞技体育中，绝大多数的参与者只是观众，而传统体育项目中，每个参与者都是运动者；第三，入门方便。传统体育社团比其他文化社团更容易进入，一个体育类的初学者要比文艺类的初学者更容易被纳入群体。同时，传统体育不像竞技体育那样需要充沛的体能和年轻的身体。这三个方面的原因决定了，传统体育项目对创造集体生活有非常明显的优势。现实生活中，在街头巷尾最常见到的群体生活恰恰是传统体育的社团生活。

---

[1] Yeh G. Y., Wayne P. M., Phillips R. S., "Tai Chi Exercise in Patients with Chronic Heart Failure", *Med Sport Sci*, Vol. 52, 2008, pp. 195 – 208.; Mustian K. M., Palesh O. G., Flecksteiner S. A., "Tai Chi Chuan for Breast Cancer Survivors", *Med Sport Sci*, Vol. 52, 2008, pp. 209 – 217.

[2] 耦合是工程学中的重要概念，指多个电路元件的输入与输出之间存在紧密配合与相互影响的关系，并通过相互作用从一侧向另一侧传输能量的现象。耦合概念被社会系统控制理论引入社会研究，用来分析社会现象。

（二）社团生活有利于传统体育的发展

在传统体育已经失去了宗族和村落共同体等生活形式和空间之后，我们看到，在城市中的社团生活也有地域性、持续性、参与性等特点，与传统村落共同体生活有着异曲同工之妙。这些因素恰恰符合传统体育的发展规律。而传统体育社团在社会质量方面的积极影响足以说明社团生活是适合传统体育社团的现代生活形式，是传统体育生长、发育、传承的沃土。与此同时，社团生活的运行管理和活动开展，都是按照现代社会开放、公平、包容、自愿等原则组织起来的，其形式与传统村落生活的封闭性和家族化等也有很大不同，从而推动参与者在人格上更加趋向于现代化。社团活动的形式会改造传统体育的存在空间，打破其封闭性，将其转变为开放性的文化要素。传统体育不再通过封闭的形式传播，而走向了社团化的开放道路。可见，传统体育的社团化发展，有扬长避短、趋利避害的效果。有少数民族体育的研究者也指出，如果民间组织不发挥作用，传统体育就失去了活力[1]。

传统体育的社团化，避免了传统文化的负面作用，又发扬了社团生活的积极功能，这种是二者功能耦合的核心所在。但值得注意的是，形式和内容的耦合也是有条件的。社团生活只有保证其自愿性、民主性和开放性等特征才会发挥积极的功能。经费筹备的公益性，竞赛活动的公平性，社团参与的自主性，这是开放式社团生活的特点，对现代社会秩序产生一种构造作用。反过来，当社团神秘化、宗教化，甚至家族化、封闭化，这就背离了现代社团生活的性质，所谓的社会质量功能将烟消云散，其所产生的效果将是反社会的和破坏性的。在合理的管理和引导下，社团就可以成为传统体育发展的有益路径，这一路径能帮助传统体育摆脱各种困境，实现全面的发展。

五　结论：传统体育的社团化发展之路

当前，传统体育面临价值、实践和传承的三重困境，那么社团化的

---

[1]　郑国华:《禄村变迁中的传统体育流变研究》,《体育科学》2010 年第 10 期。

传统体育如何克服教育路径、政府路径、市场路径和国际化路径的缺陷，帮助传统体育摆脱和超越这些困境。

（一）社团如何帮助传统体育摆脱发展困境

1. 社团化发展为传统体育提供了合适的实践空间

传统体育与现代运动会等实践形式出现对接困境，但与社团的规则却完全适合。在社团生活中，传统体育不必勉强适应竞技体育的规则，可以自由交流，个性化的发展。有共同需要的人群连接在一起，形成了一定的规则，采取一致的行动来实现目标的时候，我们说社团生活就出现了。社团生活比竞技比赛更强调"重在参与"，让传统体育的爱好者相互交流，取长补短，协同发展，从而形成百家争鸣和百花齐放的良好局面。传统武术不以争胜负为目的，重在健身养生，因此赢得了广泛的群众基础，适合大众化发展，而社团正是传统体育大众化发展的最佳场所。传统体育社团的形式可以是多样的，健身社团、兴趣社团、研究社团都是传统体育社团化的方式。社团生活使传统体育变成了真正的活态文化。

2. 社团化发展为传统体育提供了广阔的传承渠道

在传承问题上应避免三个认识误区，一是避免只把学校和研究机构作为传承渠道；二是避免只把未成年人当作传承主体；三是避免为传承而传承。社团化发展路径就在传承问题上克服了这三个误区：文化传承往往不是由研究和教育机构来承担的，而是社会生活本身，应关注适合文化发展的集体生活本身，生活不断，则文化不断；传统体育社团的参与者主要是中老年人，这并不意味着其传承面临危机，人人都是传承人，才是传统体育的传承之道；最好的保护是为人所用，最好的传承是成为日常所需，对于传统体育而言，中老年人才是真正的适合人群，也是最符合其需要的人群，我们不必拘泥于传承人的年龄和身份，只要传统体育能不断为人所用，就是最好的传承。

3. 社团化发展让传统体育回归了自身的主体价值

传统体育提倡的"顺应自然、天人合一""崇德尚柔、贵中尚和""形神相亲，表里俱济"分别指向了人与自然、人与社会、人体自身和谐发展的价值追求，这对于克服现代性的风险和不良后果具有不可估量的价值①。传统体育发展需要"文化自觉",即对自身发展历程和未来有"自知之明",要掌握主动,避免被动。如果我们跳出现代化来重新估量传统体育的价值,从"今人"的视角来看,传统体育不必放弃自身价值来勉强迎合现代化,而变成有益于现代化的反思力量,对于克服现代化的消极后果有积极的作用。社团使传统体育回归生活,以人们的健康水平、幸福感、满足感和愉悦感为目标,避免了传统体育价值的异化,让人们回归健康、和谐、自然的生活方式,这才是传统体育真正的价值所在。

(二) 社团化如何与其他路径协调

我们已经指出,教育路径、政府路径、市场路径和国际化路径成效甚微的根本原因是没有提供一种合适的生活形式。标准化的学校教育使其无法成为传统体育的合适空间,政府支持没有找到准确对象,市场运作无法与社会需要对接,国际交流也定位不准。而如果明确社团在传统体育发展中的地位,结果就完全不同。通过社团这种现实的社会生活形式,其他路径也将充分地发挥效果。

1. 与学校教育路径的协调

学校教育是文化传承和知识研究的路径。研究者可以与社团对接,向社团输出研究成果和文化要素,指导社团开展传统体育活动,学生参与其中,这样既有利于传统体育的开展和传承,也有利于传统体育的研究和开发。学校与社团对接能发挥双方优势,既不使传统体育脱离生活,又可以对传统体育进行改进和发展。

2. 与政府支持路径的协调

政府支持如果以传统体育社团为对象,进行政策和资金方面的支持,要比简单地支持个人、建立名录和保存档案等更为有效。支持传统体育社团这种"活态文化",就是支持一种生活方式。另外,社团生活对社会治理和社会秩序有积极作用,能构建现代社会的普遍信任。政府支持传统体育社团不会增加社会治理成本,反而会降低社会治理成本,这在本书中也得到了充分验证。

---

① 谢惠蓉:《城市化生存:传统体育的现代发展之路》,《山东体育学院学报》2012 年第 2 期。

3. 与市场化路径的协调

市场化不能局限于开办武馆和养生馆,也不要仅仅将传统体育看成旅游资源,而要看到传统体育社团发展所引起的社会需求。围绕传统体育社团打造市场,例如,为传统体育社团提供器材、策划和组织服务等,将会有更加广阔的市场前景。

4. 与国际交流路径的协调

国际交流以传统体育社团为主体将会开拓更大的空间,传统体育交流的主力在民间,民间的主力是社团。社团的交流将丰富交流的内容,加深交流的深度,这是个人交流无法达到的效果。反过来,国际交流可以为传统体育社团提供新的内容。

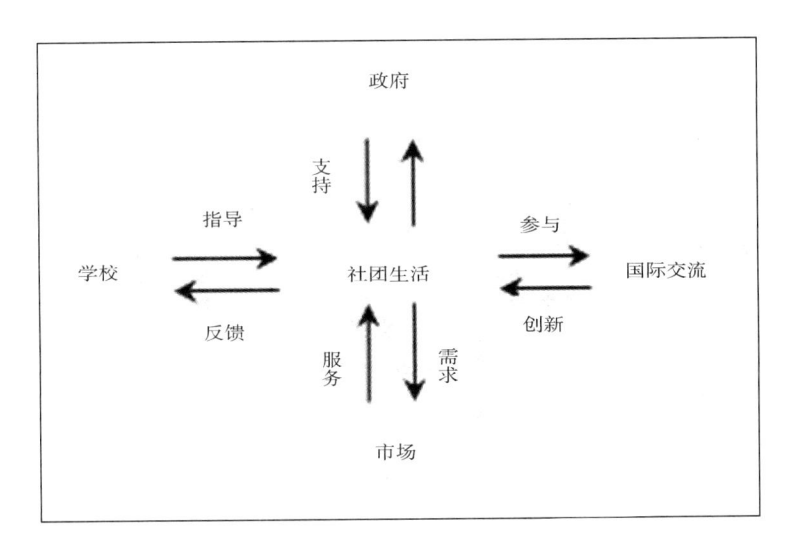

图 4-3 社团化路径与其他路径的协调关系

最后需要指出,目前传统体育的社团化发展也遇到一些需要克服的问题。一是发展不平衡问题。根据发展情况,目前主要存在草根社团、社区社团、注册社团三类传统体育社团[①]。三者在机构设置、社团规章、人员配置、经费运转、场地设施等方面存在较大差距,注册社团比较规范,各方面状况最优,社区社团次之,草根社团较为落后。发展的不均

---

① 我们调查了烟台市的72个传统体育社团。其中注册健身社团34个,占47.2%,社区体育社团14个,占19.5%,草根体育社团24个,占33.3%。

衡限制了草根社团的社会功能。社团章程不完善，人员配置不到位，经费匮乏，甚至没有一块合适的活动场地，这意味着社团生活无从谈起，草根社团更像是当地居民临时拼凑起来的，平时活动少，参与度低，也更容易被反社会势力所利用。二是社团的卡里斯玛特征比较突出，社团的维系过分依赖社团领袖。例如，社团之家离开创始人安立盛的威望，社团的运转很可能就会迅速陷入停顿。所以，如何推动传统体育社团的平衡发展和制度化发展是需要进一步探索的问题。

第五章　传统体育社团参与社区健康促进的再生产机制

一　"组织再生产"与传统体育的社区推广机制

（一）组织、社会组织、社区社会组织

"组织"的概念在界定社会组织和社区社会组织之前需要进行明确。各社会学科对组织的定义都不相同。生物学上把组织定义为由许多形态相似的细胞及细胞间质所组成，介于细胞及器官之间的细胞架构，又被称为生物组织，主要包括上皮组织、结缔组织、神经组织及肌肉组织，具有的功能为细胞分化。本书中提到的组织，主要是指管理学术语中的组织，即由若干个人或群体所组成的、有共同目标和一定边界的社会实体[①]。根据组织产生的依据划分，可以分为正式组织和非正式组织。正式组织具有明显的目的性、效率性和约束性的特点，非正式组织是在共同的工作或生活中自发产生，具有自发性和规范性的特点。本书中提到的"组织"主要是指在政府相关部门、街道办事处或社区居委会注册备案的正式的社会组织和社区社会组织。

社会组织是独立于政府与企业之外，运用专业技能自主为社会特定的领域，提供公共服务的法人实体，是一种介于政府和以盈利为目的的企业组织之外的组织，也被称为第三部门，主要包括自愿性团体、社会组织或民间团体，在现代社会中扮演着重要的角色[②]。由于每个国家的文化特点和历史传统不同，当今学术界对社会组织的定义"仁者见仁，智

[①] 萧浩辉：《决策科学词典》，人民出版社1995年版，第12—13页。
[②] 乔东平等：《政府与社会组织的合作模式、机制和策略》，华夏出版社2015年版，第5页。

者见智",至今尚没有统一的称谓。普遍存在的概念主要包括"非政府组织""非营利组织""自愿组织""慈善组织",以及"免税组织"等。虽然称谓不同,但是在组织的性质上差别不大,包含有组织性、非营利性、志愿性、公益性或自治性等特征[1][2]。在我国,"社会组织"这一名词非常具有中国特色。2006年10月,在党的十六届六中全会上,首次使用"社会组织"的概念,随后在党的十七大报告中,对"社会组织"的定义再次进行了系统的阐述。官方概念的确立对我国的政策制定及理论研究起到了极大的规范作用。

国内的一些学者对社会组织的概念从不同的角度进行了定义,有学者从广义和狭义两个角度定义社会组织的概念。狭义的社会组织是指根据现有的法律制度和行政管理实践,在各级民政部门登记注册的社会团体、基金会和民办非企业单位,通常称之为正式组织。广义的社会组织泛指一切人类生活的共同群体,主要包括家族、村社、社区基层组织及工商注册的非营利组织。社会组织的名称及注册部门不同,其所从事的社会活动的侧重点也不同,社会团体、基金会、民办非企业单位、社区基层组织及工商注册非营利组织构成了我们通常所说的社会组织的主体部门[3]。

还有一些学者从组织功能、性质、特征层面出发来定义社会组织。从性质上看社会组织是由自然人、法人和其他组织设立的非营利性组织,从功能上看社会组织是为了满足社会需要而设立的,从特征上看社会组织具有民间性、非营利性、组织性及自愿性等特征,其中志愿精神是社会组织重要的精神资源,它主要体现在组织、活动及服务的志愿性上[4][5]。

本章所提到的社会组织,又称"枢纽型社会组织",是指以满足社会需求为目的,以志愿服务或专业服务为基本形式,以公益或互益为基本

---

[1] 郭珅:《社区社会组织参与社区治理研究——以北京市东城区为例》,硕士学位论文,南京大学,2012年,第19—22页。

[2] 付威:《政府与公益性社会组织合作供给城市养老服务研究》,博士学位论文,吉林大学,2014年,第18—20页。

[3] 王名等:《社会组织概论》,中国社会出版社2010年版,第108页。

[4] 刘振国:《中国社会组织的治理创新——基于地方政府实践的分析》,《社会经济体制比较》2010年第3期。

[5] Lester M., Salamon, *Partners in Public Service: Govermment - Nonprofit Relations in the Modern Welfare State*, Baltimore: John Hopkins University Press, 1995, p. 39.

准则，具有正式组织结构并自我决策的非营利组织，通常称为民办非企业单位。在功能上，社会组织具有运用专业的社工技能和方法培育新生组织的能力，通过对新生组织进行科学的管理，使其具备项目运作、组织管理、资源整合等专业技能，即具备自我模式复制的能力。

社区社会组织相对于社会组织具有一定的局限性。社区社会组织主要是指由辖区所在居民组成的活动团体，学术界至今对社区社会组织仍没有统一的定义。有学者对社区社会组织的概念从多个维度进行定义，从成立方式上来说它是自下而上，由基层社区的居民自发组织的，从活动和服务界限来说，它主要服务该社区和社区内的居民，所以说它是通过开展多种多样的活动和服务来丰富居民生活和促进社区进步的各种基层社会组织。城市与农村相比有着非常大的区别，城市中的主要类型是兴趣组织和文化娱乐组织，是以社区居民共同的兴趣为基础建立的[1][2]。

社区社会组织在性质上应该具备非营利性、公益性或互益性等主要性质，同时还应具备自发性、草根性、自治性、群众性及志愿性等特征[3][4]。有学者从社区社会组织与社会组织的关系角度出发，认为社区社会组织属于社会组织的一部分，也可以将其称为社区民间组织或社区中介组织，由社区居民自主成立或参加，独立于社区主体组织和居民个体之间的其他组织[5]。还有学者从广义和狭义两个角度定义社区社会组织，狭义的社区社会组织主要是指社会组织的活动范围仅限于一个社区，而广义的社区社会组织包括跨区域（包括省、市、区、街道）开展活动[6]。社区社会组织在本质上应该是以服务本社区全体居民为主要目的的社会

---

[1] 王名、刘培峰：《民间组织通论》，时事出版社2004年版，第22—26页。
[2] 王涛：《三社联动背景下社区社会组织培育研究——以X社区串珠协会为例》，硕士学位论文，新疆大学，2018年，第26页。
[3] 陆春萍：《论和谐社区建社中"社区民间组织"的培育和发展》，《科学发展观与和谐社会（理论月刊）》2007年第9期。
[4] 郁建兴、李慧凤：《社区社会组织发展与社会管理创新——基于宁波市海曙区的研究》，《中共浙江党校学报》2011年第5期。
[5] 耿云：《我国城市社区社会组织的发展困境及其对策》，《云南行政学院学报》2013年第6期。
[6] 郭珅：《社区社会组织参与社区治理研究——以北京市东城区为例》，硕士学位论文，南京大学，2012年，第23—24页。

组织。本章中的"社区社会组织"是指,由辖区居民自下而上自发组织成立、街道办事处或居委会扶持成立,并在民政部门或街道办、居委会注册备案的民办非企业单位或社会团体(未备案在册的业余组织也包括在内),以满足本社区居民需求为目的,以本社区居民为主要成员,同时具有非营利性、公益性和互益性等特征的组织团体。

(二) 再生产与组织再生产

再生产,英文译为"reproduce",就是不断反复进行的社会生产过程,包括人类再生产和物资再生产。马克思最先在其经典著作《资本论》中提出"再生产"的概念,后经学者长期研究衍生出多种与再生产相关的理论[①]。例如,国家权力再生产、文化的再生产、人类自身再生产、社会阶层的再生产、单个资本再生产及社会总资本再生产[②]。社会学中主要在社会分层领域对再生产理论进行研究,因此,本书主要从阶层再生产、文化再生产及人类自身再生产三个维度对再生产理论进行简单探析,以期对本就有的研究有所启示。

1. 阶层再生产理论

关于阶层再生产理论,很多社会学家都不是单纯地从某一个角度进行分析,而是结合文化资本、社会总资本及其与学校教育之间的关系进行阐述,并指出,教育在某种程度上是为统治阶级服务的[③][④]。由于阶级关系本身的特性,因此需要一定的制度安排进而保证它的再生产,阶级关系再生产的制度机制存在于阶级关系的微观设置和宏观制度支持中[⑤]。长久以来社会体系就具有不平等性,虽然目前我国正在努力缩小这种差距,但是某种程度上这只是一种美好的愿望。处于社会优势地位的阶层,为了延续、巩固自身的社会位置,会运用各种拥有的资源进行阶层再生

---

① 李晓丹、马丽娜:《布尔迪厄"文化再生产"理论简介》,《现代企业教育》2007年第7期。

② 朱鹏华:《社会资本理论再生产创新研究——基于马克思的社会资本再生产理论拓展》,博士学位论文,中共中央党校,2018年,第28页。

③ 周潇:《劳动力更替的低成本组织模式与阶级再生产———项关于流动/留守儿童的实地研究》,博士学位论文,中国社会科学院研究生院,2011年,第29页。

④ 顾辉:《教育:社会阶层杂再生产的预演——一项对H市两所高中的研究》,博士学位论文,上海大学,2010年,第34—36页。

⑤ [美]麦克·布洛维:《公共社会学》,沈尔译,社会科学文献出版社2007年版,第183页。

产，并通过代际传播一代代传递下去。在阶层再生产的传递过程中，除了"身份"的传递之外，还包含自身拥有的经济资本、文化资本等资源，同时表现出对普通阶层的排斥及封闭的倾向。

优势家庭在资源占有上明显优于普通家庭，这必然会导致不平等的出现。社会阶层的分化，主要体现在财富、权利和机会等社会资源占有的不平等上，阶层再生产最终目的就是将自身所占有的资源传递给子代，进而维护和扩大自身所处的阶层[①]。为保证优势阶层在社会中一直处于优势地位，他们往往将优势资源进行内部传递，对优势阶层的群体来说，这只是一种继承。而普通阶层往往很难获得这些优势资源，要想获得优势阶层拥有的精英文化则需要付出很大的代价[②]。

影响阶层再生产的因素很多，主要包括资源占有的不同、家庭背景的持续影响、制度惯性及个人身份认同等。通俗地讲，干部家的孩子将来成为干部的较多，商人家的孩子从商的较多，知识分子家的孩子取得高学历的较多，而社会底层家庭的孩子从事底层工作的较多。

2. 文化再生产理论

"文化再生产"这一概念最早是由社会学家布迪厄提出，主要是分析统治阶级内部文化传递与社会再生产之间的关系，并指出运用这一理论分析资本主义文化体系如何在人们的思想中创造现有社会制度的意识，达到维护现有社会结构和权利关系的目的[③][④]。

教育在经济与文化再生产中起决定性作用。美国经济学家鲍尔斯等研究了教育与本国政治和经济之间的关系，并认为教育服务于资本家。通过对工人进行教育，提高工人的生产能力，以便将工人劳动的果实转换成资本主义的利润，从而达到资本家的经济再生产目的[⑤]。有学者提出

[①] 边燕杰、芦强：《阶层再生产与代际资源传递》，《人民论坛》2014年第2期。

[②] ［法］P. 布尔迪约、J.－C. 帕斯隆：《继承人——大学生与文化》，邢克超译，商务印书馆2002年版，第198—199页。

[③] 吴茜：《上海赛马传统的文化再生产研究》，硕士学位论文，上海体育学院，2016年，第34页。

[④] 王芳：《阶层再生产视角下的煤矿工人社会流动——以山西省阳泉市固庄煤矿工人为例》，硕士学位论文，山西大学，2017年，第19页。

[⑤] 王芳：《阶层再生产视角下的煤矿工人社会流动——以山西省阳泉市固庄煤矿工人为例》，硕士学位论文，山西大学，2017年，第26页。

教育是现代社会中对既定的等级制度进行再生产的场所，而文化则是用于教育复制社会结构的中介，文化资本在社会中的分布不均[①]，通过把教育制度化进而实现文化的再生产。有学者把文化再生产理论运用在体育领域中，运用文化再生产理论探析民俗体育文化再生产的机理，民俗体育文化的再生产是指，维持自身文化平衡、实现文化转化与发展[②]。如何运用"再生理论"实现民俗体育、传统体育及其文化的传承和发展，是当代每一个体育人应该承担的责任和义务，也是体育学术界重要的研究议题[③]。

不同的阶级在文化资本的分配上是不平等的，中产阶级和统治阶级的家庭会给孩子传承很多的文化资本，而工人阶级的孩子从家庭中得到的文化资本却很少。因此，在进入学校之前，不同阶层的孩子已经在文化的规则、品位、生活的目标和对教育的态度方面有所区别。不同等级的社会阶层接触和学习到的文化是有差异的，因此文化再生产主要是指，实现各个阶层应有的文化复制。

3. 人类自身再生产理论

在马克思再生产理论的众多理论中，人类自身再生产理论是重要的组成部分之一。从历史唯物主义角度出发，人类自身再生产有两种形式，为了实现人的直接生存，一方面需要物质资料的生产，以满足人类对生活资料的需要；另一方面，需要人类自身的生产，以满足种族的需要，即种族的繁衍，两种生产共同构成了人类社会和历史发展的必要的物质基础[④]。

人类自身再生产，包含两种属性。一种是自然属性，即人的繁殖或他人生命的创造；另一种是社会属性，即人类自身再生产的同时也生产出姻亲和血缘关系，创造出了新的家庭形式及人群共同体[⑤]。人类自身的

[①] [美] 鲍里斯、季亭士：《资本主义美国的学校教育：教育改革与经济生活的矛盾》，桂冠图书股份有限公司1989年版，第223—225页。

[②] [法] P. 布尔迪约、J.-C. 帕斯隆：《继承人——大学生与文化》，邢克超译，商务印书馆2002年版，第197—198页。

[③] 贺鑫：《场域演化与民俗体育文化再生产关系研究》，《体育文化导刊》2018年第2期。

[④] 吴茜：《上海赛马传统的文化再生产研究》，硕士学位论文，上海体育学院，2016年，第34页。

[⑤] 乔瑞金：《马克思技术哲学纲要》，人民出版社2002年版，第256—257页。

再生产由两个相互联系的过程构成：一是人类生命再创造的过程，即遗传与变异的矛盾运动过程；二是人类及其环境的物质转化过程，这是同化与异化的矛盾运动过程。只有把生命繁衍过程和物质变换过程协调统一起来，才能实现人类自身的再生产[①]。

4. 再生产理论对"组织再生产"推广模式的启示

再生产理论在社会学领域运用较多，社会学者们对再生产理论从各个维度进行了详尽的探究，分析了各因素之间的相互关系，丰富了再生产的理论体系。本书从众多再生产理论中选择了阶层、文化及人类自身再生产三个维度，对再生产理论进行探析，通过研究得知，它们有一个共同点，即通过多种手段和方法实现自身优势资源的传承和复制。

结合本书中提到的"组织"，主要指正式的社会组织和社区社会组织，两种不同性质的组织在功能和组织形式上具有一定的相似性，在借鉴"再生产"的理论基础上，提出了"组织再生产"的推广模式，也就是说，依托专业的社会组织来孵化社区社会组织。社会组织具有其特有的本质属性，一方面能保证自我的运行，另一方面具备自我复制的能力，当其在具体的社会环境中工作时，能够改变外界环境，实现组织再生产。

（三）健身气功的社区推广模式研究

国内学者对健身气功推广模式的研究文献很多，通过梳理归纳主要有以下几种模式：以健身气功站点为主要形式的推广模式研究；健身气功市场化推广模式的策略研究；双节点推广模式的研究等。在以健身气功站点为主要推广模式的研究中，一些学者以本地市以健身气功站点为推广模式的发展现状进行调查，研究发现在以站点为主要推广模式的情况下，普遍存在以下几个方面的问题：健身气功站点管理机构设置不完善；专业的健身气功推广辅导人员缺乏；推广的受众面窄；各级健身气功协会设置不健全；健身气功推广模式单一且对理论的重视程度不够等。针对调查现状提出了以下建议：要以"受众本位"为理论指导；完善对健身气功站点、各级健身气功协会等管理机构的设置；培养大批优质的

[①] 王海鹰、王晓波：《马克思主义关于人类自身再生产理论综述》，《东疆学刊》1997年第2期。

健身气功社会指导员；充分发挥各级健身气功协会、健身气功站点、俱乐部、高校等相关组织的能动性，调动一切可利用的社会资源扩大健身气功的推广途径①②③。

长期以政府为主导管理的健身气功站点进行宣传推广的模式，存在很多弊端，因此很多学者转变思路，探索健身气功推广的新模式。有学者借鉴瑜伽和俱乐部的发展模式，提出了健身气功的市场化推广模式。有学者在对健身气功站点发展现状的调查基础上，发现无论是在市场运营、经费管理、教练员的供给，还是在课程设置、习练者的需求方面，都不能满足健身气功发展的需求，因此，建议抓住党和政府的有利政策，积极探索市场化发展道路，创建多元化、多形式的推广渠道④。还有一些学者把健身气功俱乐部作为健身气功推广模式的重点进行研究，对健身气功俱乐部的管理情况、师资情况、参与对象等发展现状调查发现，纯商业性质的健身气功俱乐部较少，而以"政与企"或"企与事业单位"共同管理运营健身气功俱乐部的形式最为常见，大多数的健身气功爱好者表示更愿意在距离自身较近的健身气功俱乐部锻炼，而且他们非常看好健身气功俱乐部发展前景。针对以健身气功俱乐部为推广模式出现的问题，发挥政府职能进行宏观调控，建立健全健身气功指导员的规章制度及人性化、多样化的收费模式⑤⑥。

健身气功的"双节点"推广模式，即以健身气功管理中心与高校的合作为第一节点，以健身气功站点与城市社区的合作为第二节点。有学者运用问卷调查法、访谈法等研究方法对健身气功"双节点"推广模式

---

① 文启胜：《论人类的自身再生产》，《人口学刊》1991年第2期。

② 郝凤霞：《河北省健身气功推广策略研究》，硕士学位论文，河北师范大学，2010年，第24页。

③ 郭玉萍：《山东省健身气功的推广模式研究》，硕士学位论文，山东体育学院，2012年，第15—17页。

④ 陈晓卉：《北京市健身气功推广模式的研究》，硕士学位论文，北京体育大学，2010年，第21页。

⑤ 李梦雅：《健身气功市场化运作模式构建研究——以瑜伽俱乐部发展为借鉴》，硕士学位论文，河北师范大学，2016年，第23—25页。

⑥ 李宁：《健身气功俱乐部标准化建设研究》，硕士学位论文，辽宁师范大学，2016年，第32页。

的发展现状进行调查，指出这种模式具有科学、实效和可操作性①。一些学者把健身气功的推广工作细分为管理、监督、实施、宣传等网络版块，他们认为健身气功的发展可以利用网格化的推广模式②③。在健身气功的管理模式中，有学者提出应加入儒家思想，充分发挥人的主观能动性，主张"以人为本"的管理模式和理念④。

综上可知，学者们从各个角度对健身气功推广模式进行探究，取得了丰富的研究成果，为本书厘清了研究思路。其中"双节点"的推广模式对本书有一定的启发意义。上述研究地域范围广泛，多以省、市健身气功推广模式进行研究，研究不够具体深入，接下来，本书将探析健身气功在社区推广中的模式和策略。

本书的核心内容是探讨适合健身气功在社区中推广的模式，然而通过查阅文献，发现学者对于健身气功在社区中的推广模式研究较少，多数研究者都是从健身气功在社区中的发展现状入手，进而发现问题，提出针对性建议。

一些研究者在研究健身气功在社区推广的策略上，主要从健身气功在社区居民发展中的现状，社区健身气功站点辅导员和负责人的现状，社区健身气功练习的功法现状等进行现状分析。通过研究发现，不同的社区中健身气功的发展都有着极其相似的问题，例如，组织管理不完善，师资条件不够完善，宣传不够，政府不重视等⑤⑥⑦。针对存在的问题，学者们指出要通过加强社区健身站点建设，发挥体育管理宏观调控等发

---

① 刘鹏：《长春市健身气功俱乐部运行模式研究》，硕士学位论文，辽宁师范大学，2012年，第9—11页。
② 王斌、吴保占等：《四川省健身气功发展过程中的"双节点"模式研究》，《内江师范学院学报》2012年第12期。
③ 钟琳琳、虞定海：《健身气功推广模式的构建研究》，载中国体育科学学会《第七届全国体育科学大会论文摘要汇编（二）》，中国科学学会，2004年。
④ 陈雁杨：《深圳市健身气功推广模式研究》，《深圳职业技术学院学报》2012年第3期。
⑤ 宋丽维：《基于儒家管理思想的健身气功管理模式构建》，硕士学位论文，曲阜师范大学，2006年，第17页。
⑥ 钟伟海：《大连市区健身气功推广现状研究》，硕士学位论文，辽宁师范大学，2014年，第24—28页。
⑦ 沈娟：《达州市社区健身气功的开展现状与对策研究》，硕士学位论文，成都体育学院，2011年，第9页。

展对策,政府要重视健身气功在社区中的推广工作等一系列举措。

社区体育服务体系的完整与否,直接制约着社区居民的体育锻炼情况,因此,有学者探讨了健身气功对于构建多元化社区体育服务体系的作用,指出健身气功在社区体育的信息、指导等多个方面发挥了积极的作用①。一些研究者把健身气功推广模式的研究重心放在了城市社区中的老年群体上,指出相对于建设相对落后的农村,健身气功在城市社区中的推广更有优势,提出在农村老年人中推广健身气功,需要领导重视,加强宣传,构建城市社区健身气功练习网,做好科学的教学指导工作等措施②③。从养生学的视角对导引功法(八段锦、易筋经、五禽戏)推广与发展的现状进行研究,调查中发现成都市社区中习练健身气功的老年人居多,锻炼的功法主要是太极拳类和五禽戏等,并提出通过增加健身气功的练习场所,定期在社区中组织开展健身气功知识讲座,发挥专业健身气功指导员的作用,深入社区进行宣传和推广等建议改善现存的问题④⑤。还有一些学者坚持认为,目前在健身气功的社区推广工作中,仍要在政府部门的领导下,依托广泛的站点优势,以社区居委会为工作重点,构建以社区、高校及各级健身气功协会等共同推广的模式,建设城乡一体化公共服务体系⑥⑦。

综上可知,研究健身气功的社区推广模式的学者,大多是基于现状调查,此外,调查所获得的问题具有普适性,对本书的推广模式研究具有一定的指导意义。创新健身气功在社区中的推广模式不仅能推动健身气功事业的蓬勃发展,而且更有利于普及全民健身运动,助力健康中国

---

① 葛淼:《长春市社区健身气功开展现状研究》,硕士学位论文,吉林体育学院,2012年,第19页。

② 李志成:《上海市社区老年群体健身气功锻炼现状及对策研究》,硕士学位论文,华东师范大学,2010年,第14—17页。

③ 虞定海、牛爱军:《健身气功构建上海市多元化社区体育服务体系中的作用》,《上海体育学院学报》2006年第3期。

④ 王宾、李泳等:《浅析健身气功在城市社区老年群体中的推广》,《湖北体育科技》2007年第6期。

⑤ 陈孝慧:《试述健身气功在成都市社区中的推广》,《搏击·武术科学》2010年第11期。

⑥ 杨悦:《养生学视域下导引功法在成都市社区的推广价值及研究现状》,硕士学位论文,成都体育学院,2011年,第18—23页。

⑦ 路光:《健身气功公共服务体系构建》,《山东体育学院学报》2010年第7期。

的国家战略。

纵观上述文献，与健身气功推广模式相关的研究理论丰富，为本书提供了开阔的研究视野，奠定了扎实的理论基础。随着经济的不断发展，健身气功的推广模式愈加丰富，以健身气功俱乐部等市场推广的形式逐渐兴起，有利于健身气功向产业化的方向发展。但目前健身气功的推广模式仍然是传统模式，即以政府为主导，以健身气功站点为主要阵地的推广模式。逐渐兴起的以健身气功俱乐部、"双节点"等为主的市场化的推广模式，也还是在政府部门的主导下开展，投入的人力、物力较大，周期较长，且很多地方受到经济水平的限制，不利于开展。随着社会组织的迅速发展，其在当今社会中发挥着越来越重要的功能，结合社会学中"再生产理论"，本书提出了"组织再生产"的推广模式。组织再生产模式主要包括"转化"和"孵化"两种形式。转化是指针对社区中已有的社区社会组织，通过项目运作把健身气功介入该组织中，使组织成员能够掌握健身气功功法技能。孵化是指通过招募、组织社区居民进行健身气功练习，最后把长期坚持练习的居民统一起来，创建出一支新的社区社会组织队伍，并对其进行相关专业技能的培训。无论是转化还是孵化，最终都是要利用社区社会组织在社区中扮演的角色，深入地推广健身气功。

"组织再生产"推广模式主要分为四个层次，其内涵如下：

首先，政府通过购买或公益创投的形式，寻求与专业社会组织的合作，政府部门为社会组织提供政策支持、资金保障，同时实现了政府职能转移，通过项目立项的形式与社会组织签订项目合同书，即健身气功项目化。

其次，社会组织同时具有自我发展的需求，在与政府部门以项目立项的形式签订合同之后，为促使承接项目的顺利实施，运用专业的社工技能，广泛地整合社会资源，主要包括社区组织、高校组织、志愿者组织、企业组织等资源，通过共享资源及协同合作，实现自身价值，保障项目实施，即健身气功社会化。

再次，有了政府的政策支持、资金保障及各种专业的社会资源之后，健身气功的推广工作要更进一步，即实现项目落地社区。利用高校优质的资源开展高质量的健身气功的讲座、教学活动，利用志愿者、社区居委会及专业社工对健身气功进行宣传，企业为活动的开展提供必要的物资支持。在专业社工的培育下，最终复制出一支社区社会组织（健身气功队伍），对其进行活动策划、组织管理、资源整合等专业技能的培训，并在社区居委会和福山区社区组织创业园进行注册、备案。使其具备合法的身份，由居委会统一组织管理，即健身气功的本土化。

最后，当项目终止，专业社工及各种资源从社区撤出以后，在居委会的领导下，健身气功队伍运用所学技能实现健身气功的自我推广和发展，利用社区中的各种文艺活动进行健身气功表演，扩大影响力，通过人际传播、组织传播等形式带动亲朋好友参与练习，在统一的组织管理下保证他们能够坚持练习，最终把健身气功练习融入社区居民的日常生活，即健身气功生活化。如图5-1所示

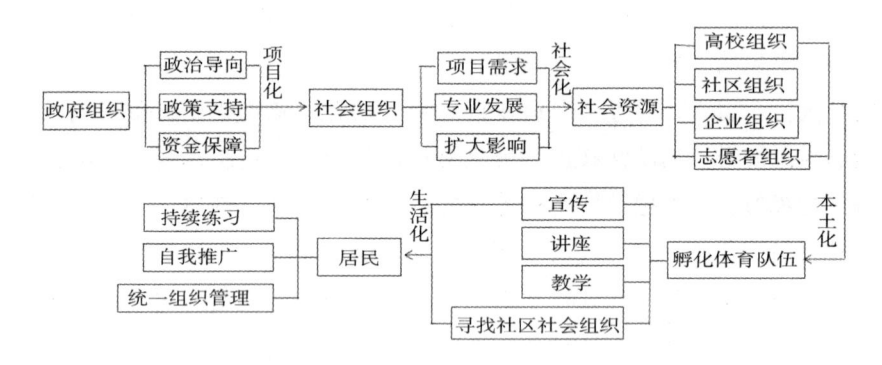

图5-1 "组织再生产"推广模式

（四）研究对象与研究方法

1. 研究对象与调查对象

（1）研究对象：社区健身气功推广的"组织再生产"模式。"组织再生产"模式具体是指，健身气功介入社会组织的自我复制、生产能力，进而实现健身气功在社区中的推广，它主要分为以下几个过程：政府以公益创投的形式与枢纽型社会组织进行项目合作；社会组织通过广泛地连接社会资源，保障项目实施；通过项目实施实现健身气功的社区推广；经过持续的发展，使健身气功扎根社区，服务于全体社区居民，养成一种科学健康的生活方式。

（2）调查对象：本书中的调查对象，主要包括以下四个方面：第一，奇泉社区的整体情况，主要包括体育场地设施、社区内社会组织情况、

居委会对健身气功组织管理情况等与健身气功相关的情况；第二，健身气功推广前后奇泉社区中的普通居民；第三，健身气功推广前后奇泉社区中健身气功队伍中的所有成员；第四，奇泉社区中已有的社区社会组织及其他社会组织的基本情况。

2. 研究方法

（1）文献资料法

为梳理前人对健身气功推广模式的研究，本书在中国学术期刊网（CNKI）、万方等资源库中，运用全文搜索，以"健身气功""健身气功推广模式"等为关键词，分别检索到相关论文1900余篇和100余篇，再以"社区"为关键词在结果中检索到10余篇。但是针对健身气功在社区中的研究仅有6篇。为了细致全面地开展研究，还查阅了校图书馆中与健身气功、社区居民等相关的书籍资料。通过对收集到的资料进行总结、归纳，了解当前的研究现状，为即将开展的研究做好充足的理论储备。

（2）行动研究法

行动研究法是社会学术语，主要是指教育研究者在具体的研究工作中，按照一定的工作流程，综合运用多种研究方法与技巧，解决所面临的实际问题的一种研究模式。从PZ组织进入社区招募开始到项目的完成，笔者从一而终，进入社区开展教学研究。

项目缘起于2017年烟台市福山区区委组织部及福山区民政局联合举办的第二届"党建引领·创意福山"公益创投项目。大赛规定对所有入围的项目给予总额200万元的资金支持，充分调动了各级社会组织的积极性。烟台市PZ社会工作服务中心，凭借"泉心为民，睦邻共治"——奇泉社区"全居民组织"型社区能力建设项目，从众多社会组织中脱颖而出。

PZ机构整合资源，项目采取"文体先行"的策略，是唯一一家把健身气功推广到社区中的社会组织。通过张贴告示的方式发动社区居民参与体育健身锻炼，PZ社工陈红多次组织社区的片长和楼长开会研究，动员对体育锻炼感兴趣的社区居民参与健身气功锻炼。在社区场地有限的情况下，通过与居委会协调，提供了60平方米的室内锻炼场地，保证了健身气功的正常开展。从2017年7月23日的前期招募到2018年1月23日的健身气功结课，前后共6个月。2017年6月1日至2018年6月1日受PZ机构聘请,在奇泉社区担任社区体育顾问。

锻炼时间:每周的一、三、五下午2∶30—4∶00,每次锻炼时间为90分钟,主要由鲁东大学健身气功团队进行授课和指导,每周的二、四、六为自由练习时间。

因为PZ机构在社区开展的项目较多,不能把所有的时间和精力都投入到健身气功上,所以我们在功法项目上仅选择了健身气功·八段锦和健身气功·六字诀两套功法。通过宣传和健身气功讲座,陆续有居民加入到健身气功队伍中来,经过3个月的系统练习,奇泉社区健身气功队伍基本建成,人数稳定在36人,PZ社工利用项目资金为每人订购了一套练功服。到结课前,30余位社区居民基本掌握健身气功八段锦和六字诀的动作要领并且能独自熟练地练习。

(3)访谈法

本书主要采用非结构访谈的形式,在健身气功推广的前、中、后期对居委会工作人员、社区居民、招募到的健身气功习练者进行随机的访谈和交流,了解他们对健身气功的认知程度、练习效果等基本情况,通过对推广前后的访谈内容进行对比分析,来反映健身气功的推广效果,为本书提供参考依据。

(4)问卷调查法

①问卷的设计

为了调查的需要,本书共设计了两份问卷:一份是针对奇泉社区中的普通居民,主要调查在健身气功推广前后普通社区居民对健身气功的认知、了解、参与意愿及感受等情况;另一份问卷主要针对社区健身气功的队伍,通过调查了解推广结束6个月后健身气功队伍的发展现状,主要从他们练习健身气功的时间、地点、年限、功法名称及练功后的感受等维度出发,分析健身气功队伍的自我推广和发展的效果。

②问卷的效度检验

为保证问卷设计的有效性,在听取相关专家的意见后,将两份问卷发送给10位本研究领域的专家让专家对本书的问卷设计进行评价,根据专家意见删除不符合本书内容的问题。统计得到,普通社区居民的调查问卷约有83%的问题合格,健身气功队伍的调查问卷约有86%的问题合格。结合导师的意见,又进行了调整与修改,问卷设计内容适用于本次研究且具有较高的效度。

③问卷的信度检验

问卷的信度采用两次重测的方法，随机选取健身气功队伍队员及普通社区居民20人进行问卷调查，两周后采用同样的方法进行重测。通过前后两次调查得到的结果如下：健身气功队伍成员调查问卷的信度系数 r＝0.83；普通社区居民调查问卷的信度系数 r＝0.81，两份问卷都具有一定的可信度。

④问卷的发放与回收

推广前，在对社区居委会王主任的访谈中了解到，社区中目前并未有健身气功队伍，因此，笔者对100位普通社区居民进行随机调查，把招募到的36位健身气功队员也归为普通社区居民，通过整理共筛选出有效问卷86份，有效率为86%。推广后，为了解健身气功的推广效果，仍然对100位普通居民进行随机调查，整理筛选出有效问卷85份，有效率85%，两份问卷有效率非常相似，具有较强的对比性。为了解健身气功队伍的发展现状，对推广后的健身气功队伍进行问卷调查，因队伍人数增加为43人，因此发放了43份问卷，全部回收，有效率100%。以上所有的问卷均采取当场发放与回收的形式。为保证对社区居民两次的问卷调查具有较高的对比性，对调查群体的年龄、性别进行了适当控制，如表5-1和表5-2所示。

表5-1 推广前奇泉社区参与调研的普通居民基本信息统计（单位：人，n＝86）

性别	20—40岁	40—60岁	60—80岁	合计
男	10（11.6%）	13（15.1%）	17（19.8%）	40（46.5%）
女	13（15.1%）	15（17.5%）	18（20.9%）	46（53.5%）
合计	23（26.7%）	28（32.6%）	35（40.7%）	86（100%）

表5-2 推广后奇泉社区参与调研的普通居民基本信息统计（单位：人，n＝85）

性别	20—40岁	40—60岁	60—80岁	合计
男	9（10.6%）	14（16.5%）	15（17.6%）	38（44.7%）
女	12（14.1%）	13（15.3%）	22（25.9%）	47（55.3%）
合计	21（24.7%）	27（31.8%）	38（43.5%）	85（100%）

二 状况分析：社会组织与社区基本情况调查

（一）社会组织及社区社会组织基本情况调查

"烟台市 PZ 社会工作服务中心"是鲁东大学法学院社会工作专业教师领办的首批在烟台市民政局注册的综合性、专业型社会工作机构。机构承接政府购买的公共服务项目范围广泛，主要集中在民政、司法、教育、信访、共青团、妇联、残联等领域，同时申报基金会项目，也为企业和事业单位提供社工专业服务。以扶危济困、共渡难关为机构宗旨；以社会不遗弃、个人不放弃为助人理念；以优化制度、增能个体为机构使命。机构成立以来，已承接政府购买项目 10 余个，其中翡翠社区独居老人"安全网"项目荣获山东省社区社会工作服务项目大赛"金奖"及烟台市善德社会组织创业服务中心表彰的"十佳社会组织"等荣誉。是一家专业性强、服务信誉高的专业社会工作服务团队，在社区社会组织培育方面拥有丰富的专业实践经验。

社区社会组织是成立于社区之中，服务本社区居民的一种组织形式，同时也反映了该社区居民的生活水平。通过调查得知，奇泉社区居委会共培育了锣鼓服务队、艺术表演服务队、教育服务队伍、义诊服务队伍、治安联防服务队伍 5 支专业志愿服务团队，组建"五彩奇泉"社区社会组织联盟，为奇泉社区居民提供公益性、专业性的志愿服务 76 场次，受益群众 1.6 万余人。这些组织以服务社区居民为宗旨，所有表演都是义务演出。

笔者：姜 SF 阿姨（打鼓队成员）您好，我能咨询您两个问题吗？

姜 SF：（笑着说）好啊，问吧。

笔者：阿姨，咱们打鼓队平常都在哪里表演呀？咱们的活动都是由社区组织吗？咱们参加活动，社区会给予一些资金资助吗？

姜 SF：（微笑着）我们听社区的安排，他们让我们出节目，我们就演，不给钱，有时候会给一些小礼品。我们主要就是在小区里面表演，比方说，谁家有喜事结婚，请我们去表演，早上会管我们吃饺子（烟台习俗，结婚早上吃水饺）

笔者：阿姨，你们平常除了打鼓还进行其他体育项目的活动吗？

姜 SF：有啊，我们每天晚上在小区（奥林峰情）门口的广场上跳广场舞，还有功夫扇、柔力球我们也经常玩。

笔者：阿姨，如果我们给你们免费教授一种新的体育运动项目，您有兴趣了解一下吗？

姜 SF：当然愿意啊！

（访谈地点：居委会二楼舞蹈室，访谈对象：姜 SF，访谈时间：20170715）

这些社区社会组织极大地丰富了社区居民的业余文化生活，这次同姜阿姨的谈话，笔者也深深地被她们乐观对待生活的态度所感动，同时还了解到她们对体育运动非常热爱，非常愿意了解和学习其他体育运动项目，这对将要开展的推广工作来说无疑是一个好消息。

表 5-3　　　　　　　　"五彩奇泉"社区社会组织统计

组织名称	代表色彩	成立时间	服务宗旨	负责人	是否注册备案
向阳花艺术团	黄色	2015.09	文化惠民，点亮晚年	张 HL	是
健康志愿队	白色	2016.10	坚持义诊服务	王 Q	是
义务巡逻治安志愿者队伍	绿色	2016.10	守护社区安全	王 CF	是
慧心社	蓝色	2016.10	党员带领，普惠居民	朱 YY	是
鼓响 Q 打鼓队	红色	2014.12	服务奇泉，鼓响为民	周 JZ	是

由此可知，奇泉社区中拥有良好的群众基础和较丰富的社区社会组织资源，在对社区社会组织的组织管理方面有丰富的实践经验。专业的社工机构加上已有的社区社会组织基础，为健身气功的"组织再生产"推广模式的实施提供了强有力的保障。

同时在走访中还了解到，除 PZ 机构外，还有 3 家社会组织在奇泉社区开展项目，分别是凯德机构开展的"守望家园"院落自治服务项目、新程机构开展的"银龄康乐"为老服务项目，以及爱家机构开展的"同声同趣"亲子教育项目和"五彩十色"社会组织发展项目。通过调查得知，这3家社会组织的项目均未包含健身气功类的社区体育项目，究其原因，笔者通过随机访谈记录下来与凯德机构的社工柳Y的谈话。

  笔者：你好，美女（年龄与我们相仿），我能请教你几个问题吗？
  柳Y：（停下了手头的工作）可以啊，问吧。
  笔者：你们在奇泉社区的项目，主要是负责哪一块呀？包含社区体育类吗？
  柳Y：我们的主要工作就是在社区成立一个组织，组织成员来自社区居民……（详细的解释），我们的项目中没有关于社区体育类的项目。
  笔者：在你们承接过的项目中，有包含社区体育类……比如，健身气功的项目吗？
  柳Y：（思索片刻）没有，从我在凯德工作到现在承接的所有项目中都没有开展过类似的项目，我们还没有涉及这一块。
  （访谈地点：奇泉社区居委会一楼社会组织办公室，访谈对象：柳Y，访谈时间：20170720）

  上述表明，枢纽型社会组织的发展呈现了良好的态势，正在为构建和谐社区贡献自己的力量，但是仍有很多社会组织未重视健身气功等社区体育类项目。笔者建议其他专业社会组织要不断丰富自身的项目内容，拓展业务范围，敢于承接社区体育类项目，为健康中国贡献一分力量。

（二）奇泉社区健身气功推广条件分析

  场地设施是开展体育活动的基础保障，一个社区中体育场地的面积、数量及维护情况，从侧面反映了该社区对社区体育的重视程度及从事体育锻炼人口的多少，对健身气功的社区推广工作起着直接的影响。据调查得知，奇泉社区内的室内场馆仅为社区居委会办公楼的二楼的两个房间，每间约有60平方米并配有空调、音响等设施。室外的体育场地有4个，面积大小不一，紧邻居委会的广场主要提供器械方面的练习，另外三个广场条件简陋，地面凹凸不平，缺少基础维护，居民普遍选择在社区中环境优美、路程较近的青年公园中进行体育锻炼。社区场地匮乏、设施简陋的现状，制约着很多体育项目在社区中的开展程度，而健身气功的练习则不需要太多的社区体育场地和器材，受其困扰较少，极易适合在社区中广泛推广。据学者调查显示，有60.9%的健身气功练习者选择在社区广场、空地进行练习，那里方便群众到达且容易组织和管理，因此也是社区体育活动开展的主要场所[①]。

我国体育事业的前进和发展，离不开全体社会体育指导员的共同努力，他们不仅在体育锻炼活动中进行技能的教授和指导，还直接参与队伍的组织管理工作[②]。任何一个项目的推广都离不开指导员队伍的宣传和指导，但是目前我国各地普遍存在社区体育指导员队伍不专业和数量不足的现象。烟台市政府非常重视对社会体育指导员的培训。数据显示，2013年年底烟台市社会体育指导员总数已达一万余人，且人数还在持续增加。随着烟台市健身气功的普及范围越来越广，健身气功站点数量的不断增加，烟台市体育管理部门日益重视健身气功的管理工作，例如，积极举办健身气功社会体育指导员培训班，扩大健身气功指导员队伍，组织健身气功的比赛和交流展示活动，为广大健身气功爱好者提供了互相交流展示的平台。为了解奇泉社区中社会体育指导员及健身气功指导员的情况，笔者通过访谈居委会工作人员与社区居民得知，社区内目前尚无社会体育指导员，更没有健身气功指导员。

    笔者：您好，王主任，咱们奇泉社区中有正式的社会体育指导员吗？

    王YY：（思索了一会）这个目前还没有，我们社区中的健身队伍，都是队长自学然后教给下面的队员，还没有持证上岗的社会体育指导员。

    笔者：那么，咱们社区中，有没有从事健身气功教授的指导员？

    王YY：（坚定地说）这个更没有了！我们社区中目前还没有练

[①] 郭玉萍：《山东省健身气功的推广模式研究》，硕士学位论文，山东体育学院，2012年，第27页。

[②] 尹海立：《传统体育社团的福利功能研究》，中国社会科学出版社2017年版，第97—98页。

习健身气功的队伍，也没听说有练习的队伍。

（访谈地点：居委会办公室，访谈对象：王 YY，访谈时间：20170715）

上述表明，社区中的社会体育指导员极度匮乏，健身气功在奇泉社区中的推广将会面临着很大的挑战。因此，在今后的工作中要有重点地培养本土的健身气功指导员，促使健身气功扎根社区，逐渐普及整个社区。

（三）推广前奇泉社区健身气功发展状况调查

在健身气功的推广工作正式开展前，笔者运用问卷调查法、访谈法及观察法等研究方法，对居委会工作人员和社区居民进行了全面的调查，了解当前社区居民对健身气功的认知、习练及练功后的感受等基本情况。根据调查得到的结果，在即将开展的健身气功的教学活动中，奇泉社区采取相关的措施，解决面临的相关问题。

1. 社区居委会对健身气功的组织管理情况

在社区层面，奇泉社区居委会尚未意识到健身气功的重要作用，社区体育文化单一。在前期与居委会王主任的访谈中了解到，社区中从未开展过有关健身气功的活动，也没有健身气功指导员。有学者对山东省健身气功练功群众的学习渠道进行了调查，结果显示，59.5%的练习者主要是通过健身气功站点的指导员学习到健身气功，其余的学习渠道还有"朋友间相互学习""教材或电视自学"等①。因此，急需在奇泉社区中组建一支本土的健身气功队伍，培养出一批优秀的健身气功指导员。健身气功不仅丰富了社区居民的体育休闲方式，更是我国优秀民族传统文化的重要组成部分，长期在社区中组织开展健身气功活动能增强居民对社区的认同感、归属感，以及促进协调家庭和人际关系，形成独特的社区文化。

2. 普通居民对健身气功的认知情况与分析

传播与推广某种事物之前，首先需要让群众对此有所了解，在对该

---

① 尹海立、颜辉：《山东省健身气功服务体系的现状与发展》，《武汉体育学院学报》2011年第 8 期。

事物有一个正确、清晰的认识之后，推广工作就变得比较容易开展。健身气功作为中华民族优秀的传统体育项目之一，具有鲜明的时代特征和广泛的群众基础。为科学规范地管理健身气功，2001 年，国家体育总局成立健身气功管理中心。为满足广大健身气功爱好者的多元化需要，健身气功管理中心组织专家编创了健身气功·易筋经、五禽戏、六字诀、八段锦 4 套功法，并于 2003 年面向全国进行推广。从 2003 年至今健身气功发展走过了 16 个春秋，随着健身气功影响力的不断扩大，吸引了越来越多的群众参与到健身气功锻炼中来。为了满足人们日益增长的需求，国家又相继创编了许多新的功法，截至 2017 年年底，总共创编出了 15 种健身气功功法，健身气功练习者近四百万人。但我国作为一个拥有近 14 亿人口的大国，可见健身气功的推广具有很大的局限性，我国绝大多数群众对健身气功还不了解，没有一个清晰的认知。据学者调查显示，多数普通群众对健身气功了解程度非常低，其中认为自己不了解健身气功的人数最多，占总人数的 34.3%，非常不了解的占总人数的 20%，共有 54.3% 的群众不了解健身气功，仅有 19% 的群众认为自己了解健身气功[1]。群众对健身气功了解程度低，仍是当今社会普遍存在的现象。如表 5-4 所示，认为自己不了解健身气功的普通群众有 56 人，占总人数的 65.1%；认为自己非常不了解有 9 人，占总人数 10.5%；共 75.6% 的群众不了解健身气功。相反，仅有 4.7% 的人认为自己了解健身气功，认为自己非常了解健身气功的人数为 0。

表 5-4　社区居民对健身气功了解程度统计　（n=86，单位：人）

了解程度	人数（n）	百分比（%）
非常了解	0	0
了解	4	4.7
一般	17	19.7
不了解	56	65.1
非常不了解	9	10.5
合计	86	100

---

[1] 潘捷：《常州市社区健身气功开展现状与推广策略研究》，硕士学位论文，华东师范大学，2015 年，第 17—21 页。

由此可知，奇泉社区群众对健身气功的了解程度非常低，同时印证了健身气功在全国范围内普及程度不高的观点。为了探析普通社区居民对健身气功的认知情况，笔者对此进行了详细的调查。广场舞是深受社区居民喜爱的运动项目，它和健身气功无论在创编理念、运动形式上都有一定的区别。然而据本研究调查，有36人认可"健身气功与广场舞没有区别"的说法，占总人数41.9%；有25人非常认可这种说法，占总人数29.1%；共有71%的群众认为健身气功与广场舞没有区别。如表5-5所示。

表5-5 "社区居民是否认可健身气功与广场舞没有区别说法"的调查统计 （n=86，单位：人）

是否认可	人数（n）	百分比（%）
非常认可	25	29.1
认可	36	41.9
不清楚	13	15.1
不认可	9	10.4
非常不认可	3	3.5
合计	86	100

本研究调查显示，仅有15%的居民认为学习健身气功不仅是对一种功法技能的掌握，更是对优秀传统文化的传承。健身气功在我国有着悠久的历史，是我国优秀的民族传统文化，它和广场舞等一般性群众娱乐项目有着本质的区别。健身气功是根据人体的生理变化特征，综合运用多种学科的知识创编而成的功法，它不仅能起到娱乐身心的作用，还可以通过长期科学的锻炼实现治疗疾病的目的。而目前人们在练习广场舞时因场地匮乏、噪音污染等问题引发一些社会矛盾，在活动时还容易对肢体造成损伤。普通群众对健身气功认知存在一定的偏差，然而，当问及练习健身气功能达到什么健身效果时，57%的群众认为练习健身气功能够治疗身体方面的疾病，造成这一现象的原因可能是源于影视作品上一些"武林高手"经常用"内功"为伤者治病疗伤的影响，这也是健身气功宣传不到位的表现。

综上可知，奇泉社区大多数的普通社区居民对健身气功不了解，认知上存在一定的偏差。在后期的工作中，要加强对健身气功的宣传，开展健身气功知识讲座,不仅要重视功法技能的传授,还要注重对传统文化的讲解,让居民对健身气功有一个清晰、完整的认知。

3. 社区居民练习健身气功的情况调查与分析

评价一个社区中健身气功的开展效果最直接的方法,就是调查该社区中健身气功发展的现状。在推广工作开始前,了解居民练习健身气功的情况,有利于我们有重点地开展工作,同时可以与后期的发展现状进行对比,从而评价健身气功的推广效果。在对所调查的普通居民进行数据统计后,发现仅有3人曾练习过健身气功,占总人数的5.8%。对这3人进行深入的调查得知,1人是跟随健身气功师学习过健身气功易筋经,而另外2人则是在朋友指导下练习过健身气功六字诀,但都因为一些其他原因未能长期坚持下去。由此可见,目前奇泉社区中几乎没有居民练习健身气功,现有的练习健身气功的群众基础非常差,这是对我们即将开展推广工作的挑战。

4. 社区居民身体状况及参与意愿的调查与分析

为了更全面地反映后期的推广效果,揭示健身气功的健康功效,笔者就社区居民自身的健康状况进行简单的问卷调查。如表5-6所示,对自身的健康状况感到非常满意的仅有5人,占总人数的5.8%;感到满意的有13人,占总人数的15.1%;共有20.9%的居民对自身的健康状况表示满意,对自身健康状况不满意的居民占59.3%,其数值远大于20.9%。

表5-6 社区居民对自身健康状况评价调查统计　　(n=86,单位:人)

满意程度	人数(n)	百分比(%)
非常满意	5	5.8
满意	13	15.1
一般	17	19.8
不满意	36	41.9
非常不满意	15	17.4
合计	86	100

大多数的社区居民对自己的健康状况表示不满意,反映出越来越多的居民开始关注自身的健康,随着健身气功的推广,将对改善居民的身心健

康起到至关重要的作用。精神状态也能反映出一个人的身体健康状况，现代社会生活节奏越来越快，给人们的生活和工作带来了诸多困难和挑战，以及随着中老年人年龄的不断增长，身体机能的每况愈下，精神状态堪忧。据表5-7所示，在调查的普通社区居民中对自己精神状态表示认可的共有25人，占总人数的29.1%；认为自身的精神状态不好的共有40人，占总人数的46.5%。可见，近一半的居民对自身的精神状态不满意。

表5-7　　普通居民精神状态调查统计　　（n=86，单位：人）

精神状态	人数（n）	百分比（%）
非常好	9	10.5
好	16	18.6
一般	21	24.4
不太好	26	30.2
极差	14	16.3
合计	86	100

人作为群居动物，避免不了要与人沟通交流，尤其是共同生活在一个小区的邻居，经常要互相帮忙，这也是一个人正常的社会交往，健身气功的练习在一定程度上有助于人们扩大社会交往，增进邻里关系。因此在健身气功推广前调查社区居民与邻居的关系，与后期推广现状相对比，反映健身气功推广效果。据表5-8所示，认为自己与邻居相互之间从不关心的有32人，占总人数的37.2%；遇到困难可能会稍微关心的有23人，占总人数的26.8%，这一现象同时反映出了当代城市社区邻里间复杂的社会问题。

表5-8　　普通居民与邻居关系的调查统计　　（n=86，单位：人）

您与邻居	人数（n）	百分比（%）
相互之间从不关心	32	37.2
遇到困难可能会稍微关心	23	26.8
有一些邻居很关心您	18	20.9
绝大多数邻居很关心您	13	15.1
合计	86	100

现代化的进程改善了人们的生活、居住条件，某种程度上也阻断了人与人之间的信任和交流，生活在同一个小区的居民各自过自己的生活，邻居之间即使共处一栋楼生活了多年，彼此可能仍然很陌生。然而健身气功的练习多以集体练习的形式为主，这种练习形式会呈现出练功人数越来越多的局面，频繁的人际交往，会增进邻里之间的沟通交流，有利于构建和谐社区。

正是因为现在越来越多的社区居民开始关注自身的健康，因此，健身气功也迎来了良好的发展机遇。据调查得知，奇泉社区中大多数的居民表示对健身气功并不了解，也没有能够了解、学习健身气功的渠道，这是阻碍健身气功发展的重要因素。现代居民对体育锻炼的需求是多元化的，单一的体育锻炼形式不再能满足群众的需求，如表5-9所示，当居民有一定的时间和精力且社区有免费的健身气功教学活动时，有13人表示非常愿意参加，18人愿意参加，共31人有意愿参加，占总人数的36%。

表5-9 社区居民参与健身气功教学活动意愿调查统计 （n=86，单位：人）

参与程度	人数（n）	百分比（%）
非常愿意	13	15.1
愿意	18	20.9
一般	37	43.1
不愿意	16	18.6
非常不愿意	2	2.3
合计	86	100

在大多数社区居民不了解健身气功的前提下，仍有一部分居民愿意学习健身气功，此外有43.1%的居民对是否要学习健身气功模棱两可，原因可能是他们对健身气功不清楚，可以通过加大宣传，让他们对健身气功有一个清晰的认知，进而转变态度，加入到健身气功练习中来。

综上，从社区和社区居民两个维度对健身气功在社区中的情况进行调查分析得知，健身气功在奇泉社区中的发展一片空白。社区居委会对健身气功重视程度不够，社区中缺乏健身气功指导员，这些不利因素将直接影响健身气功在奇泉社区中的发展。社区居民对健身气功的认知存在一定的偏差，即使多数的居民对健身气功并不了解，仍有一些居民有练习健身气功的需求。奇泉社区中已有的社区社会组织丰富了居民的业余文化生活，调动了居民参与活动的积极性，健身气功的推广可以以社区中现有的社区社会组织为切入点，寻找合适的社区社会组织，对其进行功能"转化"，通过开展讲座和宣传，结合新加入的社区居民，"孵化"出一支新的社区社会组织。通过专业技能的培训，使其具备自我发展和推广健身气功的功能。

三 过程分析："组织再生产"机制的个案研究

结合前期健身气功在奇泉社区中的基本情况，以烟台市 PZ 服务中心承接福山区政府公益创投的项目为契机，采用"组织再生产"的推广策略开展健身气功。组织再生产的社区推广机制主要包括以下四个方面的内容：

健身气功的项目化。政府通过组织开展公益创投的形式来寻求与专业社会组织的合作，从而实现政府职能转移及健身气功推广的目的。

健身气功的社会化。社会组织在承接政府项目之后，有了政策的支持和资金的保障，然后运用自身的专业优势，链接高校、社区、志愿者、企业等社会资源，从而实现健身气功的社区推广由理论的高度向现实主义转变。

健身气功的本土化。以社区中已有的社区社会组织为切入点，结合宣传和健身气功知识讲座，积极动员奇泉社区全体居民参与到健身气功练习中来，最后借助"组织再生产"的模式，孵化出一支在社区居委会及福山区社会组织创业园注册备案的社区健身气功队伍，并对其进行专业技能的培训。

健身气功的生活化。健身气功队伍成立后，在居委会的统一组织管理下，发挥社区健身气功队伍的功能，不断扩大健身气功在社区体育中的影响力，使练习健身气功成为社区居民日常生活的一部分。各部分间关系如图 5-2 所示。

(一) 健身气功项目化

随着我国市场经济的发展和经济体制改革的不断推行，国内的供需

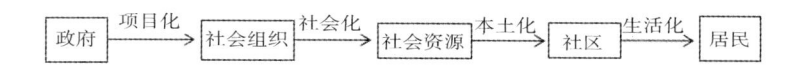

政府 —项目化→ 社会组织 —社会化→ 社会资源 —本土化→ 社区 —生活化→ 居民

图 5-2　各主体之间关系

结构发生了明显的变化，人民群众参与社会治理的积极性不断高涨，公共服务的需求多样化，以传统的政府为主导的公共服务供给模式已经不再能适应经济和社会发展的需要。党的十八届三中全会提出要转变政府职能，简政放权，建设服务型政府的要求，表明在社会治理方面不能仅依靠政府部门，还要充分发挥社会机构、组织和群体的力量。社会组织因贴近社区和基层，充分了解公众的实际需求，加上社会组织的公益性、自愿性和专业性等特征，在公共服务供给方面具有显著的优势。

随着经济实力的不断增长，我国社会组织的力量日益壮大，在数量、规模及活动范围上不断扩大，已经成为独立于政府、企业之外的第三社会团体。2008—2014 年，我国的社会组织总数从 41.4 万个增至 60.6 万个，其中，社会团体从 22.97 万个增至 30.97 万个，基金会从 1597 个增至 4117 个，民办非企业单位从 18.24 万个增至 29.22 万个[1]。同时其参与公共服务领域的意愿也日益强烈，社会组织在承接政府购买服务，促进社会创新方面充满活力，因其更加贴近社区和基层，所以能够掌握社区居民和公众的实际需求。社会组织凭借专业的知识和人才优势，能够有效地从外部承接政府转移出来的公共服务职能，提高公共服务的质量和效益并推动政府职能转变。

公益创投的模式被引入国内并迅速得到了普及应用，公益创投是一种自下而上的购买行为，完全由社会组织在政府规定的相关领域自主设计服务项目，以竞标的方式获得政府的政策和资金支持。公益创投关注投资被如何运用，以及被投资者如何通过集体目标对投资进行合理有效的利用，公益创投对社会组织发起项目的创意性，以及该组织团队的工作能力提出了一定的要求，"通过与被投资方建立稳定牢固的合作关系，

---

[1] 廖婷婷：《我国政府购买社会组织服务研究》，硕士学位论文，南京师范大学，2016 年，第 14—17 页。

提升公益组织的专业能力，不断发展成为可以复制的高效组织结构"[1]。当前我国主要有四种模式开展公益创投，即孵化器模式、直接服务项目购买模式、企业与社会组织合作模式及基金会参与公益创投模式，多样化的模式共同促进社会组织的发展，烟台市福山区政府开展的公益创投项目正是采用直接项目购买的模式。

目前，烟台市市级社会组织已经突破500个，社会组织发展势头良好。烟台市政府正在积极开展以公益创投的形式促进社会组织发展，创新社区治理新模式、改善社区民生等。据悉此次是烟台市福山区政府举办的第二届"党建引领·创意福山"社会组织公益创投大赛。此次公益创投大赛更加聚焦社会热点和社会治理难点，关注社区民生。大赛采取直接服务项目购买的模式，面向烟台市社会组织召开新闻发布会暨申报培训会。申报的社会组织应具备以下两个条件：在烟台市范围内两级民政部门正式登记注册的社会组织；在福山区民政局登记注册的社会组织优先使用，注册尚未完成或仅在街道办和社区备案的社会组织满足一定条件也可申报。烟台市 PZ 服务中心是首批在烟台民政局注册的综合型、专业型社会工作机构，完全符合申报要求。本届公益创投大赛的活动流程具体如图 5-3。

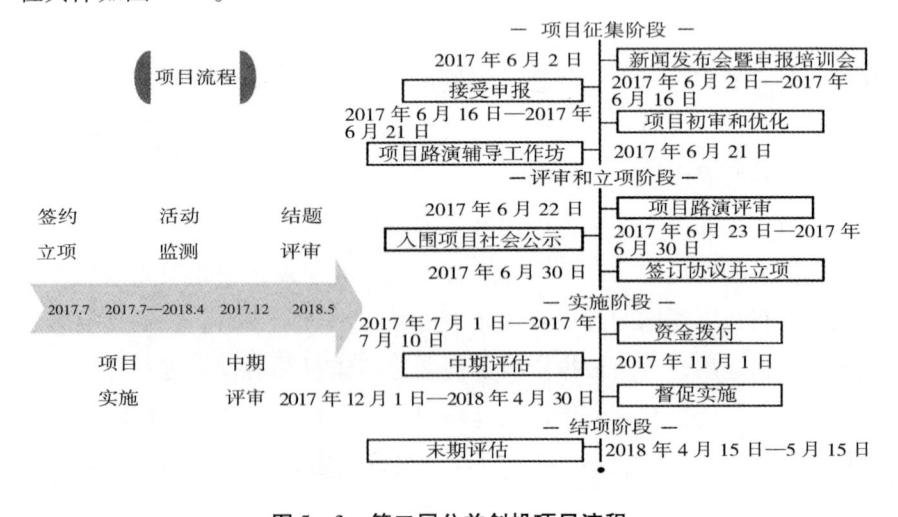

图 5-3 第二届公益创投项目流程

---

[1] 马宏：《公益创投：促进公益组织发展的新途径》，《社团管理研究》2008 年第 10 期。

为实现"社区发展—社会组织服务"专项资源对接,区民政局举办社创社区品牌建设资源调度会,福山区民政局联合5家优秀支持性社会组织深入社区进行实地调研。在此次公益创投大赛开始前,福山区政府举办了公益创投推介会,旨在提升社会组织与公益创投的影响力,进而调动社区和社会组织参与的积极性。推介会召开完毕后,随之下发了第二届"党建引领·创意福山"公益创投的通知,进行项目征集,并承诺对入围的项目给予200万元的专项活动经费。此外,还将为社会组织提供场所、政策及技术保障,在福山区政府的统领下发挥社会组织、专业社工,以及其他社会团体的积极性、主动性、专业性和创新性,不断满足城乡居民日益增长的需求。大赛自2017年6月2日启动以来,引起了社会各界的关注和响应,共征集到了五大类总计75个公益项目。通过层层筛选及决赛比拼,各个类型的优秀公益服务项目逐一决出,共计36项。

烟台市PZ社会服务中心以"扶危解困、共渡难关"为机构宗旨,凭借优秀的团队优势,针对福山区清洋街道奇泉社区的特点设计的项目成功获批精品社区运营项目,共获得15万元的党建经费。同烟台市福山区民政局签订项目合同书,项目周期为2017年7月—2018年4月。为积极响应改善社区民生、丰富奇泉社区文体活动等项目要求,PZ社会服务中心采取"文体先行"的策略,发动居民参与文艺和体育健身活动。健身气功在奇泉社区的推广有了政府政策和资金的保障,通过与专业的社会组织合作,进而实现了健身气功的项目化运作。

据悉,福山区举办的公益创投项目启动资金主要源于"福彩"创收,举办单位主要是区民政局和区委组织部,没有相关体育部门的介入。健身气功归根结底是一项体育运动,它的推广和普及更应该由体育局和健身气功协会等体育相关部门直接牵头,利用我国的"体彩"专项资金,作为体育项目发展的启动资金。同时积极组织开展健身气功等体育类项目的公益创投和政府购买服务,引导体育类社会组织积极参与进来,让专业的人做专业的事,实现"专款"专用,进而满足各层次广大人民需要的、专业化的体育公共服务。

(二)健身气功社会化

健身气功的社会化,即在政府的政策支持及资金保障的情况下,枢纽型社会组织运用专业知识连接高校、社区、志愿者、企业等地方资源,通过整合专业的社会资源，最大限度地发挥各主体的功能，为健身气功的推广贡献各自的力量。

1. 高校资源

至 2007 年，鲁东大学健身气功团队就已经正式开展健身气功服务文化建设的探索与实践，经过 10 余年的发展，现已发展成为拥有 14 名核心成员的团队，团队中有教授 1 人、副教授 6 人、博士 3 人、年富力强的硕士讲师 7 人。健身气功服务团队自成立至今，一直致力于健身气功服务地方、服务社会、服务文化建设的探索与实践。在健身气功教学、科研及社会服务等方面取得了丰硕的成果。鲁东大学健身气功研究团队作为一支高层次的专家团队，能为社区居民提供高质量的专业技能指导服务，不仅能进行专业的功法技能指导，而且可以为居民科学地、系统地讲解健身气功的养生理念和传统文化。同时还可以把健身气功最新的科研成果及国家的相关政策等资源及时分享给居民，提升居民练习的积极性及健身气功在社区中的影响力。"烟台市 PZ 社会工作服务中心"是鲁东大学法学院社会工作专业教师领办的首批在烟台市民政局注册的综合性、专业型社会工作机构，因此，机构在整合高校资源方面具有其独特的优势。基于此，PZ 社会服务中心特聘请鲁东大学健身气功团队专家教授及研究生为奇泉社区的健身气功指导顾问，聘期为一年。

图 5-4 聘用证书

2. 社区资源

2017 年 8 月 29 日烟台市 PZ 社会服务中心与奇泉社区居委会举办奇

泉社区社会工作站揭牌仪式，随后双方签署了烟台市福山区"党建引领·创意福山"公益创投项目落地社区合作意向书。意向书指出，核心服务对象为本社区居民，同时社区承诺将为该社会组织的项目实施提供必要的保障，在社区便利的前提下，为社会组织提供必要的活动、宣传动员及其他合理的支持，便于公益项目的顺利实施。意向书的签订标志着 PZ 社会服务中心正式落地社区，保证了社区资源链接得以有效实施。

社区资源主要包括居委会、已有的社区社会组织及落地社区的其他社会组织，通过政府政策的保障和专业的社工技能链接社区资源，为项目的开展及健身气功的推广提供最直接的服务。首先，在承接了政府项目之后，有了政策的支持，社会组织就可以顺利落地社区，社工人员能够长期在社区办公，居委会工作人员也将会全力配合开展工作。其次，有了居委会的协助，将会大大地提高社工的工作效率，从而尽快摸清社区中的实际情况，能够有效地动员社区居民参与到项目中来。最后，通过与落地社区中的其他社会组织沟通交流、通力合作，及时调整和丰富项目活动内容，通过资源共享，促进共同发展。这些社会资源的有效链接离不开政府政策的支持，更是 PZ 社工的专业能力的体现。通过整合社区资源，在保证了项目得以顺利实施的前提下，还加强了社区中其他社会组织、社区社会组织及居民与居委会之间的凝聚力，共同为创新社区治理模式、改善社区民生、构建和谐奇泉社区贡献一分力量。

图 5-5　落地社区

3. 志愿者资源

志愿者在当今社会依然发挥了重要的作用，他们心甘情愿地服务于社会公益事业，从不索取任何的物质回报，只要他们自身条件允许，会利用自身掌握的专业性技能积极参与力所能及的服务活动。得益于鲁东大学的人才优势，PZ 社会服务中心链接鲁东大学青年志愿者协会，该协会以"实践公民道德、弘扬雷锋精神"为宗旨，以"爱心献社会、真情暖人间"为行动口号，常年活动于烟台各大老年公寓、街道社区、农村学校等服务单位。志愿者深入社区和社工一起开展项目，极大地提高了社工的工作效率，同时践行了志愿者宗旨，其身份也得到了社区居民的认可。

表 5-10　　　　　　　社区志愿者名单　　（n=10）

序号	姓名	性别
1	綦 JT	女
2	公 MJ	女
3	胡 BC	男
4	姜 L	女
5	马 CL	男
6	马 ZK	男
7	毛 HR	男
8	郁 WH	男
9	赵 ZW	男
10	赵 MJ	女

4. 企业资源

企业作为构成当今社会的主体之一，对维持社会的发展和稳定起着非常重要的作用，PZ 社会服务中心寻求与烟台市企业家协会合作，在得到一些企业家资金与物资上帮助的同时，间接地提升了企业自身的品牌形象，彰显了勇于担当的企业家精神。企业助力健身气功事业发展的现象越来越多，例如，黑龙江龙采科技集团曾对"健身气功发展基金会"捐赠一定数额的活动资金，通过这次社会公益项目，促进了健身气功事业的不断发展。再如，此前结束的"香港赛马会"杯，是 2018

年举办的第五届海峡两岸健身气功比赛交流大会,大赛由香港赛马会出资,是中国健身气功协会主办的一次规模宏大的比赛交流活动。健身气功的长远发展注定离不开企业家的帮助与支持,这是一个共享的时代,也是互相成就的时代。

普助组织运用专业技能链接上述资源,汇集了健身气功专家团队、企业、志愿者、高校等社会资源,各资源之间既独立发挥作用,又互相紧密合作,实现了健身气功在奇泉社区的推广由理论上的可行性到实际推行的转变。

(三) 健身气功本土化

健身气功的本土化即健身气功在社区推广中的具体实施过程,有了政府的政策支持和资金保障,以及各种专业的资源,健身气功的社区推广条件已经成熟,为了实现健身气功的本土化发展,我们在奇泉社区中采取以下措施推广健身气功。但是由于项目时间有限,同时为了保证推广效果,所以我们重点进行健身气功八段锦和六字诀的教学。

在详细摸底社区中健身气功的情况之后,我们将健身气功推广的工作重心放在了社区中已有的社区社会组织,这些组织中的成员一般都是社区活动的积极分子。他们热爱生活、心态乐观、精力充沛、多才多艺,愿意尝试和接受陌生事物,且大部分人都已经退休,有充足的精力和时间参与社区活动。在对奇泉社区的5支专业志愿服务团队进行详细调查之后,我们了解到"鼓响奇泉"喜庆锣鼓服务队队员除了打鼓之外,还经常自发组织进行广场舞等其他社区体育项目活动,愿意尝试和了解新鲜的体育项目。基于此,我们通过居委会联系到"鼓响奇泉"喜庆锣鼓服务队负责人曾阿姨,向她详细介绍健身气功的相关事宜,由曾阿姨负责组织队员到居委会参加健身气功知识讲座,并承诺为到场的每位队员发放小礼物。讲座结束之后得到了队员们一致的好评和认可,很多队员在刘XL教授的带领下展开练习。为了尽可能地扩大招募范围,让更多的社区居民在第一时间了解并参与到健身气功练习中来,项目组通过与PZ社工的协商,决定从项目资金中拿出一部分用于制作健身气功宣传单页,在单页上重点宣传健身气功治疗疾病的功效。我们将一部分单页交给居委会工作人员,由他们对来居委会办理业务的居民发放和宣传。然后在居委会的指引下,我们同普PZ工及志愿者在奇泉社区中广泛地张贴社区体育招募令,并强调此次活动不收取居民个人任何费用。招募令发出以后陆续有居民前来报名学习,说明居民渴望通过健身气功的练习达到治疗疾病的目的,从而保持身心健康。

图 5-6 健身气功招募令及教学

  为了让社区居民能够长期坚持练习,养成练习健身气功的习惯,我们规定每周一、周三、周五的下午 2∶30—6∶00 为上课时间,其中专家教授会不定时到现场教学一次,每周二、周四、周六为自主练习时间。由社工打印出签到表,每次上课前让居民签到,并承诺给能长期坚持练习的居民免费发放练功服,极大地激发了社区居民练习的积极性。为了便于统一组织和管理健身气功队伍,项目组在对"鼓响奇泉"喜庆锣鼓服务队进行转化的同时,结合招募到的社区居民组建了奇泉社区体育健身队,孵化出了一支新的社区社会组织"力美奇泉社区体育协会",选出队长一名、副队长两名负责组织管理队伍,并在居委会和福山区社会组织创业园备案注册,使之成为一支由居委会统一领导的社区社会组织。队长姜阿姨表示,"我们一定当好先头兵,壮大社区体育队伍"。

  在健身气功的本土化实施过程中,PZ 组织发挥着关键的作用,盘活社区居民和各资源之间的关系,促使居委会和居民能够认可他们的付出,肯定他们的价值。高校的专家团队凭借高校背景及高质量的专业服务得到了社区上下的一致认可,使健身气功的教学活动能顺利地开展,是把

第五章 传统体育社团参与社区健康促进的再生产机制　　129

健身气功推广到奇泉社区最主要的力量。社区、志愿者、企业等组织一直活跃在健身气功的教学活动中，发挥着协调、动员、给予物资帮助等功能。力美奇泉体育协会的成立，标志着健身气功正式落地社区，健身气功在奇泉社区的推广取得了阶段性的胜利。

图 5-7　免费发放练功服

（四）健身气功生活化

健身气功的社区推广工作就是要实现健身气功的生活化。健身气功的生活化是指当项目截止后健身气功的推广取得了一定的成效，练习健身气功成为社区居民一种新的生活方式，人们能够持续地坚持练习。健身气功的生活化是在社会组织、社区居委会、健身气功队伍及高校的共同努力下实现的。

首先，在 PZ 社会服务中心、高校及社区居委会的联合作用下，组建了一支由社区居民组成的健身气功队伍，并在居委会注册备案，使其具有了合法的身份。健身气功队伍作为社区社会组织，就要同社区中其他社区社会组织一样服务社区居民。因此，PZ 社工对健身气功队伍负责人进行了长期的专业技能的培养，使其具备了一定的活动策划、管理队伍、资源整合的能力。高校的体育指导员又重点对负责人及功法掌握较好的队员进行培养，使他们具备了一定的自主教学、指导能力，努力培养一批本土的健身气功指导员，并在项目结束后定期对其进行健身气功方面的专业技能的指导。

其次，奇泉社区居委会非常重视对健身气功队伍的组织管理工作。一方面，居委会工作人员认识到健身气功的健康功能和文化价值；另一方面，积极采取一系列的方法扩大健身气功的影响力，惠及众多居民。因此，居委会把健身气功的推广上升到党的组织工作高度，利用社区中的党员、楼长、片长的影响力向居民宣传健身气功。在社区创立的"'泉'心'泉'意"微信服务号中加入以健身气功为主的体育板块，利用综合性、智能化区域信息平台宣传健身气功，社区居民可以通过网络平台与社区工作人员进行在线互动交流，社区中的网络资源均免费向居民提供，采取"线上互动、线下服务"的模式，开展以"多彩四季"为主题的文化服务，在组织开展的以"春夏秋冬"为特色的四季文化活动中，进行健身气功表演活动，以社区居民喜闻乐见的方式潜移默化地扩大健身气功在居民中的影响力。社区居委会为健身气功队伍提供室内锻炼场地，支持他们自我组织开展项目，邀请福山区电视台对健身气功队伍进行采访、报道，并连同 PZ 社工定期印发奇泉社区社会组织月报，在醒目的位置刊登健身气功模块，免费发放给社区居民。

图 5-8 健身气功宣传

最后，健身气功队伍内部协商制定了规章制度，在负责人的带领下，持续地进行练习，并且不满于现状，自学新的功法。在社区的室外场地或附近公园进行集体的练习，吸引其他社区居民的注意，扩大影响力。对于感兴趣的居民，他们能够耐心地讲解，并带领身边的亲朋好友及家庭成员一起练习健身气功。

健身气功生活化地实现和维持需要各方共同的努力，只有人们对健身气功有了清晰正确的认知，才有长期坚持练习的动力。只有人们掌握科学的功法技巧，才能感受到坚持练习健身气功带来的身心方面的诸多变化。

图 5-9　健身气功队员表演

四　结果分析："组织再生产"机制的推广成效

从健身气功的社区推广工作结束到现在已有半年的时间，为了解半年后奇泉社区中健身气功发展的现状及以组织再生产的模式推广健身气功所取得的成效，笔者综合运用问卷调查法、访谈法、观察法等研究方法，对社区居委会、健身气功队伍、普通社区居民等进行调查，把调查统计得到的结果与健身气功推广前的情况进行对比分析，检验以组织再生产模式推广健身气功所取得的成效。

（一）社区居委会对健身气功队伍组织管理情况调查与分析

居委会直接负责管理和引导社区居民的日常生活，在社区居民中拥有巨大的影响力。因此，社区居委会对健身气功队伍的重视程度及组织管理情况将直接影响健身气功在奇泉社区推广的程度。笔者在深入社区进行问卷调查时，通过观察发现了很多可喜的现象，例如，在社区广场上，能够看到有居民在自发练习健身气功，虽然人数不多，但是表明越来越多的居民已经接触并开始练习健身气功；笔者还在社区的宣传栏上看到了针对健身气功的宣传海报，以及悬挂在居委会门前的宣传条幅，这些随处可见的宣传充分表明了社区居委会对健身气功推广工作的重视。笔者通过访谈法记录了与社区工作人员交谈的主要内容，借以详细地了解居委会对健身气功推广工作所做出的努力：

> 王YY（奇泉社区书记）：在PZ社会服务中心落地之前，我们社区中从来没有开展过健身气功的活动，对健身气功不了解。自从你们来义务教授健身气功以后，我们慢慢地对健身气功开始了解，练习的人也越来越多。对健身气功队伍进行注册、备案，组建了新的社区社会组织"力美奇泉体育协会"，由社区统一组织和领导。为了扩大自身影响力及提升队员自信心，组织选拔优秀的队员参加市级健身气功比赛。同时在社区组织的一些文化活动中，例如"舞动奇泉"百姓联欢舞台、"泉心向党"之社区文明建设演出、"泉心向党"社会文化宣传项目之百姓剧场等，鼓励他们积极编排节目，登台进行健身气功的展示，这对健身气功也是一种很好的宣传。由于居民之前没有接触过健身气功，通过表演感觉很新颖，又是义务教学，来社区了解的人越来越多，不过基本上都是一些已经退休的群众。社区非常鼓励健身气功队伍进行自发的宣传和开展活动，一般他们提出要求，社区都会积极配合，比如，提供室内场地、活动策划、准备一些小礼品等。听了LD大学的专家讲解之后，知道健身气功还能治疗很多疾病，加上简单易学，制约条件很少，居民不用花钱就能保养身体，所以社区上下很重视健身气功的练习。我们知道还可以在社区中申请成立健身气功练习站点后，和队伍负责人正在积极筹划，争取早日申请成立一个站点，把健身气功当成一项特色体育项目来抓。
>
> （访谈地点：社区居委会，访谈对象：王YY，访谈时间：20181015）

第五章 传统体育社团参与社区健康促进的再生产机制 133

5-10 健身气功队伍成立及参加比赛

从与居委会王主任的交流中可以看出,随着健身气功推广工作的深入,社区居委会对健身气功的重视程度与之前形成了鲜明的对比,他们已经认识到练习健身气功带来的潜在价值,并积极地推动健身气功的发展普及。社区健身气功队伍在近半年内的发展状况如何,是笔者接下来重点分析的内容。

(二)健身气功队伍发展现状

1. 健身气功练习者基本情况调查与分析

当笔者找到队伍负责人,向其表明来意时,队长姜阿姨告诉笔者,现在队伍又壮大了,人数稳定在43人左右,于是在姜阿姨的组织下笔者对43位练功队员进行了问卷调查。据本书调查,虽然目前队伍中男性练功人数增加,但是男女比例依旧相差悬殊,仍是以女性练习者居多。如表5-11所示。

表5-11 习练者的性别比例情况调查统计　　（n=43,单位:人）

性别	人数(n)	百分比(%)
男	8	18.6
女	35	81.4
合计	43	100

据本研究调查得知，健身气功队伍中绝大多数的练习者都已退休，因此他们有充足的时间和精力参与到健身气功的练习中来，同时也反映了全国范围内练功人口以中老年为主的现状。虽然健身气功在创编之初，主要面向中老年群体，但是任何一项体育项目都具有普适性，如何在中青年群体中普及健身气功一直是困扰学术界的问题。如表5-12所示，通过对健身气功队伍的学历水平调查发现，练习者主要集中在高中或中专，考虑到当时的历史原因，高中、中专和大专已经是当时的高学历人才。通常来说受教育水平相对较高的群体，他们对自身的身体状况及养生保健意识也更加关注，这类群体更愿意练习健身气功，而且在动作要领及功法理念上掌握得更好。受教育程度相对较低的群体，体育锻炼的意识相对较差，对功法技能和养生理念掌握较慢。因此，在教授健身气功时要更加注重以通俗易懂的方式对功法理论知识进行讲解。

表5-12　　　习练者学历情况调查统计　　（n=43，单位：人）

学历	人数（n）	百分比（%）
小学及以下	3	6.9
初中	6	13.9
高中或中专	25	58.1
大专	8	18.7
本科	1	2.4
研究生	0	0
博士及博士以上	0	0
合计	43	100

2. 健身气功练习者功法练习情况的统计与分析

调查健身气功队伍练功的时间、地点、目的、功法名称及练功的年限等具体情况，这些客观的指标能直观反映出健身气功队伍发展的情况，进而反映健身气功的社区推广效果。

表5-13　　　功法练习目的调查统计　　（n=43，单位：人）

练习健身气功的原因	人数（n）	百分比（%）
传承优秀的民族传统文化	5	11.6

续表

练习健身气功的原因	人数（n）	百分比（%）
健身效果显著	2	4.7
简单易学，强度适中	4	9.3
治疗疾病	26	60.5
社会交往	5	11.6
娱乐消遣	1	2.3
合计	43	100

据表 5-13 可知，在练习者中为了实现治疗疾病而练习健身气功的人最多，有 26 人，占总人数的 60.5%，表明大多数的居民认可健身气功的保健功效。还有 11.6% 的练习者为社会交往选择练习健身气功，说明他们渴望通过一些其他的形式丰富自身的业余生活，而练习健身气功不仅能丰富他们的业余生活，更能提高他们的生命质量。此外还有 5 人认为健身气功是民族瑰宝，蕴含优秀的传统文化，虽然这一比例较少，但是反映出了练习者对健身气功更深层次的追求，对社区体育文化的营造大有裨益。在对练习者平均每周练习次数进行统计后，从表 5-14 可以看出，有 24 人平均每周练习 7 次及以上，15 人平均每周练习 5—6 次，共有 39 人几乎每天都会坚持练习，占总人数的 90.7%。

表 5-14　平均每周练习次数调查统计　（n=43，单位：人）

每周练习次数	人数（n）	百分比（%）
1—2 次	1	2.4
3—4 次	3	6.9
5—6 次	15	34.9
7 次及以上	24	55.8
合计	43	100

在练功地点的选择上，有 32 位居民更倾向于在社区空地、广场进行练习，占总人数的 74.4%。社区空地、广场距离居民区较近，场地条件基本上能够满足居民锻炼的需要，练习者更倾向于在此练功。除了社区

空地、广场便于居民到达的原因之外,更重要的是练习者更多地倾向于以集体练习的方式练功,表 5-15 显示,有 30 人喜欢在集体伴奏的情况下练习,占总人数 69.8%。主要是因为集体在音乐的伴奏下练功能够营造一种良好的练功氛围,在集体练习中加深对彼此的了解,扩大社会交往,可以相互指导,相互帮助,在结束后互相交流心得体会,激发练功热情。通过集体在音乐伴奏下练功的形式,更能够引起其他居民的注意,直接或间接地带动越来越多的居民参与进来,有利于功法的推广和普及。据本研究调查得知,健身气功爱好者更倾向于在配套音乐的伴奏下练习功法。优美舒缓的音乐不仅能使练习者放松身心,同时在口令的指引下,也是对练习者的一种无形的指导,从而提高健身气功的练习效果。

表 5-15　　练习者练功形式调查统计　　（n=43,单位:人）

练功形式	人数（n）	百分比（%）
独自在有音乐伴奏下练功	9	20.9
独自在无音乐伴奏下练功	1	2.4
集体在有音乐伴奏下练功	30	69.8
集体在无音乐伴奏下练功	3	6.9
合计	43	100

健身气功队伍的组建至今已有一年有余,据本研究调查,有 38 人练功时间超过一年,占总人数的 88.4%,既说明了练习者对健身气功的认可,又从侧面反映出了居委会对健身气功队伍的重视。由于项目时间原因,我们仅在社区教授了健身气功八段锦和六字诀,然而据表 5-16 所示,除了练习八段锦和六字诀之外,还有 53.5% 的队员练习健身气功易筋经,34.9% 的人练习健身气功五禽戏。

表 5-16　练习者习练健身气功的功法名称调查统计　　（n=43,单位:人）

功法名称	人数（n）	百分比（%）
易筋经	23	53.5
五禽戏	15	34.9
六字诀	43	100
八段锦	43	100

为了解原因,笔者通过访谈形式记录下来了与队伍负责人姜 SF 的谈话:

> 姜 SF:这一年我们大部分的队员能天天练习,不能来的一般也都是让其他的事给耽误了。天天练习八段锦和六字诀,队员们基本上都能掌握了,还想再学点别的,我们几个负责人就商量着从网上找了易筋经和五禽戏,跟着网上的老师自学。因为刚开始练习没多久,再加上我们老年人掌握起来比较慢,所以会的人还不多,五禽戏相对比较难,也是四种功法里面最难掌握的,能模仿下来就很不容易了,所以会练习的人更少。希望各位老师能抽空给我们指导一下易筋经和五禽戏,尽快让所有的队员都能掌握,集体跟着音乐练习。
>
> (访谈地点:居委会广场,访谈对象:姜 SF,访谈时间:20181017)

综上可知,健身气功队伍中的部分队员已经掌握了一定的教学技巧,具备了一定的自学能力,队伍拥有了自我发展和推广健身气功的能力,对健身气功在社区中的深入发展起到至关重要的作用。

图 5-11 队员们日常练功及表演

3. 习练者对健身气功的认知及练功后感受情况的调查与分析

经过一年的健身气功练习,习练者对健身气功的认知情况及通过练习健身气功究竟给他们带来什么样的改变的认识也能反映健身气功推广的效果。在健身气功队伍中，一些队员不仅进行健身气功的练习，同时还进行广场舞的练习，健身气功和广场舞等一般性体育运动项目有一定的区别，那么健身气功习练者对健身气功的认知状况究竟如何呢？据本研究调查得知，有40人认为健身气功和广场舞等一般性运动项目有区别，占总人数的93%。有38人赞同学习健身气功不仅是对功法技能的掌握，更是对优秀传统文化的传承的观点，占总人数的88.4%。经过一段时间的练习，习练者对健身气功了解得越来越透彻。

通过长时间地练习，健身气功对习练者的身体健康状况也起到了积极影响，据本研究调查，有13人总体上觉得自己的身体状况很好，占总人数的30.2%，有25人觉得自己的身体状况好，占到了58.1%，共有88.3%的习练者认为自己目前身体状况良好。同时表5-17显示，与一年前自己的身体状况相比，认为好很多的有21人，认为好一些的有15人，共有83.7%的习练者认为自己的身体状况相对于一年前有所改善。此外，还有1人认为自己的身体状况反而不如一年前，通过访谈了解到，该练习者正是感觉到身体变差才加入队伍中来，功法练习时间较短，期望通过长期练习达到改善体质的目的。精神状态也是用来衡量一个人健康状况的指标，据表5-18所示，有25人觉得自己的精神状态非常好，14人认为自己的精神状态好，共有39人认为自己的精神状态良好，占90.8%。

表5-17 习练者与一年前的身体状况比较的调查统计　　（n=43，单位：人）

与一年前的身体状况相比	人数（n）	百分比（%）
比一年前好很多	21	48.8
比一年前好一些	15	34.9
跟一年前差不多	6	13.9
比一年前差一些	1	2.4
比一年前差很多	0	0
合计	43	100

表 5 – 18　　习练者精神状态调查统计　　（n = 43，单位：人）

目前的精神状态	人数（n）	百分比（%）
非常好	25	58.2
好	14	32.6
一般	3	6.9
不太好	1	2.3
极差	0	0
合计	43	100

据统计结果可知，多数健身气功队员认可练习健身气功后带来的对身体方面的改变，正是感受到了这些积极的变化，才更加坚定了队员们长期练习，以及普及健身气功的信心。健身气功队伍作为社区社会组织，其宗旨就是服务社区居民，结合自身练习健身气功带来的身心方面的良好感受，有41名练习者表示当掌握了健身气功的功法技能和健身理念后，愿意积极地在社区中推广，占总人数95.3%。

（三）推广前后社区居民对健身气功认知情况对比分析

健身气功在奇泉社区经过近一年的发展，如今究竟取得了怎样的阶段性成果？和推广前相比在居民中的影响力有何差异？这是笔者接下来要探究的问题。

健身气功在社区中的宣传、普及程度直接影响着居民对健身气功的认知情况。要实现健身气功的社区推广，首先是要使更多不了解健身气功的普通居民对健身气功有一个清晰、正确的认知，进而积极引导他们加入健身气功练习中来。据表5-19所示，在调查的普通居民中，认为自己对健身气功非常了解的有9人，了解的有23人，共有32人对健身气功有所了解，占总人数的37.6%。相较于推广前，仅有4.7%的居民认为自己了解健身气功，认为自己非常了解的为0。37.6%相较于4.7%不仅是数值上的上升，更是健身气功影响力不断扩大的体现，这种改变是全方位的，说明居民正在逐渐了解健身气功的真正内涵。虽然数值上的增量不是很大，但这种不断上升的良好趋势印证了健身气功推广取得的成效。

表 5 – 19　推广前后社区居民对健身气功了解程度的对比分析

（前 n = 86，后 n = 85，单位：人）

了解程度	推广前 人数（n）	推广前 百分比（%）	推广后 人数（n）	推广后 百分比（%）	百分比变化
非常了解	0	0	9	10.5	+10.5%
了解	4	4.7	23	27.1	+22.4%
一般	17	19.7	15	17.7	-2.0%
不了解	56	65.1	32	37.6	-27.5%
非常不了解	9	10.5	6	7.1	-3.4%
合计	86	100	85	100	

由上述数据得知对健身气功有所了解的普通社区居民越来越多，然而他们对健身气功和广场舞等一般性体育运动项目的认知程度究竟如何，反映了社区中健身气功的宣传程度。如表 5 – 20 所示，认可健身气功与广场舞等一般性体育运动项目的普通居民在推广前占总人数的 71%，经过一段时间的发展，通过健身气功队伍和社区居委会的共同努力，认可这一说法的居民占总人数的 41.2%，人数明显有所下降，但从数据上可以看出对健身气功认知不透彻的居民仍不在少数，今后仍要坚持对健身气功内涵的普及，而不仅是把健身气功当成一种简单的体育锻炼方式。

表 5 – 20　推广前后居民对健身气功与广场舞认知的对比分析

（前 n = 86，后 n = 85，单位：人）

是否认可	推广前 人数（n）	推广前 百分比（%）	推广后 人数（n）	推广后 百分比（%）	百分比变化
非常认可	25	29.1	14	16.5	-12.6%
认可	36	41.9	21	24.7	-17.2%
不清楚	13	15.1	15	17.6	+2.5%
不认可	9	10.4	23	27.1	+16.7%
非常不认可	3	3.5	12	14.1	+10.6%
合计	86	100	85	100	

此外，还有 53 位居民认为练习健身气功能够治疗疾病，占总人数的 62.4%，这也是他们趋向于了解和学习健身气功的目的。在之前教授健身气功时，除了重视功法技能的传授，我们更多是把健身气功中所蕴含的传统文化及养生理念带给习练者，我们深知如果不把健身气功悠久的历史文化底蕴植根于社区之中，健身气功的发展必定不会长远。据本研究调查，有 31 人认为学习健身气功不仅是功法技能的掌握，更是对优秀传统文化的传承，占总人数的 36.5%。认识到健身气功文化内涵的居民数量在增加，这种逐渐上升的良好势头是对健身气功推广成效的极大肯定。

（四）社区居民练习健身气功情况对比分析

体现健身气功推广效果最主要的一方面是社区中普通居民参与练习的情况，只有亲自参与锻炼才能对健身气功有深刻的感悟。据本研究调查，在参与调研的 85 位普通居民中，有 37 人进行健身气功练习，占总人数的 43.5%。从推广前仅有的 3.5% 的居民曾短暂练习过健身气功，到如今有 43.5% 的居民练习健身气功，健身气功练功人数在逐渐增加。他们的练功情况究竟如何？笔者对此进行了详细调查。如表 5-21 所示，在练习健身气功的 37 人中，朋友间互相学习练习健身气功的人数最多，有 17 人，占总人数的 45.9%。由此可见，在社区中传播健身气功不可忽视人际传播的力量，这种传播形式更加"接地气"，贴合社区居民的生活。通过社区组织培训练习健身气功的有 13 人，占 35.1%，间接说明了社区居委会对健身气功组织管理工作的重视。调查还显示，有居民通过教材（或电视等）自学，这表明奇泉社区健身气功的发展呈现出多元化的趋势，也是健身气功影响力增强的一种体现。

表 5-21　普通居民学习健身气功途径的调查统计　（n=37，单位：人）

学习途径	人数（n）	百分比（%）
朋友间相互学习	17	45.9
按教材（或电视等）自学	5	13.5
健身气功师传授	2	5.5
社区组织培训	13	35.1
其他	0	0
合计	37	100

据本研究调查，在练习健身气功的普通居民中平均每周练功 5—7 次的居民最多，有 28 人，占练功人数的 75.7%，表明练习健身气功的居民基本上都能长期坚持练习。如表 5-22 所示，练功的居民更倾向于在社区空地、广场进行练习，其次是在附近公园，分别有 17 人和 14 人，占练功人数的 45.9% 和 37.9%。

表 5-22　普通居民练习健身气功的地点的调查统计　　（n = 37，单位：人）

主要练功地点	人数（n）	百分比（%）
社区空地、广场	17	45.9
自己家中	4	10.8
办公室	2	5.4
专业体育馆	0	0
附近公园	14	37.9
合计	37	100

社区空地、广场便于居民到达，场地设施都能满足居民对练习健身气功的要求，附近公园内景色优美、环境宜人，所以居民普遍愿意到上述地点练习。练习的功法主要以八段锦和六字诀为主。人类作为群居动物，自古就是结伴而行，据本研究调查，普通居民采用集体在音乐伴奏下练习的有 25 人，占练功人数的 67.6%。集体音乐伴奏练功的形式，有助于营造良好的练功氛围，有助于练习者之间沟通和交流彼此心得体会，通过这种方式能够保证科学的练功时间。据表 5-23 可知，每次练习时间在 40—60 分钟的普通居民最多，有 22 人，占 59.5%。每套功法的时长大约为 15 分钟，加上前期热身及练功后的放松，40—60 分钟能保证练习者有充足的时间完成八段锦和六字诀的练习，即多数的练习者每次坚持练习两套功法。

表 5-23　　普通居民练功时间调查统计　　（n = 37，单位：人）

练功时间	人数（n）	百分比（%）
20 分钟以内	4	10.8
20—40 分钟	9	24.3

续表

练功时间	人数（n）	百分比（%）
40—60 分钟	22	59.5
60 分钟以上	2	5.4
合计	37	100

通过长期的坚持和科学的练习，相信这些参与健身气功练习的普通居民收获的不仅是一种新的体育锻炼方式，更多的是对未来生活的热情，以及形成了科学健康的生活方式。这也是为什么当他们掌握了健身气功的功法技能和健身理念后，所有的练习者都表示愿意通过自身的力量积极地促进健身气功在社区中的发展。

图 5-12　普通居民日常练功

（五）社区居民身体状况及参与意愿的对比分析

大量的研究结果早已证明健身气功的健康功效，长期练习健身气功对练习者的身心都有改善，还有利于增进人际交往。因此，随着健身气功推广工作的深入，参与练习的居民增多，势必会改善普通居民的健康状况。如表 5-24 所示，参与调研的社区居民中，对自己目前的健康状况感到满意的共有 39 人，占总人数的 45.9%，相对于推广前 20.9%，居民总体健康状况的满意程度有所改善，主要原因就是参与练习健身气功的社区居民增多，长期坚持练习使得他们的身心健康都有所改善，获得了积极的心理暗示，提高了机体的免疫能力。

表5-24 推广前后普通居民健康状况的对比统计　　（前n=86，后n=85，单位：人）

满意程度	推广前		推广后		百分比变化
	人数（n）	百分比（%）	人数（n）	百分比（%）	
非常满意	5	5.8	16	18.8	+13%
满意	13	15.1	23	27.1	+12%
一般	17	19.8	13	15.3	-4.5%
不满意	36	41.9	20	23.5	-18.4%
非常不满意	15	17.4	13	15.3	-2.1%
合计	86	100	85	100	

长期坚持锻炼会改善一个人的精神状态。当人们的身体健康状况好转，必然会有足够的精力处理生活的琐事，提升生活质量。健身气功经过一定时间的发展，受益的居民也越来越多，如表5-25所示，觉得自己精神状态饱满的共有41人，相较于推广前调查得到的29.1%，数据提升幅度很大，表明通过长期坚持练习健身气功，一些居民获得了良好的精神感受。

表5-25 推广前后普通居民精神状态对比统计　　（前n=86，后n=85，单位：人）

精神状态	推广前		推广后		百分比变化
	人数（n）	百分比（%）	人数（n）	百分比（%）	
非常好	9	10.5	14	16.5	+6%
好	16	18.6	27	31.8	+13.2%
一般	21	24.4	19	22.3	-2.1%
不太好	26	30.2	17	20.0	-10.2%
极差	14	16.3	8	9.4	-6.9%
合计	86	100	85	100	

练习健身气功能够改善一个人的心理状态，使人更加热爱生活，敞

开心扉，增进邻里之间的沟通和交流。社区中健身气功的练习多以集体组织练习为主，因此不可避免地要与其他人进行沟通交流，无形间打开了人们的心扉，更加积极主动地与小区中的其他居民交流，拉近了彼此的关系。前期调查得知，通过亲朋好友的带动练习健身气功的居民偏多，因此通过练习健身气功有助于扩大人际交往范围，增近邻里关系。如表5-26所示，在健身气功推广了一段时间后，18.8%的居民表示有绝大多数的邻居很关心自己，比推广前提升了3.7%，相互之间从不关心的居民下降了9%，这充分表明了健身气功对于构建和谐社区的重要作用。

表5-26 推广前后普通居民与邻居关系的对比统计 （前n=86，后n=85，单位：人）

您与邻居	推广前 人数（n）	推广前 百分比（%）	推广后 人数（n）	推广后 百分比（%）	百分比变化
相互之间从不关心	32	37.2	24	28.2	-9%
遇到困难可能会稍微关心	23	26.8	19	22.4	-4.4%
有一些邻居很关心您	18	20.9	26	30.6	+9.7%
绝大多数邻居很关心您	13	15.1	16	18.8	+3.7%
合计	86	100	85	100	

截至目前，以"组织再生产"在社区居民中推广健身气功的模式取得了一系列的成果，健身气功在奇泉社区有了一定的影响力，有统一组织、管理的健身气功队伍，了解、参与健身气功的普通居民逐渐增多，掀起了一股学习健身气功的浪潮。如表5-27所示，当社区居民有一定的时间和精力且社区有免费的健身气功教学活动时，有37人表示愿意参加，19人非常愿意参加，共56人有意愿参加，占总人数的65.9%，人数远多于推广前的36%。超过半数的居民表示愿意学习健身气功，这对社区健身气功队伍的教学能力提出了要求，无论居民出于

什么样的目的练习健身气功,这都表明健身气功在奇泉社区的推广取得了一定的成功,这一点还可以从普通居民对健身气功推广的力度和效果的评价上看出来。

表 5-27　推广前后居民参与健身气功练习意愿对比分析统计

（前 n=86，后 n=85，单位：人）

参与程度	推广前 人数（n）	推广前 百分比（%）	推广后 人数（n）	推广后 百分比（%）	百分比变化
非常愿意	13	15.1	19	22.4	+7.3%
愿意	18	20.9	37	43.5	+22.6%
一般	37	43.1	15	17.7	-25.4%
不愿意	16	18.6	11	12.9	-5.7%
非常不愿意	2	2.3	3	3.5	+1.2%
合计	86	100	85	100	

如表 5-28 所示,对健身气功的社区推广力度和效果认可的居民共有 35 人,占 41.1%,在较短的时间内取得这样的成绩,是对"组织再生产"推广策略的极大肯定。但仍有一些居民并不认可健身气功推广的成效,健身气功在奇泉社区的发展任重道远。

表 5-28　普通居民对健身气功推广力度和效果评价调查统计

（n=85，单位：人）

推广力度和效果	人数（n）	百分比（%）
非常好	20	23.5
比较好	15	17.6
一般	24	28.2
差	19	22.4
极差	7	8.3
合计	85	100

综上可知,以"组织再生产"的模式在社区中推广健身气功是一种可行的策略,借助于社区中已有的社区社会组织,孵化出一支社区健身

气功队伍，并在居委会的统一组织和管理下，最终实现了健身气功的深入发展。在整个过程中，政府组织是宏观调控者和掌舵人，政府部门在政策和资金上的支持是实现健身气功推广的前提和保障。通过组织公益创投等形式寻求与专业社会组织的合作，一方面能解决社区民生热点问题，另一方面实现政府的职能转移，搭建合作平台实现互助共赢。PZ 机构通过承接政府项目实现自身的价值，在项目运作中提升了自身的专业能力，用健身气功丰富项目内容，运用专业技能整合了各种社会资源，从而把健身气功成功地引入社区中来。正是在各种专业资源的共同努力下，最终孵化出了一支正式的社区社会组织——"力美奇泉体育协会"，由社区居委会统一组织和管理，随着健身气功在社区中的不断普及，其影响力也在不断扩大。通过调查得到的数据可知健身气功队伍在社区健身的发展中发挥了重要作用，推广前后社区居民对健身气功的认知情况、参与意愿、练习人数及练功感受都发生了显著变化，同时居委会对健身气功的发展也非常重视。

五 整体分析："组织再生产"机制的内在关系

健身气功的推广机制中，各主体之间是一种层层推进、有效衔接的关系，上一层次掌握着下一层次需要的资源，同时又能对其进行有效的控制。但是"百密必有一疏"，有必要探讨在项目运作时可能出现的一些阻碍并有针对性地提出解决方案，从而保障该机制运行的通畅。

（一）各推广主体之间的关系

政府与社会组织之间更多的是一种互相合作的关系。政府通过组织公益创投的形式来广泛地寻求与社会组织的合作，最终以项目立项的形式，对社会组织的项目实施进行监督。为了保障社会组织能够顺利开展工作，除在政策和资金上给予支持之外，还对社会组织进行统一的组织培训，强化其项目运作能力。政府借助专业社会组织的项目运作，凸显党建引领，达到解决民生热点和社会治理难点、改善社区民生、维护社会稳定的目的。而社会组织积极承接政府项目，一方面因为社会组织有承接政府项目的需求，有服务社区群众、丰富社区文体活动、营造社区文化的需求。另一方面，社会组织通过承接政府公益创投项目，(在具体的项目运作中坚持化的运作模式) 进而通过项目实践实现专业服务能力的突破。把健身气功作为项目内容之一，既能改善社区民生，满足居民多元化的体育需求，又丰富了社会组织的项目内容，扩大了承接政府项目的范围。通过广泛承接政府项目，社会组织的专业性才能得到政府和社会的认可，进而扩大自身的影响力，实现组织自身的不断完善和发展。

　　社会组织综合运用专业技能，整合项目运行中所需的高校、企业、社区、志愿者等社会资源，将这些看似毫无关联的社会资源团结在一起，以互相合作的形式，保障项目的运行。在健身气功的社区推广中，不同的主体发挥着不同的功效，齐心协力共促健身气功的发展，同时又能在实践中实现自身发展。鲁东大学健身气功服务团队长期致力于健身气功的教学、研究和推广，在为社区居民供给优秀的师资和科学的功法指导外，一直秉承"实践出真知"的真理，寓教于学。把教学和科研紧密结合在一起，积极探索健身气功的社区推广路径，实现了产、学、研的完美融合，并取得了一些可喜的成果。例如，在探讨健身气功·八段锦对农村中老年女性生命质量的影响时，综合运用跟踪实验法、测量法、文献资料法等研究方法后得出结论，农村中老年女性在经过 6 个月的健身气功·八段锦锻炼后，可以从各维度显著提高其生命质量，同时改善了身心健康水平，提升了社会适应能力[①]。健身气功在奇泉社区的推广，既造福了社区居民，又推动了高校科研事业的进步。

　　从社区层面出发，健身气功在社区中普及，不仅有利于营造和谐、健康的社区氛围，更是一种社区治理方式的创新，通过社区体育队伍的带动作用，进而形成一种社区体育文化。企业助力社区健身气功的推广发展，为其提供必要的物资，取之于民用之于民，体现了一个企业对社会的担当。这将是双赢的结果，企业通过参与项目运行，不仅能提升企业在当地的知名度，树立良好的品牌形象，更是能够得到政府和社会的认可，这对企业来说是一笔隐形的财富。对于志愿者而言，只有以这种方式才能体现其服务社会的价值，通过参与项目运行，为大学生志愿者提供了深入社区、了

---

① 万鹏飞：《健身气功·八段锦对农村中老年女性生命质量的研究》，硕士学位论文，鲁东大学，2018 年，第 24—27 页。

解社会的渠道。志愿者长期服务于社区，除了能积累经验、增长见识之外，其志愿者的身份还能得到居委会及社区居民的认可。

以"组织再生产"的形式孵化出的力美奇泉体育协会，作为社区组织在奇泉社区居委会和福山区社会组织服务中心注册备案，是健身气功社区推广所取得的阶段性成果。同时，它的成立并不意味着健身气功的推广工作彻底完成，健身气功的社区推广是让社区中的每一个居民尽量了解和练习健身气功，从而形成一种生活方式、社区文化。作为一支由社区居民组成的社区体育队伍，他们在社区中具有一定的影响力，对健身气功的推广起到了巨大的推动作用，能够直接或间接地带动社区居民积极参与健身气功练习，满足广大社区居民对多元化社区体育锻炼项目的需求。

（二）"组织再生产"模式中可能出现的问题及对策

首先，从政府组织层面分析可能出现的问题主要有以下几点：第一，政府职责不清，在与社会组织的关系上认识不清楚，对社会组织工作干预过多，未能从"大包大揽"的角色中完全走出来。第二，政府部门在立项时的针对性不强，未能深入社区去了解居民的实际需求，对健身气功等社区文体活动重视度不够，健身气功不仅是一种社区体育活动，同时还具有非常强烈的政治色彩。第三，缺乏足够的资金保障，一个项目从立项到结项，周期一般为一年，在较长时间的项目运行中，难免会遇到很多难以预料的情况，因此必定会影响既定项目的开展，项目成效将会大打折扣。因此，政府部门在开展公益创投或购买服务时，要完全转变政府职能，认清与社会组织的关系，做社会组织的协助者。要有大局观，联合体育等多部门深入社区，了解居民的实际需求，同时要重视社区文体活动的开展，充分利用健身气功的政治功能，积极维护社会稳定，力保居民的生命、财产安全。增加资金投入，通过向企业融资，以及充分利用"福彩"和"体彩"专项基金，保障社会组织的项目运作。

其次，社会组织自身可能存在一些问题。社会组织的专业程度不高，一方面社会组织很难有机会承接政府项目，即使承接了政府项目，在项目运作时也是困难重重，受困于自身能力，业务范围必定有限，非常不利于广泛承接政府项目。人员流动频繁，也是不容忽视的问题，社工一般很难在一个机构干满一年，而项目周期往往是一年。因此，在项目结项前更换专业社工，将会不可避免地影响整个项目的进程及效果，也会影响健身气功的开展工作。频繁的人员流动，必然也会导致专职社工的专业技能不足，因为在项目运行中，社工长期进驻社区，需要综合运用活动策划、沟通、资源整合、管理等专业技能。因此，一个专职社工专业能力高低将直接影响着整个项目运营。为避免出现类似的情况，社会组织必须通过培训、招募人才等方式，强化队伍建设，进而提升自身的专业能力，同时不断扩大业务范围，使之具备开展健身气功等社区体育活动的能力。提高专业社工的福利待遇，营造团结、和谐的团队氛围，让社工参与项目决策，提升成就感，通过这一系列举措避免社工人员的频繁流动。然后，不断地对社工进行技能培训，通过组织社工参加职业技能大赛等活动，全面提升社工的专业能力，保证项目的运行。

再次，社区居委会对开展健身气功活动的重视程度不够。居委会作为政府最基层的部门，直接对社区居民引导管理，居委会对健身气功的重视程度将直接影响健身气功的社区推广效果。因此，在对社区居民进行健身气功的宣传和指导外，更要重视对居委会工作人员的宣传，通过讲解和锻炼效果使他们明白，健身气功不仅是一种社区体育活动，长期坚持练习还能增进居民身心健康、创建和谐稳定的社区氛围。通过社区健身气功队伍的自我发展和管理，创建社区治理的新模式。

最后，通过多方努力孵化出的社区健身气功队伍可能出现在社区居民中的公信力不高，队伍服务居民的意识不强、质量不高，以及队伍负责人的活动策划、组织、管理能力较差等问题。这些问题不解决，一旦项目结项，健身气功的社区推广效果会大打折扣。为了尽量避免出现这种情况，以下的几点措施可能会起到改善的作用。首先，对于新孵化出的社区健身气功队伍，在人员稳定的前提下，社会组织要积极对其培育，完善其规章制度建设，加强对负责人的组织管理及决策能力的培养，积极为其在居委会等相关部门注册、备案，使之成为由社区统一领导的社区社会组织。其次，社区居委会要加强对社区健身气功队伍的宣传和领导，在社区举办的各类文化活动中加入健身气功表演，提升其在社区居民中的公信力和知名度，肯定健身气功队伍在创新社区治理中的作用，使之广泛服务于社区居民。再次，高校专家团队，在教学时，对负责人、退休教师及有运动天赋的居民重点培养，不仅重视功法技能的传授，还要普及健身气功的功法理念及养生文化，打造一批具有一定教学和指导能力的本土健身气功指导员。最后，健身气功队伍在活动策划时可以寻求当地企业的资金支持，举办以该企业冠名的社区文体活动，既扩大健身气功的社区影响力，又为企业赢得了良好的声誉，实现互惠共赢。

事物具有两面性，只看到它积极的一面是远远不够的，探讨它可能存在的问题及相对应的解决办法，才是"组织再生产"模式能通畅运行之根本。

六 结论："组织再生产"机制的优势和作用

（一）"组织再生产"推广模式具有特殊的优势

以"组织再生产"的形式推广健身气功是一种成功的推广模式，它不同于以往以政府为主导的推广模式。它是以政府宏观调控为主，通过公益创投或政府购买服务的形式，积极寻求与专业社会组织的合作，借助专业组织的力量实现健身气功发展。社会组织综合运用专业技能，链接社会资源，借助各种专业性的力量促使健身气功在社区中推广，最后在社区的通力合作下，孵化出一支由社区居委会直接组织和管理的社区体育队伍。通过项目合作，政府与社会组织各取所需，前者为后者提供政策支持和资金保障，后者通过项目运作既提升了自身的专业能力又达到了前者职能转移的目的。在健身气功的社区推广过程中，各主体之间是一种层层推进的关系，每上一组织都掌握着下一组织需要的资源，每一个过程都是具体可控的。最后既实现了健身气功在社区中的推广，又实现了各主体自身的完善和发展，是一种可以广泛复制的推广机制。

（二）枢纽型社会组织起到重要的作用

枢纽型社会组织在社区健身气功的"组织再生产"推广模式的实现中发挥了至关重要的作用。在政府始终以解决民生问题为出发点的立场下，积极调动专业社会组织及其他社会力量参与社区治理的积极性和创造性，更好地服务社区居民，不断满足城乡居民多样化、个性化的需求，通过举办公益创投大赛，寻求与专业社会组织的合作。枢纽型社会组织为满足自身承接政府项目的需求，同时具有承接政府项目的能力和资格，充分发挥自身的能动性承接政府项目，有了政府的政策支持和资金保障。随之运用专业优势广泛链接社会资源，通过项目合作的形式，增进彼此间的信任，互相交流经验，搭建了资源共享的平台，达到自我实现和发展的目的。健身气功的推广离不开专业的健身气功指导队伍，在推广进程中还需要社区、志愿者、企业等组织提供帮助。枢纽型社会组织把这些毫不相干，但又互相需要的资源紧紧地串联在一起，对在共同努力下培育出的健身气功队伍进行活动策划、组织管理等专业技能的培训，共同发力把健身气功推广进社区。

（三）居委会在健身气功的社区推广过程中发挥着重要作用

居委会的工作就是服务本社区的全体居民，处理社区中的大小事务，在居民中有很高的威望。在健身气功的社区推广过程中正是由于居委会的出面组织和宣传，我们才能得以顺利开展各项教学工作。居委会积极配合我们的教学活动，并为健身气功队伍注册备案，在社区组织的文艺活动上，要求健身气功队伍进行表演展示，扩大了健身气功的影响力。当项目结束后，社区居委会负责接手健身气功队伍，对其进行统一的组织和管理，促使健身气功在社区中自我推广和发展。

（四）社区健身气功队伍的自我发展和推广功能

首先，通过健身气功队伍的自我发展，健身气功队伍队员由36人增至43人，总体发展趋势良好。其次，队伍中90.7%的练习者能够坚持每天练习健身气功，而且主要是以集体在音乐伴奏下练习为主，既有利于队员间交流心得体会，营造良好的练功氛围，又能引起居民的注意，起到宣传的作用。再次，为了满足队员们进一步的需求，在多数人熟练掌握健身气功八段锦和六字诀后，自学了健身气功易筋经和五禽戏，截至目前，分别有30.2%和6.9%的队员能够掌握健身气功易筋经和五禽戏。最后，队伍里练习健身气功年限达到一年的队员占88.4%，长期的练习不仅使他们对健身气功的认知更加明确，同时改善了他们的健康状况，增进了邻里之间的关系。对于这些健身气功队伍中的队员来说，健身气功的练习已经成为他们每天都要进行的一种体育活动方式，融入了他们的日常生活中。

（五）健身气功的推广惠及了越来越多的普通居民

推广后社区中普通居民对健身气功的认知程度有所提升，了解健身气功的普通居民由推广前的4.7%上升到目前的37.6%，认为学习健身气功更是一种对传统文化传承的居民由推广前的15%上升到目前的36.5%。练习健身气功的普通居民由推广前有过短暂练习经历的3人上升到目前的37人，45.9%的练习者通过朋友间相互学习掌握健身气功，且75.7%的练习者能够坚持每天练习。这一现象表明，力美奇泉体育协会具备了一定的专业发展能力并运用掌握的技能推动了健身气功在社区中的发展。在自身条件允许的情况下有意愿参与健身气功学习的居民由推广前的36%上升到65.9%，健身气功在社区居民中的影响力不断扩大，有41.1%的居民对健身气功的推广效果和力度表示认可。

第六章 传统体育社团参与社区健康促进的嵌入机制

一 组织嵌入与社区健康促进

（一）健身气功在社区推广的相关研究

健身气功在社区开展与推广属于社区健康促进的内容。当前，国内健身气功推广研究文献丰富，但对于健身气功在社区层面推广的研究主要是描述性的，大多是对某省、某市社区健身气功开展现状和问题进行介绍，并提出一些推广策略、模式等。例如，对健身气功在社区开展现状的研究中，有学者调查指出社区练习健身气功人数逐年增长，社区居民参与健身气功练习的积极性增加。但是，缺乏练功资料和专门指导人员是制约健身气功在社区开展的主要因素。[1] 而且，有研究发现，社区健身气功活动参与者中女性多于男性，整体呈现老龄化，成员以50岁以上年龄段的老年人为主。社区居民选择的健身气功活动地点多为公园，其次是附近广场和小区内空地。制约因素包括：社区居民老龄化现象严重；健身气功种类的单一化；社区内健身气功管理不健全；练习场地达不到要求；社区健身气功指导人员相对缺乏；社区居民学习健身气功文化的渠道太过狭窄等。[2] 有学者调查发现，湖南省各城市社区开展的70%以上健身气功活动都是社区居民自发组织的，其次才是由社区居委会帮

---

[1] 沈娟：《达州市健身气功现状及对策研究》，硕士学位论文，成都体育学院，2010年，第18—20页。

[2] 葛森：《长春市社区健身气功开展现状研究》，硕士学位论文，吉林体育学院，2013年，第23页。

助开展的。[1]

对健身气功在社区推广的研究，有学者调查发现，长沙市健身气功推广主要依靠市健身气功运动协会和站点，宣传工作主要以体育局组织的面授，以及现场指导为主，而活动和比赛规模的影响范围取决于组织部门的大小，并且只有健身气功发展较好的几个区每年举行2—3次区内的健身气功展示交流活动，而其他发展缓慢的区县很少组织活动。[2] 有学者研究发现，健身气功在社区主要是以站点的形式开展，而站点负责人是主要传播者，但是这些传播者并不是专业的指导者，而且对站点和习练人员并没有建立完善的管理机制。[3] 有学者认为，以社区健身气功主管部门为中心，向四周辐射，以点带面，范围要广，并且希望和站点联合起来，依靠组织逐步壮大队伍。[4] 也有学者倡导健身气功·八段锦与现代医学相结合应用，提出八段锦可由社区卫生服务机构进行组织，由政府部门进行统一管理，使更多的居民能够参加并获益于健身气功八段锦。[5] 有学者认为体育社团（尤其是气功社团）是很好的推广健身气功的途径，但是社团的权力仍然由政府部门所掌握，"管""办"职能并没有分离，并不能完全发挥其所应有的作用，并提出健身气功社团组织集体行动的逻辑，以最优化健身气功社团的管理实效。[6]

学者们对健身气功在社区开展现状及推广策略的相关研究，能够为健身气功在社区更好地推广提供借鉴。但是，很多推广方式比较单一，存在一定的局限性，而且目前的研究中没有涉及借助于社会工作服务中心这种非体育社会组织的社会力量去参与推广健身气功进社区的研究，对高校与

---

[1] 吴加清：《湖南省城市社区健身气功开展现状与分析》，《搏击》（武术科学版）2011年第11期。

[2] 夏东：《长沙市社区健身气功开展状况及推广路径研究》，硕士学位论文，湖南工业大学，2018年，第11页。

[3] 陈晓卉：《北京市健身气功推广模式的研究》，硕士学位论文，北京体育大学，2010年，第27—29页。

[4] 虞定海、牛爱军：《健身气功在构建上海市多元化社区体育服务体系中的作用》，《上海体育学院学报》2006年第5期。

[5] 章冲：《八段锦对类风湿关节炎社区干预作用研究》，硕士学位论文，南京中医药大学，2015年，第32页。

[6] 张彤、杨嘉民：《"服务型政府"视域下健身气功社团组织创新研究》，《运动》2016年第12期。

社会组织形成合力共同推广健身气功的研究也比较少，大部分都是在一定程度上的倡导，缺乏对社会力量参与健身气功推广的实证研究。

（二）嵌入性理论及其在体育学科的相关研究

1. 嵌入性理论的相关研究

"嵌入"（embeddedness）原来是指一个事物（固体 A）进入另一事物（固体 B）的过程和结果。一般地，把 A 进入 B 的过程称为嵌入。[1]"嵌入"一词是新经济社会学研究领域的核心概念，是由人类学家波兰尼（Polanyi）在 1944 年第一次提出，他阐释了经济行为是如何被嵌入社会关系之中的，强调嵌入性是经济行为正常运作的保证。[2] 自此后，诸如 Mark Granovetter、Peter B Evans、Sharon Zukin 和 Paul DiMaggio 等学者陆续提出相关的看法，并对嵌入概念做了进一步拓展，嵌入概念类型也逐渐增多，主要包括社会嵌入（关系嵌入、结构嵌入）、认知嵌入、政治嵌入、文化嵌入、技术嵌入和制度嵌入等。[3][4][5][6] 由于嵌入概念在解释社会现象和社会行动方面具有非常大的实用性，自嵌入概念提出后，嵌入使得企业、组织、网络、文化、政治等相互联系，其概念已经突破了经济学、社会学的范畴，在社会科学的其他领域得到了广泛的应用，并且也得到了其他学科的关注。[7] 随着概念的推广与发展，后来的嵌入概念已超出了原来"经济行为受到社会关系结构的影响"的内涵。有学者认为，如果把"嵌入"原来的内涵理解为"Who（主体）is embedded in what

---

[1] 王思斌：《中国社会工作的嵌入性发展》，《社会科学战线》2011 年第 2 期。

[2] ［匈］卡尔·波兰尼：《大转型：我们时代的政治与经济起源》，冯钢、刘阳译，浙江人民出版社 2007 年版，第 15 页。

[3] Granovetter Mark, "Economic Action and Social Structure: the Problem of Embeddedness", Ameri-can Journal of Sociology, Vol. 91, No. 3, 1985, pp. 481–510.

[4] Peter B. Evans, "Embedded Autonomy: States and Industrial Transformation", Princeton, New Yersey: Princeton University Press, 1995, pp. 227–250.

[5] Zukin S., Dimaggio P., Structures of Capital: the Social Organizations of the Economy, Cambridge MA: Cambridge University Press, 1990, pp. 1–36.

[6] 叶庆祥：《跨国公司本地嵌入过程机制研究》，博士学位论文，浙江大学，2006 年，第 33—38 页。

[7] 向祖兵、李骁天、汪流：《社区—社会体育组织—社会体育指导员联动运行机制研究》，《北京体育大学学报》2017 年第 9 期。

(客体)"，那么，随着嵌入概念的发展，在"主体"（Who）和"客体"（What）两方面都发生了变化，这两方面的变化也导致嵌入的方式（how）的变化。所以，要研究具体某一事物（主体）嵌入另一事物（客体），必须也要重点明确嵌入的方式（how）。①

我国学者王思斌在参照 Polanyi 和 Granovetter 等人对嵌入概念定义的基础上，他对概念进行了明确化和具体分析。他认为，直观上讲嵌入指的是一个事物渗入另一事物中去并发挥影响的过程和状态。他指出了这里面的几个要素：①嵌入前提是至少有两个被认定的事物；②嵌入过程是一个事物进入另一个事物之中；③嵌入机制是指前者是如何进入后者的；④嵌入成效是前者进入后者之后双方的关系怎么样。② 通过王思斌对嵌入概念上详尽的阐释，可以看出，研究嵌入性问题的重点要明确与把握好五个要素，即"嵌入主体""嵌入对象""嵌入过程""嵌入机制"和"嵌入成效"。

2. 嵌入性理论在体育学科的相关研究

嵌入性理论一般在社会科学领域的应用较多，但随着该理论的不断发展，在体育研究中也有许多专家学者运用该理论解释有关体育教育、体育组织和体育治理等方面的一些社会行动，为体育学科提供了全新的理论视角。有学者在休闲体育教学中提出了"嵌入式"教学模式，该模式是休闲体育专业将嵌入性理论与教学服务结合。在该教学模式的主导下，校企合作为重点，通过对师资培训、学生培养、课程设置三方面的系统研究，最大限度地将学校、社会资源合理利用与融合，满足学生学习与教师教学的需求，形成了新型的教学模式。③

有学者对社会组织的社会资本生产效应进行分析与阐释，指出社区体育组织主要是通过制度嵌入和关系嵌入两条路径产生社会资本④。有学

---

① 叶庆祥：《跨国公司本地嵌入过程机制研究》，博士学位论文，浙江大学，2006 年，第 23—28 页。
② 王思斌：《中国社会工作的嵌入性发展》，《社会科学战线》2011 年第 2 期。
③ 杨冰、陈静妹等：《"嵌入式教学"在休闲体育专业教学改革中的应用与探索——基于成都体育学院休闲体育专业建设的实证研究》，《成都体育学院学报》2016 年第 6 期。
④ 周结友、李建国：《社区体育组织社会资本嵌入生成机制解析》，《广州体育学院学报》2015 年第 1 期。

者以社会嵌入理论为视角,探析社区、社会体育组织和社会体育指导员联动运行机制,及其机制运转中迫切需要解决的核心问题和实施策略,并提出联动策略是推动认知性嵌入、文化性嵌入、政治性嵌入和结构性嵌入,并从整体上构建与联动相适应的社会环境。[①] 还有学者结合嵌入性治理理论,以上海市洋泾太极拳队为个案探索自发性健身团队的发展。结果发现:各级政府对自发性健身团队采用制度嵌入、组织嵌入和利益嵌入等方式,帮助团队解决了在发展中合法性不足、资源不足等问题,并使团队具备自治的一些基本要素;但团队在发展中还存在多种要素嵌入不足的问题,并提出政府还需要对制度嵌入进行调试,优化组织的嵌入,完善利益的嵌入等意见,以促使团队得到可持续发展。[②]

通过总结发现,体育学科运用嵌入性理论解释有关体育教育、体育组织和体育治理等方面的一些社会行动的研究比较多,嵌入性理论为体育学科解释相关专业进行的社会行动提供了新的研究视角。但是,目前还没有利用嵌入性理论解释健身气功参与社区健康促进的相关研究,这部分还需被重视。

(三) 社区健康促进与嵌入机制

1. 社区健康促进

"社区健康促进"是健康促进的衍生,强调的是"社区"层面的健康改进,它指的是通过致力于健康教育、体育推广以及加强社会支持系统,改变社区内部个体和群体行为、生活方式和环境影响,提高社区居民的健康水平和生活质量。[③] 其重点强调了健康教育和社会支持系统在其中发挥着重要的作用。本书借鉴此定义,把社区健康促进理解为在社会支持系统下,通过手段干预和健康教育,改变社区居民不科学的生活方式与行为习惯,改善社区的健康环境,提高社区和社区居民健康,从

---

① 向祖兵、李骁天、汪流:《社区—社会体育组织—社会体育指导员联动运行机制研究》,《北京体育大学学报》2017 年第 9 期。
② 孟欢欢、祝良、张伟:《嵌入性治理理论下自发性健身团队的发展——以上海市洋泾太极拳队为例》,《体育学刊》2017 年第 6 期。
③ 杨金辉:《武术在社区体育健康促进中的发展研究——以育新花园社区为例》,硕士学位论文,北京体育大学,2012 年,第 33—36 页。

而形成一种社区健康文化。

2. 嵌入机制

王思斌则对"嵌入机制"的概念做了界定,定义为"一个事物进入另一个事物,前者是如何进入后者的"①。从以往概念界定中看出,嵌入机制重点强调的是"如何进入",体现出嵌入的"方式"和"过程"的重要性。在借鉴以往的概念定义上,本书将"嵌入机制"理解为一个事物进入另一个事物,是以什么样的方式方法、什么样的关系和什么样的过程进入后者的。在这里需要特别指出的是,一个事物嵌入另一事物中,也必须要明确嵌入的主体、对象、过程及成效,从而才能形成一种嵌入机制。

就健身气功嵌入社区健康促进而言,并不只是依靠其自身的文化嵌入,还有赖于社会多元行动主体的参与及其之间构建关系网络,以一种多方联动、共同嵌入的方式才能使得健身气功参与到社区健康促进领域中去。②③ 因此,本书提出了"多元行动主体嵌入机制",即"政府、社工机构和高校与社区居委会"多元主体嵌入机制,如下图6-1所示。

综上可以发现,专家学者们在健身气功对人的身心健康和社会发展中所发挥的功能价值都是比较认可的,健身气功在社区开展现状和推广方式研究成果极为丰富,为本书提供了广阔的研究视野。但是,综观这些文献,还存在许多不足的地方:一是很多的文献研究思路极其相似,采取的研究方法和研究得出的结果大都雷同,提出了许多类似的建议和策略;二是缺少从健身气功推广主体角度进行的研究,而且许多研究所涉及的推广主体中,并没有提出高校、社会工作服务组织等这种团体或社会力量以一种多方联动、集体行动的方式参与对健身气功的推广作用;三是尚未见有专门针对健身气功推广过程的研究,对健身气功在社区推广机制的研究还不完善。另外,虽然许多学者已利用嵌入性理论在解释体育社会行动现象中做出了诸多分析,但是体育学科暂时还未出现将健身气功与社区健康促进相结合研究的文献。健身气功在社区健康促进中

---

① 王思斌:《中国社会工作的嵌入性发展》,《社会科学战线》2011年第2期。

② 廖永华:《体育进社区运行机制研究——以四川省为例》,《成都体育学院学报》2013年第5期。

③ 刘亚丹:《外生型社会组织嵌入社区的行动逻辑研究——以S社会工作服务中心为例》,硕士学位论文,沈阳师范大学,2016年,第17—22页。

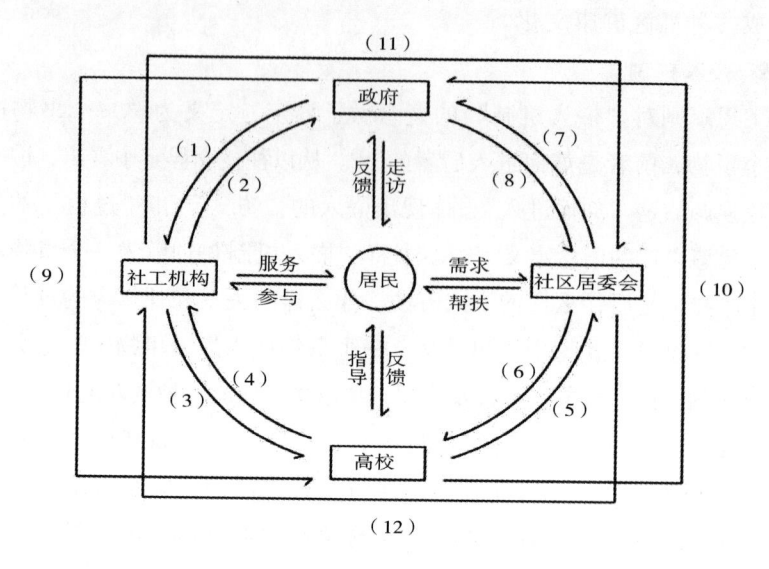

图 6-1　多元行动主体嵌入机制

［注：(1) 购买项目，监督管理，指导扶持，资金支持；(2) 信息获取与反馈，项目申报；(3) 反馈社区体育需求，整合体育专业师资；(4) 提供体育专业资源，教学实践；(5) 协商，对接健身气功教学工作；(6) 协助招募与健身气功活动开展；(7) 反馈情况，提出需求；(8) 调查情况，提供服务；(9) 文化传承号召，政策支持；(10) 响应号召，完善体育专业人才培养体系；(11) 提供专业服务，协助社区治理；(12) 提供社区信息，反馈居民需求。］

起着很重要的积极作用和指导意义，健身气功嵌入社区健康促进，属于健康促进的一部分内容，这部分尚缺乏具体的理论与实践研究。因此，进行本研究是非常必要的。嵌入性理论为本研究提供了新的研究视角，基于理论与具体的实践，建立一套协调、灵活、高效的嵌入机制，理顺多元主体之间的协同作用关系，使其各司其职，充分发挥各自功能，实现互补与协调，使行动个体和多元主体行动建立有效的连接。[①] 从而让健身气功更高效地参与到社区健康促进中，使更多人接触、了解及受益于健身气功，从而保障健身气功在社区健康促进中稳定发展，为早日实现健康中国提供保障。

[①] 向祖兵、李骁天、汪流：《社区—社会体育组织—社会体育指导员联动运行机制研究》，《北京体育大学学报》2017 年第 9 期。

（四）研究对象与方法

1. 研究对象

本书以"健身气功参与社区健康促进的嵌入机制"为研究对象，以YT市奇泉社区76位居民及社区健身气功队的36位队员为调查对象。

2. 研究方法

（1）文献资料法

根据本研究需要，以健身气功、嵌入机制、社区健康促进、社区多元化治理、社会工作服务、政府购买服务等为关键词在中国学术期刊网和中国知网（CNKI）上查找期刊和中国优秀硕士、博士的论文数篇，在学校图书馆查阅与健身气功、社区健康促进、嵌入性理论、社会工作服务等有关图书数本，在互联网上查找一些相关的政策法规等，从而对健身气功、嵌入性理论、社区健康促进等进行全面了解，为本研究的顺利进行提供理论参考。

（2）个案研究法

个案研究法是在长时间对某一个体、群体或组织等连续调查后，研究其行为发展变化的全过程。本书以奇泉社区由36人组成的社区健身气功队（社区健身气功队以前没有，是在健身气功嵌入社区后组建而成）为实践案例，分析其成功组建的全过程和健身气功嵌入后在居民健康促进方面取得的效果，以及保障这些过程成功开展的多种嵌入机制，这为本书提供真实可靠的说理依据。总结经验，从而为健身气功嵌入社区并在社区健康促进领域中发挥价值寻找合适的路径。

（3）参与观察法

参与观察法属于观察法中的一种方法，是观察者深入观察对象中去，通过这种方法，观察者可以从旁观察，正确了解事情发生的前因后果。笔者以一名健身气功指导员的身份参与到健身气功在奇泉社区推广的过程中，指导社区居民练习健身气功——八段锦和六字诀共6个月，并与居民共同参与健身气功的练习。在社区指导教学的6个月的时间里，慢慢了解了习练者练功前后的身心变化，并且熟悉了健身气功嵌入社区过程中各行动主体之间的关系处理、人员配备、经费来源、组织和运作方式等，获取了各方面第一手观察资料，用于证明行动的真实性和解释本书的内容。

(4) 访谈法

采用非结构访谈：首先，笔者在项目实施过程之前对健身气功方面的专家、社会学方面的专家就健身气功项目已有的推广路径与遇到的问题、社区体育多元化治理等方面进行访谈，听取他们的建议及新的思路，为本研究的可行性提供保障；其次，在健身气功教学过程中时常对健身气功队的队员就某些话题进行开放型问题的访问和交流，让练习者根据自己的实际想法，用自己的语言来回答相关问题，随时了解习练者的各种变化、各种需求、各种建议等。然后对收集到的资料以写日记的形式进行记录、总结、整理及运用，为本研究提供更多的参考依据。

(5) 问卷调查法

根据研究需要，本研究自编设计了两份调查问卷，并根据问卷内容采用了单选和多选的方法。本次调查采用自填式问卷调查方法，调查前均向被调查者说明本次调查的目的和意义，所有问卷均当场发放，当场回收，对阅读困难的居民，调查者以朗读形式协助居民填写问卷。

第一份问卷是在健身气功以项目服务形式进入奇泉社区之前，笔者对社区居民随机分层抽样调查，对不同年龄段的居民就社区健康促进现状进行调查，旨在了解社区健康促进情况与体育健康促进整体情况，从整体上了解居民的生活方式、健康意识和对体育锻炼需求以及对健身气功的认知等方面的情况。在奇泉社区共发放了 80 份问卷，回收了 80 份，回收率 100%。其中有效问卷 76 份，有效率为 95%。有 4 份无效问卷，所以第一份调查研究对象即为 76 人。参与调研的 76 位居民的性别、年龄信息如表 6-1 所示。

表 6-1 奇泉社区参与调研的居民基本信息统计　　（n=76，单位：人）

性别	20—40 岁	40—60 岁	60—80 岁	合计
男	9 (11.8%)	13 (17.1%)	15 (19.8%)	37 (48.7%)
女	11 (14.4%)	13 (17.1%)	15 (19.8%)	39 (51.3%)
合计	20 (26.2%)	26 (34.2%)	30 (39.6%)	76 (100%)

第二份问卷是对社区健身队 36 位队员规律地练习健身气功 6 个月后进行调查，调查规律地练习健身气功后对他们的健康产生的影响，进而分析健身气功嵌入社区健康促进后的成效。对 36 位社区健身队队员发放调查问卷，回收了 36 份，回收率 100%，有效率 100%。

为确保问卷的有效性，采用效度检验法，请教了熟悉本研究的体育学及社会学的有关专家对问卷进行了全面的审核评定，并对问卷做出了"很合适、比较合适、一般、不太合适、不合适"五级程度的定性评价。在问卷多次修改后，进行了 5 人的问卷的效度检验与评价，评价结果如表 6-2 所示。

表 6-2　社区发放的问卷效度评价结果统计　（n=5，单位：人）

评定级别	人数（n）	百分比（%）
很合适	0	0
比较合适	4	80
一般	1	20
不太合适	0	0
不合适	0	0
合计	5	100

由表 6-2 可看出，觉得比较合适的有 4 位专家，占到了 80%，可见本问卷所设计的问题有较高的效度。

二　健身气功嵌入社区健康促进的对象分析

健身气功作为一种强身健体的体育项目，其进入社区的目的就是让社区居民了解、认识与锻炼，向居民普及科学的健身方式，改变居民不良的生活方式与错误的健康意识，提高居民的健康水平，让健身气功在健康促进事业中发挥价值，即健身气功嵌入的对象是社区原有的健康促进领域。只有在了解社区健康促进的情况后，才能根据反映出的问题制定相应的改善对策。

(一) 奇泉社区健康促进整体概况

社区健康促进作为社区建设的重要组成部分,其开展的好坏对社区居民健康观念的形成及社区建设都有着很大的影响。社区健康促进工作的重点在于社区医疗卫生工作及健康教育上,社区医疗服务水平的高低对居民健康有着直接的影响,而健康教育在社区健康促进中也占有重要的作用。进行健康教育的方式有很多,而健康知识讲座、健康知识宣传则是最直接让居民了解健康知识的方式。

表 6-3　社区是否开展健康知识教育活动与健康促进专题讲座比例

(n=76,单位:人)

类别	人数 (n)	百分比%
一直开展	0	0
很少开展	11	14.5
从未开展	7	9.2
不清楚	58	76.3
合计	76	100

根据调查,在社区是否有健康管理中心问题上,96.1%的居民表示所在小区有管理中心,3.9%表示没有。从调查结果看出整个社区在医疗服务方面做得还是很好的,基本能满足社区居民的疾病治疗的需求。而在社区是否开展健康知识教育活动与健康专题讲座问题上,如表6-3所示,76.3%的调查对象表示不清楚,14.5%的表示很少开展,9.2%的表示从未开展,没有人选择一直开展。而在是否愿意参加健康知识讲座问题上,94.7%的居民表示愿意,而只有很少人表示随便。这两个问题反映出社区健康教育活动虽然有所开展,但是动员程度不高,大多数社区居民对社区组织开展的一些活动知晓率不高,而居民对健康知识获得的需要还是很强烈的,可见奇泉社区在健康知识教育活动开展及动员方面还需提高。

表 6-4　您是否有健康的生活方式比例　(n=76,单位:人)

类别	人数 (n)	百分比 (%)
有	12	15.8

续表

类别	人数（n）	百分比（%）
没有	58	76.3
不清楚	6	7.9
合计	76	100

居民对健康认知程度的高低影响着他们是否拥有健康的生活方式。在是否有健康的生活方式的问题上，如表6-4所示，76.3%的人表示没有，15.8%的人表示有，但也有7.9%的人表示不清楚。从数据看来，大部分居民没有健康的生活方式，还有一部分人对健康生活方式认识不清。在对于健康是什么问题上，85.6%的表示经医生诊断没有疾病就是健康，13.1%的表示身心健康才是健康，只有极少数不知道什么是健康。从对健康观念问题上来看，很多人还仅局限于当前的身体所表现出没有疾病就是健康的心态，殊不知一些亚健康也是一种不健康的表现。

奇泉社区位于老城区，人口密集，社区老年人占较大比例，已进入老龄化社区行列。从调查数据及获取的第一手资料发现，目前社区的主要问题是社区活动动员度不高，导致居民的参与度低，社区主人翁意识较差。而且社区居民缺少科学的生活方式和行为习惯，个人健康意识整体上比较薄弱，急需组织一些健康教育活动。由于社区老龄化人口较多，导致社区治理能力相对较差，需要社会组织专业人员提供专业的指导与管理，逐步引导成立院落自治组织，形成社区健康文化氛围，进而提高社区健康促进水平。

（二）奇泉社区体育健康促进现状

科学的体育健身，可以使人们"不生病，少生病"。体育健康促进在社区健康促进中的作用是非常大的，社区体育开展的好坏对社区健康促进有着极大的影响。社区的健身氛围也会影响着社区居民的健康意识和健身意识，在一定程度上也影响着居民参与社区活动的积极性。

在社区有没有专门性的健身类组织的问题上，80.3%的居民表示没有，19.7%的表示不清楚，没有人认为有健身类组织。从这个问题的调查结果可以反映出社区没有专门的健身类组织，社区体育活动开展的频率也比较低。通过了解知道，社区有一些打鼓队、舞蹈队等，但是这些都是居民自发组织的，没有专业人士提供专业的指导，并不属于专门性的体育健身组织。在对社区居民的访问及亲自考察后知道社区中的每个小区都配有健身器材和一定的健身场地，那么这些健身设施对居民健身的帮助怎样呢？认为社区健身设施对自己健身很有帮助和有帮助的居民占40.8%，而认为作用不大或没有帮助的占到59.2%。为什么会这样呢？通过和社区居民交谈后得知，居民平时很少在小区的健身器材那里健身，有的自己一个人或几个人一块去公园或者空旷的场地活动。从这些数据当中可以发现社区居民对社区健身设施利用率不高，真正利用健身设施来锻炼的居民很少，健身器材的作用没有发挥出来。另外通过观察发现在社区健身场地锻炼的居民多为中老年人，中青年人数比较少。也许是繁忙的工作和快节奏的生活方式占据年轻人较多的时间，以至于年轻人锻炼时间严重不足。

表6-5　　　经常从事什么体育项目锻炼　　（n=76，单位：人）

项目	人数（n）	百分比（%）
跑步或散步	31	40.8
舞蹈类	17	22.4
登山	2	2.6
健身气功类	1	1.3
武术	2	2.6
篮球、足球等球类运动	4	5.3
利用小区健身器材锻炼	11	14.5
其他	8	10.5
合计	76	100

在对体育项目锻炼选择上，如表6-5所示，居民经常参与跑步或散步、舞蹈类的占比较多，分别为40.8%、22.4%。虽然居民也有以其他项目作为锻炼方式的，但是选择以跑步或散步为主要的锻炼项目还是最多的，可见社区居民健身方式比较单调。而进行健身气功类项目锻炼的仅有1人，说明居民所参与的健身项目亟须传统体育文化内涵。对于是

否有规律地进行体育项目锻炼问题上,94.7%的表示没有,而有规律地进行锻炼的只占5.3%,可见,能主动地进行体育锻炼的居民还是比较少的。

表6-6 影响社区居民体育锻炼的因素(多选) (n=76,单位:人)

影响因素	人数(n)	百分比(%)
缺乏场地设施	59	77.6
缺乏空余时间	63	82.9
缺乏体育指导员	69	90.8
社区体育活动无人组织管理	71	93.4
缺少体育技能	57	75.0
对体育锻炼不感兴趣	6	7.9
工资收入	5	6.6
其他	12	15.8

在对影响社区居民体育锻炼的因素的调查中,对于选项采取开放性选择,如表6-6所示,93.4%表示社区体育活动无人组织管理,90.8%表示缺乏体育指导员,82.9%表示缺乏空余时间,77.6%表示缺乏场地设施,75.0%表示缺少体育技能。可见,影响锻炼的因素不止一个,在这些影响因素中,有自身的因素,例如,自己缺乏锻炼的时间、对体育锻炼不感兴趣等,但同时更多的还是取决于外界因素,例如,没有人组织锻炼活动、没有专业的指导员等。所以,要想改变居民的健身氛围:首先,还需在改变外部支持环境上下功夫,比如为社区配备专业的健身指导者,成立社区体育组织等;其次,宣传体育健康促进的观念,改变居民对体育不感兴趣的想法,动员居民积极参与体育锻炼,培养居民健康的生活方式和健康行为。

表6-7 社区居民对体育需求程度(n=76,单位:人)

类别	人数(n)	百分比(%)
非常需要	59	77.6
需要	12	15.8

续表

类别	人数（n）	百分比（%）
一般	4	5.3
不需要	1	1.3
合计	76	100

在对居民体育需求程度的问题上，如表6-7所示，77.6%的人表示非常需要，15.8%的人表示需要，体育需求人数占到了93.4%，而很少人表示一般或不需要。社区居民对体育需求还是挺高的，由于一些外部影响因素加之自我主动锻炼意识淡薄，从而导致社区体育整体开展的情况远远达不到全民健身的要求。所以，还应根据居民对体育的需求，为居民提供必要的体育健身项目，从而满足他们的体育需求。

表6-8　社区居民对健身气功知识方面的了解程度　　（n=76，单位：人）

类别	人数（n）	百分比（%）
很了解	0	0
了解一些	5	6.6
听说过	48	63.2
一点都不了解	23	30.2
合计	76	100

健身气功要想在社区发展，首先要了解居民对健身气功的认识程度和支持力度，然后再采取一定的方式方法让健身气功走进社区、走进居民。在对社区居民就了解健身气功知识方面问题的程度的调查中，如表6-8所示，有6.6%的人对健身气功了解一些，63.2%的人听说过，30.2%表示一点都不了解。可见，大部分居民对健身气功的了解程度不够，只停留在听说过的层面，而没有去真正了解它，主要原因是缺少足够的动力和兴趣去学习与练习。在社区建立健身气功队的态度上，15.8%的居民非常支持，61.8%的表示支持，而22.4%的人持无所谓的态度，没有人反对在社区建立健身气功队。可见大部分居民对建立社区组织还是比较赞同的。就社区居民参加健身气功队的意愿调查上，

15.8%的表示非常愿意，48.7%的表示愿意参加，28.9%的居民持无所谓的态度，表示不愿意参加的很少。从数据可以看出，大部分的居民对参加健身气功队还是比较赞同和积极的。对于持有无所谓和不愿意参加态度的居民，造成这样的原因也无非是对健身气功了解不够。如果一个亲身体验过健身气功练习的练习者，自身感受过健身气功所带来的价值，比任何媒体传播而接收到的信息更有说服力。所以，只有通过正规的传播途径，让居民消除顾虑，再结合专业的健身气功指导者来让居民亲身体验健身气功，才能让他们真正了解健身气功并主动练习。

由以上调查结果可知，奇泉社区体育健康促进工作开展的不尽如人意，短缺的社会体育资源已无法满足社区居民日益增长的体育需求[1]。尽管有的居民自发地进行体育锻炼，例如，居民有自发跳广场舞的，跳舞也能起到活动的作用。但是从专业角度来看，这些活动项目不专业，并不属于科学的健身方式，锻炼的效果并不是太好。居民参与体育健身活动，不仅取决于自己，而更多取决于社会环境的容纳程度及其所能提供的保障条件。当居民想参与和能参与后，就需要解决参与什么、怎样参与、在哪儿参与、谁来指导等一连串问题。缺少这些最基本的保障条件，人们对体育的需求和愿望就很难成为体育实践，即使参与一时，也很难坚持下去。[2] 因此，个人参与意识和外界支持系统成了居民参与体育健身的关键。从社区居民对健身气功的认知上看，虽然居民对健身气功了解程度不高，但是大部分居民对健身气功进入社区都表示出了支持的态度，表现出了他们对新鲜事物的兴趣以及对体育健身的需求。如果为居民提供健身气功练习的外部支持环境，提高居民对健身气功的认知程度，相信会有很多人参与到健身气功锻炼中去的，特别是社区的中老年人。所以，急需在社区大力宣传健身气功文化，从对健身气功的认知嵌入出发，逐步让健身气功在社区发展过程中成为居民人人所有、人人所用的健身方法，进而促进居民的健康水平。

---

[1] 高筱琪、丁淑贞等：《老年人健康促进生活方式和健康价值的相关性》，《中国健康心理学杂志》2015年第5期。

[2] 卢元镇：《体育参与是社会动员的结果》，《中国体育报》2006年第005版。

三 健身气功嵌入社区健康促进的过程分析

健身气功的功能价值得到了各专家学者的检验，但是健身气功只有扎根基层、深入基层，让人们真正了解并练习它之后才能体现出它的价值，才能在社区健康促进中发挥作用。健身气功要深入社区，发挥其医疗方面的作用，面向社区全体居民进行传播[1]，既要有一个明确的行动计划，对整个嵌入工作进行科学、周密的规划安排，也要在嵌入后在社区形成一定规模，形成稳定的组织团体，进而影响更多居民。[2] 基于奇泉社区健身气功队的实践，健身气功嵌入社区健康促进的过程概括来说主要包括8个方面，即前期调研、项目立项、资源整合、项目执行、队伍打造、指导训练、社区展演和分享推广。

（一）前期调研

调查研究是研究问题和解决问题的基础，体育发展亦如此，体育项目要想在社区可持续发展，研究者只有在调查社区体育开展现状实际情况之后，才能针对实际现状做出具体的行动策略。还要始终坚持"人本"的理念，要充分考虑居民的实际需求、个人的健康意识与生活方式，从居民真实体育需求出发，而不能流于形式。在健身气功进入社区之前，本书依托YT市PZ社会工作服务中心（以下简称"PZ社工中心"），有意在社区打造社区体育健身类组织，以更好地服务于居民健身，提高居民健康意识和社区健康促进水平，笔者借此机会参与其所在社区开展的活动项目之中。因此，笔者依托PZ社工中心对奇泉社区健康促进及社区体育开展情况进行了多方面的调查，全面了解奇泉社区健康促进的整体概况和社区体育促进现状等，以形成需求评估。

基于前期调查，发现居民个人的健康意识比较薄弱，缺少一些健康的生活方式等，社区整体健康促进工作还需提高。另外，社区体育开展

---

[1] 杨金辉：《武术在社区体育健康促进中的发展研究——以育新花园社区为例》，硕士学位论文，北京体育大学，2012年，第22—26页。

[2] 王林：《健身气功推广策略研究》，博士学位论文，上海体育学院，2009年，第42—45页。

现状不尽如人意，依靠体育项目来干预社区健康促进的方式太少，社区体育文化生活单调乏味，缺少一些传统体育文化内涵的项目。而社区居民对体育需求比较高，急需补充一些体育项目来干预居民的健身方式，急需建立社区体育健身组织来带动居民健身。在诊断完社区健康促进及社区体育健康促进情况后，社工机构与高校健身气功科研团队联合制定了运动干预实施方案，准备将健身气功以项目服务的形式带入社区，为社区居民带去科学的健身方式并普及健康理念。

（二）项目立项

奇泉社区自治能力比较薄弱，社区健康促进工作还不完善，急需社会组织的专业人员提供专业的指导与管理。在2017年FS区"党建引领·创益FS"公益项目创投竞标中，PZ社工中心针对奇泉社区的实际情况设计了"泉心为民，睦邻共治——奇泉社区全居民组织型社区能力建设项目"。此项目在本次投标中中标，得到了政府立项，并获得了FS区党建经费的支持，目的就是倾力打造社区社会组织以促进社区健康促进工作。在这个项目中，建设社区体育组织也是其中一个很重要的组成部分。FS区政府与PZ社工中心签订了购买社区公共服务合同，如图6-2所示，同时，政府通过设置体育公共服务标准和专项资金，来建设社区体育组织。

PZ社工中心在社区经过前期几次的调研，与社区两委领导深入交流了社区的问题，建立了充分的互信。PZ社工中心提交的初步服务方案得到了社区两委领导的高度认可，并表示热切希望PZ机构能解决社区面临的实际问题。社区一些服务组织和部分居民代表表示非常希望PZ社工中心能为志愿服务设计一些真正能够给百姓健康带来好处的活动，帮助他们增进健康，建设美好和谐家园。

（三）资源整合

社工机构拥有丰厚的社会工作者（简称"社工"）人才资源，社工是社区工作具体实施的执行者，是社区多种活动的组织者。社工是我国一个新兴的职业，主要来自社会工作专业的毕业生，其具有较强的社会工作专业能力。虽然社工在社会工作能力上比较突出，但是他们在社区体

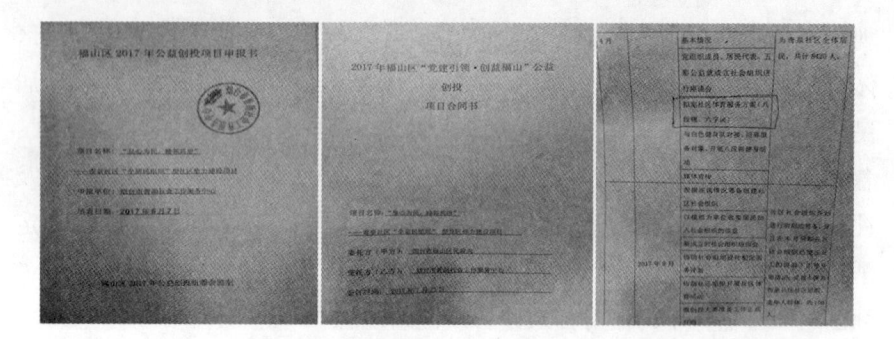

图 6-2　PZ 社工服务中心项目申报书、合同书与健身气功拟订方案

育组织活动和体育项目指导上，仍然是比较欠缺体育专业知识和技能。[①] PZ 社工中心注意到社工在专业范围内的局限性，积极主动的与高校体育专业资源合作。PZ 社工中心理事长与 LD 大学两位健身气功专家就项目运行积极商讨，做出规划，双方以"传承传统文化，普及科学健康理念，促进健康水平"观念达成共识。社工机构与高校健身气功专家达成共识后，双方共同组成"产—学—研"团队，高校两位健身气功专家担任教练，聘请多位研究生科研者担任指导员，利用健身气功作为干预手段，共同参与到奇泉社区体育治理与开展中。

PZ 社工中心积极整合体育专业人才资源，弥补了社工机构自己在社区组织体育活动的专业性不足问题，同时也为高校体育科研团队研究课题、检验体育技能提供了实践平台，实现了优势互补。

（四）项目执行

项目得到政府的立项后，PZ 社工中心理事长与高校健身气功专家、社区两委三方达成共识后，PZ 社工中心派遣了一名全职社工人员进驻社区服务中心，项目在奇泉社区正式实施运行。社工主管项目的运行，对所有项目做了具体的时间规划安排，并按活动需要加派社工人员或团队进驻社区。健身气功作为主要的社区体育项目，同其他活动项目一样，也做了具体的开展规划安排。

项目采取"文体先行"的策略，在社区进行覆盖式宣传，在条件成

[①] 陈广勇、杜艳伟、喻雪莲：《政府购买公共服务对社区体育发展的促进研究——以成都市"社区+体育志愿者"模式为例》，《成都体育学院学报》2014 年第 6 期。

熟的情况下成立社区文体队伍。PZ 社工中心与高校体育科研团队积极发动社区居民参与文艺和体育健身活动，诸如剪纸、品茶、法律讲座、摄影等，但是以体育项目为主。另外，社工与高校团队人员通过张贴告示、走访宣传、发布招募令，以及举办文体活动的方式发动社区全体居民及社区各类人群参与健身气功锻炼。PZ 社工还多次组织社区的网格员开会研究，动员对传统体育感兴趣的居民参与到健身队伍中来。通过这些活动的组织，居民既可以感受到传统文化的魅力，又为他们普及了科学的健身方式，同时也为改善居民薄弱的健康意识和招募健身气功锻炼者提供了很好的机会。

（五）队伍打造

高校体育科研团队和社工基于前期在社区的大力宣传与招募，通过举办文体活动及在活动中讲授健身气功的价值功能。居民对健身气功文化了解的越来越多，对健身需求和健康追求的动力越来越强烈。许多社区居民都慕名而来，健身气功练习者人数逐渐增多，形成了一定的规模。在社区场地比较有限的情况下，PZ 社工中心同居委会协调，居委会提供了社区党群服务中心的一间 60 多平方米的室内场地。以社区党群服务中心为锻炼集中地点，保证健身气功锻炼的正常开展。

为了方便管理与教学，规范集体队伍，从社区健身气功健身队伍中选出队长 1 名，副队长 2 名。并且制定了详细的签到表及请假制度，PZ 社工中心还使用项目资金为能积极参与健身锻炼的居民购买了 20 套练功服。经过一个月的宣传与组织教学，社区健身气功队伍基本建成，健身队伍固定下来的人数达到 36 余人，其中，健身队伍以中老年（45—75 岁）女性为主，有 31 位；男性（55—67 岁）人数较少，只有 5 位。

（六）指导训练

在教学计划中，高校健身气功专家担任健身教练，研究生研究团队成员担任指导员，以最新版健身气功——八段锦及六字诀两套功法为教学内容。并且 PZ 社工中心还制定了具体的锻炼课程表，定期定时开展，集中锻炼时间为每周一、周三、周五的下午 3：00—4：30，这三次由高校科研团队成员带领进行辅导练习，其中一次由高校健身气功专家教练现

图 6-3　社区健身气功队成立

场指导练习。自主练习时间为每周二、周四、周六，练习时间自行安排，锻炼时间不低于1小时。这样，一周最低练习6次，每次锻炼时间保证在1小时以上。

在教学过程中，每次教学过程的顺序遵循正常体育教学的过程：热身、讲解、示范、教练以及纠正、巩固提高。由于锻炼者以中老年人为主，热身准备部分以小幅度拉伸和活动关节为主。为了让队员看得更清晰，教学方法采用分解练习和示范练习，并结合镜面示范练习和背面示范练习的方式。教练及指导员在带领队员完成练习的同时，也会对其动作进行指导纠正，帮助其协调动作与气息，规范地进行锻炼。八段锦里面第五式"摇头摆尾去心火"是难点也是易错点，六字诀整套功法的动作与气息协调是难点，这些都是在教学过程中重点示范与讲解的。学练之后，教练员带领队员们进行放松活动。

教练员和指导员先对队员们进行完整规范的八段锦及六字诀教学，保证队员能够初步掌握这两套功法。队员们在练习中攻克难点动作，在队员们掌握、熟悉两套功法之后，再配上音乐，教练员带领队员们在音乐的伴奏下完成整套动作。队员在每次练习后都有进步，随着讲解次数的增多和队员们对健身气功理解的程度越来越深入，队员们做动作时也是越来越放松，不再像第一次那么累、那么紧张，所做动作的标准和质量都有极大的提升。最后，在音乐的伴奏下，队员们都达到了跟着伴奏就能独立完成整套动作的水平。健身气功教学计划与部分队员练习、教练指导，如图6-4所示。

图6-4 健身气功教学计划、队员练习与教练指导

（七）社区展演

健身气功进入奇泉社区不仅增加了社区居民的健身方式，还丰富了社区文化生活。健身气功队的队员在熟悉两套健身气功功法后，不仅在规定的健身时间练习，而且还把健身气功当作一种节目来表演。在社区组织的"社会文化宣传项目之百姓剧场"活动中，健身气功队队员把健身气功——八段锦当作他们演出的节目，并且得到了社区居委会及居民很好的评价。如图6-5所示。

图6-5 社区健身气功队队员在社区展演

社区健身队伍把健身气功当作一种表演形式在社区进行展演，既锻炼了队员们的身体，又为健身气功文化在社区发展做了很好的宣传，也是对科学健身理念和健康意识的宣传普及。

（八）分享推广

健身气功项目在社区开展以后，不仅丰富了社区健身项目，增加了居民的运动技能，为整个社区营造了积极的健身氛围，而且也增加了健身气功在社会上推广的途径。社区健身气功队中的队员张×晶，是一位公司的职员，自她熟练八段锦后，她已经把八段锦作为公司的一种代表性的健身活动，带领公司职员和客户们经常练习。如图6-6所示，她表示"我是健身气功的受益者，我也想让我身边的人及公司员工因健身气功而受益"。队员练习后不仅自己的科学健身意识增强，互助共济健康意识也同样得到了很好的体现。她这种具体的行动已经超越了仅在社区层面推广健身气功的范围，打开了以点带面的传播途径，也是体医结合发展的重要推动手段。队员受益后，回到自己的家里和岗位上发动身边其他人练习，在家庭和社会上已经开始分享推广，健身气功已在社区及社会上发挥着其独特的价值。受益于健身气功的社区居民与社会群体，再动员其身边人和群体练习健身气功，一传十，十传百，这样受益于健身

图6-6　队员在公司宣传推广八段锦

气功的群体就会逐渐增多。在社区健身队成立后，在社区月报上也对健身队进行了报道，为健身气功在社区的宣传推广做了极大的贡献。

四 健身气功嵌入社区健康促进的成效分析

健身气功嵌入社区是前提，而嵌入社区后取得的成效，即服务对象获得了哪些益处，这才是健身气功的价值体现，也是健身气功在社区继续发展的基础。多元主体在动员社区居民参与健身气功锻炼后，为社区居民组建了社区健身类组织。居民规律地练习健身气功6个月后，其健康生活方式得到了改善，健康意识明显增强，个人生命质量得到了提高。

（一）社区健身类组织建立

在前期的调研中了解到，奇泉社区没有专门性的健身类组织，而且社区体育活动也无专人组织管理。但是，健身气功的嵌入使得居民组建了身边自己的健身组织，成立了社区体育协会，标志着健身气功落地社区，使得居民足不出区就能练习到我国的传统体育项目，感受到传统体育文化的魅力。社区健身组织的建立，营造了健身氛围，为社区居民健身提供了良好的体育锻炼环境支持，队员们对健身队的建立也都感到非常满意。

健身气功进社区离不开社区居民的积极参与，更离不开社区的那些积极活跃分子，他们有着积极乐观的心态，愿意学习和尝试陌生事物，活跃在社区文化生活的第一线。他们往往政治觉悟高，很多人都是党员，热心社区事务，被社区居委会任命为楼长、片长和网格员等职务，在社区里有较大的影响力。离开了他们，社区文化生活难以开展，在社区开展健身气功推广活动，前期打开局面时离不开这些居民的支持。健身气功进社区的发动阶段，最早加入健身队伍的就是这些热心的积极分子，在他们的影响下，其他居民也陆续被吸引进来参加气功锻炼。在社区健身气功队选出的三个队长起到了很好的带头作用，他们积极动员社区的其他居民参与锻炼，并且在教练员、居委会与居民之间起着枢纽作用，和教练员、居委会共同管理着社区健身组织队员的日常锻炼，积极反馈居民的需求及意见，成为协助健身气功活动顺利开展的重要社区力量，为建立社区健身组织做出了非常大的贡献。

（二）社区居民健康生活方式改善

在健身气功嵌入社区前，很多社区居民都缺少一定的体育技能，缺乏一定的体育锻炼，在经常参与体育活动的社区居民中，多数人也仅选择以跑步或散步、跳舞为主要的健身方式。但是，健身气功的嵌入，为社区增添了运动项目，增加了锻炼方式，改变了以往过于单调乏味的健身方式。除了在规定的练习时间练习外，大部分队员们还都保证每天坚持练习。在非教学时间，他们在自己家里、楼下或者公园练习，并且经常教给身边的亲戚朋友，他们身边的人也开始跟着练习，成了他们的学生。目前，在奇泉社区已经形成了良好的健身气功锻炼氛围，特别是社区的老年人，对八段锦、六字诀等锻炼越来越感兴趣，基本上养成了习练健身气功的习惯，很多居民已经把健身气功锻炼当成日常生活方式中的一部分。健身气功在社区里耳熟能详，就连一些没有参加健身气功锻炼的人也能有板有眼地练上几下子了。同时，在社区组织的文化活动中，有些社区居民把健身气功当作文化节目，为社区增添了浓厚的传统文化气息，既丰富了社区文化生活，也是对健康文化和健康生活方式的宣传推广。①

积极参加健康有益的文体活动和社会活动是健康生活方式的一种表现形式。健身气功嵌入社区后，居民有机会真正接触到和了解了健身气功文化，使得居民掌握一定的科学的传统体育健身技能，改善了居民的生活方式，形成了积极锻炼科学体育项目的健康生活行为，健身气功也得到了队员们及社区居民的高度认可。居民在生活方式上的小调整，坚持下去，未来必将获得身体健康的大收益。

（三）社区居民健康意识增强

健康的获得不是靠运气，也不是命运的安排，而靠得是切实的行动。PZ 社工中心与高校科研团队在社区共开展了 3 次以"力美奇泉，社区健身行动"为主题的活动，每次活动都是以健身气功为主要练习内容，其他体育活动为辅助内容。这些专业的体育组织活动是奇泉社区以前所没

---

① 孙卫肖：《健身气功在社区发展的路径探析》，《当代体育科技》2018 年第 17 期。

有的，3次活动吸引了很多居民参与，而且参与人数逐次增多，甚至家长都带小朋友来参加。在与居民交谈中发现他们都带有感激的情绪，社区居民姜×凤阿姨表示："在你们来之前，社区组织的体育活动不多，我们也很少参与进来。感谢你们组织的一系列活动，不仅为我们带来了服务，还让我们参与，获得了快乐，更使我们身体得到了锻炼，增进我们的健康。"团队进入社区后，积极宣传科学的健身方式，居民也用迫切的行动去科学健身、追求健康，在很大程度上调动了社区居民的参与意识，同时也增强了居民的健康意识。

健康意识影响着健康行为，而健康行为则是对健康意识的具体体现。根据调查，在加入社区健身气功队之前，健身气功队的队员中有11.1%的人经常参加社区其他体育组织活动，30.6%的人偶尔参加，而不参加和从不参加的人占到了58.3%。这表明在健身气功队成立之前，居民的自主参与度不高，这也间接反映出居民的健康意识不强，而现在这些居民能积极地参与健身气功锻炼，体现出居民对健康的强烈追求。在对参与目的调查中，占据前三甲的分别是：锻炼身体、增进健康（97.1%）；增加运动技能（91.7%）；寻求开心、丰富业余生活（88.9%）。从数据中反映出他们参与的动机比较明确，就是想通过增加运动技能锻炼，来强身健体，寻求身心愉悦。

表6-9　　　　参加健身气功锻炼的必要性　　　（n=36，单位：人）

类别	人数（n）	百分比（%）
很有必要	12	33.3
有必要	23	63.9
一般	1	2.8
说不清	0	0
不必要	0	0
合计	36	100

练习健身气功后，在参加健身气功锻炼的必要性上，如表6-9所示，33.3%的人认为很有必要，63.9%的人表示有必要，只有2.8%的人表示一般，没有人认为不必要。参与健身气功锻炼的队员，都得到了家人的支持。在队员学会健身气功功法后，75.0%的队员表示经常给身边的亲戚朋友教授，25.0%的队员表示偶尔教授，没有人表示不进行教授

的。从以上这些数据和居民的具体健康行为和实际行动，无不体现出居民的健康意识的增强和对科学健身及健康理念普及的接纳。

（四）社区居民生命质量提高

健身气功教学活动在奇泉社区共开展了 6 个月，队员们也都一直坚持健身气功的锻炼。在教学过程中，笔者经常对队员们进行访谈，了解他们的感受。他们确实感到自身的健康状况有了变化，例如：队员孙×莲阿姨表示她的下肢力量比练功之前增大了（练习八段锦 2 个月后）；张×晶大姐表示自己的皮肤比练功前稍微紧致了（练习八段锦 3 个月后）；郝×英阿姨表示练完功后，感觉到生活充实，而且不论是做家务还是干农活都感觉比锻炼之前精力充沛了等。练习 6 个月后，对 36 位队员调查得知，32 位队员表示健身气功锻炼对自身健康作用很大，少数人感觉一般，没有人认为健身气功对自身的健康没作用。

与笔者所在同一科研小组的万×飞学者在健身气功队特意挑出 30 位中老年女性，在练习八段锦之前和在规律地练习八段锦 6 个月后，分别利用 SF-36 生命质量调查问卷对 30 位队员们的生命质量进行了问卷调查。通过前后数据对比分析，她们在躯体健康维度、躯体角色功能维度、躯体疼痛维度、总体健康维度、活力维度和心理健康维度均产生了非常显著的差异（$P<0.01$），社会功能维度和情绪角色功能维度产生了显著的差异（$P<0.05$）。[①] 练习八段锦的队员生命质量各维度状态较好的人数比锻炼前有明显增加。可见，规律地练习八段锦后，对他们的生命质量有了很大的提高。

在社区开展健身气功的这半年时间里，居民与团队成员结下了深厚的友谊，并且队员们之间相互熟知，扩大了自己朋友圈，建立了良好的居民关系，他们都表示非常能接受大学生教授功法，希望高校师资经常来教授。可见，规律地练习健身气功的居民健身效果显著，对居民身体和心理都产生了有益的影响，从整体上可以显著提高锻炼者的生命质量。

---

① 万朋飞：《健身气功·八段锦对农村中老年女性生命质量影响的研究——基于对烟台市奇泉社区的实验》，硕士学位论文，鲁东大学，2018 年，第 9—13 页。

五 健身气功嵌入社区健康促进的主体分析

嵌入的主体即是谁嵌入,这不仅是一个专业活动的表现,也代表着这个活动的专业人群。一个项目的运作首先要有发起者,其运行过程中也必定会有一定的行动主体,而这些行动主体是嵌入的前提,正是基于这些行动主体的参与与具体的实践行动,事情才能达到预期的结果。就健身气功成功嵌入奇泉社区而言,将健身气功文化嵌入社区的行动主体都有哪些?他们如何在复杂的社会关系中发挥各自的不同作用?

(一) 政府部门的政策嵌入

1986年,WHO第1届国际健康促进大会上发表的《渥太华宣言》指出,健康促进是一个全面的社会政治过程。同时宣言还补充了健康促进中的5项策略:制定健康的公共卫生政策;创造支持性环境;强化社区参与;发展个人技能;调整卫生服务方向。宣言的发表使得健康促进入新的阶段,提出了新的发展高度,而这5项策略又为健康促进指明了发展方向。[1] 在强化社区参与中又强调要充分发挥社区力量,利用社区资源,帮助居民认识健康问题并找到解决问题的方案。[2] 健康促进引入我国后,国家引起了相当的重视,在国家制定的各种政策中,也都积极贯彻了健康促进的理念。2016年,国家制定的《"健康中国2030"规划纲要》中以"健康优先"为指导原则,将促进健康的理念融入公共政策制定实施的全过程。接下来国家相继出台《"十三五"全国健康促进与教育规划》《关于加强健康促进与教育的指导意见》等有关健康促进的政策,这些政策的制定与实施,是国家对健康高度重视的集中体现,是打造健康环境和健康的行为方式的坚强保障。

1995年,我国国务院颁布实施了《全民健身计划纲要》,旨在开展全民性体育活动,增强人民身体素质。《全民健身计划纲要》的颁布在某种

---

[1] 鲍勇、何园等:《国外城市社区健康教育与健康促进回顾与瞻望》,《中国全科医学》2004年第3期。

[2] 杨金辉:《武术在社区体育健康促进中的发展研究——以育新花园社区为例》,硕士学位论文,北京体育大学,2012年,第35页。

程度上调动了人民群众对体育健身运动的支持,改变了人民对健身和健康的传统观念。在党的十九大中,习近平总书记特别强调了体育在健康中的作用,对全民健身活动的广泛开展提出了更高的要求。为了加大体育服务的广泛性与时效性,国家制定与实施了购买体育公共服务政策,依托社会力量,积极参与体育项目的开展,完善体育推广的路径,解决现实中体育供需矛盾的问题。这些政策的制定与实施,都肯定了体育锻炼在健康促进中的作用。

改革开放以后,特别是党的十八大以来,国家先后出台了一批有利于民族传统体育保护和发展的制度与法规体系,对民族传统体育的发展做出了详细规定和要求。[1] 健身气功作为优秀的传统体育项目,是一项很适合全民健身的体育活动,其所倡导的宗旨与当前大健康等新理念相吻合,与促进健康的关口前移、防治疾病的关口前移等国家战略相符合,在全民健身上升为国家战略后发挥着日益显著的重要角色。近年来,在国家制定的《"健康中国2030"规划纲要》及《中医药健康服务发展规划(2015—2020年)》中明确指出"推广太极拳、健身气功、导引等中医传统运动",肯定了健身气功等传统体育项目在"防未病"等方面对人民群众的健康所起到的积极作用,并提出加快这些传统项目的推广。[2][3][4] 政府相关部门对健身气功非常重视,这为健身气功在健康促进中的开展提供了政治、制度保障。

为引领全民健身向科学健身转变,加快全民健身与全民健康深度融合,在新形势下,YT市体育局制定了《"体育惠民,科学健身"工作规划(2018—2020年)》。这项政策的制定,强调了重点工作是寻求健身跨界联合、跨界整合、跨界融合,放大科学健身社会效应;整合市各高校专业人才,壮大健身服务队伍,提升科学健身服务能力;并且推广科学

---

[1] 白晋湘:《我国民族传统体育改革发展40年回顾与展望》,《上海体育学院学报》2018年第5期。

[2] 李良萍、王晓瑞等:《健身气功在社区体育公共服务中的实践与反思——以芜湖市为例》,《科技经济导刊》2016年第31期。

[3] 国务院办公厅关于印发《中医药健康服务发展规划(2015—2020年的通知)》,http://www.gov.cn/zhengce/content/2015-05/07/content_9704.htm.

[4] 烟台市体育局公告公示《"体育惠民,科学健身"工作规划(2018—2020年)》,http://tyj.yantai.gov.cn/art/2018/1/5/art_2608_2341696.html.

健身项目，重点推广健身气功、太极拳等大众科学健身项目。[①] 国家和政府部门不仅在政策与制度上给予体育事业重视，也用实际行动践行与落实全民健身事业。YT 市 FS 区政府聚焦民生热点和社会治理难点，区政府在 2017 年专批党建经费 200 万元，用于服务社区建设、社区民生改善以及提高社区健康促进水平。FS 区民政局通过组织评审的形式，举办了"社会组织公益创投大赛"，共征集到 69 个公益服务项目。社区体育作为政府重要的立项项目，得到了政府的专项资金，资金用于社区体育治理与活动的开展。健身气功作为服务社区体育的项目，也得到了政府的批准。政府的嵌入，建立了以政府购买服务为保障，由社会组织承接、高校人才队伍实施、社区志愿者参与支持、面向全社区实施项目的服务机制，不断满足着城乡居民多样化、个性化的需求，真正营造出"群众体育大家办"的氛围，为健身气功在社区开展提供了一定的平台和保障。为了保障项目的落实性，FS 区民政部社会工作司吕司长莅临社区考察指导，参观了社区健身气功队队员们练习情况，并与健身气功队的指导员和队员亲切交谈，了解健身气功日常开展情况，队员们的身体健康情况等，鼓励队员们坚持练习，保持健康的身体和健康的心态。跟随的记者对队员们的练习进行了拍摄，并且在 FS 区电视台进行了宣传报道。民政部门的嵌入既监督了项目的执行情况，也为健身气功文化做了极大的宣传。

（二）社工机构的项目嵌入

随着社会主义市场经济的发展，我国政府逐步加大对社会治理的力度，主动转变职能，将部分治理权力下放于社会，这为非营利社会组织的发展提供了机遇和广阔的发展空间。自 20 世纪 70 年代以来，非营利社会组织的迅速发展弥补了政府和市场在公共产品供给方面的不足，成为我国社会治理的重要主体。社会工作服务组织（简称"社工机构"）作为一种新兴的具有非政府性和非营利性特征的社会组织，已经成为推动我国社会和谐建设的一股重要的力量，对我国社会发展产生了重要影响。社工机构服务领域比较广泛，普遍扎根于社会基层，更加易于捕捉社区

[①] 王蓉：《互嵌合作：政府与非营利组织的互动策略研究——以 C 市 AX 居家养老服务中心为例》，硕士学位论文，华中师范大学，2017 年，第 28 页。

居民的生活条件与对体育健身等方面的需求情况，能第一时间做出回应，及时在相关部门与群众之间做好互动沟通，并能及时整合各种资源，为社区提供人力、物力，从而协助社区居委会进行社区治理，在建设健康的社区过程中能发挥巨大作用。[①]

"PZ 社工中心"是首批在 YT 市民政局注册的综合性、专业性社工机构，服务于社会的多个阶层。PZ 社工中心认真踏实地开展社会工作服务，在社区项目清单上，健康卫生知识进社区、社区公共服务状况调查及改善方案设计、社区体育社团组建项目等内容都清晰地列入在内，其所申报过的项目实施和开展以来，受益居民和群体广泛增多，社会影响力也越来越大。已被多家新闻媒体进行了多次采访和报道，在全省、市和社会工作行业引起了强烈反响和关注，目前拥有很大的影响力和知名度。在 2017 年 FS 区"党建引领·创益 FS"公益项目创投竞标中，PZ 社工中心根据奇泉社区的实际情况设计了"泉心为民，睦邻共治——奇泉社区全体居民组织型社区能力建设项目"。社工机构申请的项目在中标后，获得了 FS 区党建经费的支持，倾力打造社区社会组织，以致力于社区健康促进工作。PZ 社工中心经过前期几次的调研，与社区两委领导深入交流了社区的问题，建立了充分的互信。PZ 提交的社区治理与社区体育治理的服务方案得到了社区两委领导的高度认可，并表示热切希望 PZ 能解决社区面临的实际问题，社区服务队和部分居民代表表示非常希望 PZ 机构为志愿服务设计一些有创意、真正能够给百姓带来好处的活动，进而帮助他们建设美好、健康、和谐家园。

PZ 社工中心积极整合人才资源，不仅派出中心专业的社工人员，还积极链接了高校健身气功专业团队、企业、志愿者等社会资源，共同服务于社区治理与社区体育。PZ 社工中心以项目为依托嵌入了奇泉社区，聘请高校专业的健身气功人才资源，实现了健身气功由非体育组织在社区推广从理论上的可行性到现实可行性的转变，突破了"体育活动由体育组织办"的狭隘思想。既为居民送去服务，也为居民带去健康教育、文化知识和各类活动等，更解决了社区体育活动开展不足问题，实现了居民的体育需求。

---

① 陈金鳌、徐勤儿：《社区体育多元治理主体的运行机制与模型构建》，《体育文化导刊》2016 年第 6 期。

（三）高校健身气功团队的专业嵌入

高校体育不仅是体育课程教学与研究的主力军，也是社会体育文化建设的重要依靠。[①] 高校培养的体育专业人才，将对我国体育事业发展、改善公民身心健康起到关键作用，是提高人民生活质量和建设社会主义精神文明的中坚力量。目前，全国已经有数十所大学开设了健身气功课程，有些院校甚至已将健身气功作为体育专业学生的必修课，以此来继承与发扬中华传统文化。[②] 高校的体育院系或体育科研组织具有较高水平甚至较为前沿的科研能力，拥有一定数量的专业人才。组织这些教师或专家进行健身气功推广工作，是推动高校科研、教研，以及开展健身项目研发的最佳路径之一。特别是在相关课题的推动下，引导相关人才入基层、进社区，参与到居民健身的第一线，可以直接了解群众的需求及获取第一手的研究资料，这对全民健身评估和健身项目研发与推广工作有积极的作用。[③] 另外，目前我国社区体育发展现状不尽如人意，社区体育指导员的匮乏与社区居民体育需求增长产生了矛盾。而作为注重以培养技能型人才为目标的体育院校，对培养社会专业体育人才是理所应当的。[④]

高校供给优质师资，传承传统体育文化，"产—学—研"结合，探索健身气功发展新模式。LD 大学传统体育专业拥有优质的健身气功教学资源，长期以来致力于传统体育的教学、研究和推广，并且将健身气功作为体育专业学生的必修课。如何把"健身气功嵌入社区"深入结合到教学和科研当中去，打开传统体育发展的研究困境和推广瓶颈是传统体育专业一直关注的问题，也是我们所要研究的问题。LD 大学作为"中国健身气功科研基地"之一的高校，其老师与学生有责任也有义务去致力于健身气功事业发展。基于奇泉社区体育开展不理想和缺乏传统体育文化

[①] 蔡一嘉：《体育教师参与"嵌入式"多民族社区体育文化建设的路径构建》，《才智》2017 年第 36 期。

[②] 孙洪明：《山东省高校体育专业健身气功课程开展现状与对策研究》，硕士学位论文，曲阜师范大学，2013 年，第 17—19 页。

[③] 郭大勇：《全民健身机制的促进方式和效果评估研究》，《体育文化导刊》2017 年第 5 期。

[④] 陈士亮：《高职院校体育课程嵌入社会指导员职业资格探析》，《职业》2017 年第 14 期。

的现状,健身气功团队依托 PZ 社工机构,推进健身气功进入社区。LD 大学的科研团队带着科研和教学任务,以及推动传统体育事业发展的使命参与到健身气功促进社区居民健康的指导工作中来。从 2017 年 7 月开始,高校两位健身气功专家为研究生团队开展为期半个月的健身气功功法培训和健身气功理论辅导,并且谈论在教学过程中群众可能遇到的一些现实问题,帮助研究生团队寻找解决问题的方法与练功时应注意的问题。① 待研究生们深谙两套功法的练习和功理后,与社工一起深入多个社区参与健身气功的推广实验。在城市以奇泉社区为试点,在农村以 LZ 村为试点,研究生团队每周都奔波在社区和高校之间,为居民讲解健身气功知识,现场指导功法动作及理论知识,测量身体和心理指标以验证锻炼效果等。经过一段时间发现,在农村开展健身活动受各种条件的约束难以展开,例如,农村居民的思想观念、生活习惯、作息时间等使健身气功推广困难重重,在坚持了两个月之后就结束了,最后能掌握整套健身功法的居民寥寥无几。但在奇泉社区,健身气功广受欢迎,居民积极踊跃参与,每周集中教学指导,很少有人请假,效果非常好。

　　高校的体育教师及体育专业的学生接受过健身气功相关知识的培训,在专业知识和教学方面具有很大优势,他们有能力也有义务去推广健身气功文化。高校体育师资的嵌入,为社区居民送去科学的健身技能和正确的健康观念,对充分发挥健身气功的健康促进功能起到了重要的作用。同时,高校体育专业人才进入基层、进入社区是一次很好的锻炼与检验体育技能水平的机会,也为体育人才提供了很好的实践平台,既可以作为健身指导者,也可以成为项目研发者。"校—社"联动方式也弥补了社会工作组织自己在社区组织体育活动的专业性不足问题,实现了优势互补。② 高校的体育专业人才若干年后将成为国家发展的主力军和生命军,在校期间对他们进行健身气功知识和技能的培训,以及给予他们去基层实践的机会,必将加大健身气功在健康促进事业中发挥的作用。高校体育专业的老师与学生要有传承中华传统体育的使命感,发挥主人翁的作

---

① 刘建中、肖永红:《四川省城市社区健身气功志愿服务体系的构建》,《当代体育科技》2013 年第 35 期。

② 刘建中、肖永红:《四川省城市社区健身气功志愿服务体系的构建》,《当代体育科技》2013 年第 35 期。

用,特别是要形成"校—地合作"模式,主动与当地政府、社会各种组织团体等联合,积极参与到把健身气功融入社区健康促进的过程中去。

六 健身气功参与社区健康促进的嵌入机制

健身气功参与并成功嵌入社区健康促进的过程不是在单一因素影响下所能完成的,它是在多元行动主体集体参与、多种行动要素与行动过程等多种机制相互作用之下实现的。

(一)行动主体嵌入机制分析

一个项目或任务的制定与开展离不开一定的行动主体,而行动主体则是项目开展的具体实施者和行动者。在行动过程中,基于共同的目标,多元行动主体之间建立协同共治的友好关系,从而才能保证任务能够顺利与高效地完成。基于奇泉社区健身队的实践,健身气功嵌入社区健康促进并促进社区居民健康水平提升的作用,既立足于国家对传统文化的重视,也得力于多元主体之间通力合作、集体参与、联动行动,是在行动实践基础之上所实现的。多元主体嵌入的过程并非独立的,而是形成了一个整体系统,具有一定的结构性。整个嵌入过程也体现了以居民参与为基础,多元互动为规则,共同促进为取向的特征。

对于多元行动主体将健身气功嵌入社区健康促进的过程,政府部门、社工机构、高校及社区多个行动主体之间形成了以"强化社区体育、提高社区健康促进水平"为目标的有机整体,整体内部之间则形成了协同机制。这种机制的运行不是强制,而是协同。[①] 基于共同的目标,在各方关系和行动工作都协同好了的情况下,工作及其行动才开始实施。政府与社工机构之间:政府与社工机构之间通过招标、投标、中标、立项、订立契约的过程,向社会组织购买服务项目,给予资金支持,建立了互信关系,依托社工机构参与社区服务与治理过程;社工机构通过信息获取与反馈,积极申报项目,提供专业社工人才,弥补政府服务人才资源

---

① 唐刚、彭英:《多元主体参与公共体育服务治理的协同机制研究》,《体育科学》2016年第3期。

供给不足、不及时的问题。社工机构与高校之间，社工机构在项目立项后，需要整合专业资源，高校拥有丰富的体育专业师资，能够为机构提供一定的师资去开展健身气功教学活动，两者通过协商、策划、达成共识，形成合作伙伴关系。高校与社区居委会之间：高校师资与社区居委会协商，对接健身气功教学计划；居委会协助高校健身气功团队招募习练者，并支持健身气功活动开展。社区居委会与政府之间：居委会向政府反映民生问题和民生需求；政府通过调查，为社区拟定与提供一定的服务项目。政府与高校之间：政府在对传统文化的传承上极力号召；高校积极响应，开展相应的传统体育项目课程，培养专业的体育人才资源，传承与推广传统体育文化。社工机构与社区居委会之间：社工机构与居委会形成项目对接，居委会提供社区信息，反映民生；社工机构协助居委会治理社区，为社区提供专业的社工人员，提供丰富的活动项目。多元行动主体形成合力，最终落脚点是服务于社区居民。

  行动主体嵌入机制的基础不是控制，而是协调，协调性是行动主体嵌入机制的关键所在。多元行动主体必须协调其各自权利与义务，这样才能保障各方力量均衡。[①] 多元主体将健身气功参与到社区健康促进过程中，各主体通过相互间权责界限的模糊，职能、制度与管理的调试与整合，使各主体之间形成良性互动与依赖，实现了健身气功从政府的一元推广转变到多元参与推广。在遵循"政府主导、部门协同和全社会共同参与"的理念下，各方主体任务和职责分明。政府部门：引导协调、制度供给、监管评估；社工机构：整合资源、补充共享、项目运行，承上启下，承上以协助政府，启下以联系群众；高校：资源共享、科研实践、学教结合；社区居委会：协同组织、动员参与；个人（社区居民）：参与实践。[②] 不同主体发挥着不同的作用：首先，党建是核心也是灵魂，既要充分发挥党员的模范作用，还要将党的群众工作融入健身气功推广中；其次，民政部门是主要监管者，保证项目资金规范使用和项目成效；再次，专业社工机构是组织协调者，通过项目设计和项目运行，整合各种

[①] 关怀志：《多元主体参与公共体育服务治理的协同机制研究》，《文化创新比较研究》2017年第12期。

[②] 唐刚、彭英：《多元主体参与公共体育服务治理的协同机制研究》，《体育科学》2016年第3期。

资源，使活动有序开展；复次，高校是专业资源提供者，既保证了健身气功的科学性和专业性，也保证了社区居民的健身质量；最后，社区居民是健身气功推广的参与者和科学健身的受益者。①

（二）行动要素嵌入机制分析

健身气功这种核心要素要在社区健康促进中发挥作用，除了依靠自身项目特有的文化魅力之外，必须还得以多种行动要素的方式才能呈现出来，这些要素多呈现为政策要素、项目要素和专业要素等。健身气功在参与到社区健康促进过程中，这三个要素构成了一种协调的关系，表现为整体性，缺一不可。如果只看到其中一个要素的话，健身气功就无法嵌入社区健康促进中。例如，仅有政策倡导与号召的话，而离开了项目执行与专业支持，就无法将政策落实；仅有项目，而得不到政策支持和专业支撑，也无法保障项目实施的合法性与专业性；同样，作为专业要素，只有在政策引导和项目的支撑下，才会得到一定的路径进而参与到社区健康促进中去。因此，只是单一的行动要素无法确保行动的实施。

基于健身气功参与社区健康促进实践过程中，健身气功以政策要素、项目要素和专业要素的形式表现出来，不是局限于某一要素上，而是在多种要素综合之下保证了健身气功的开展，这改变了以往健身气功以一种形式要素存在的方式。首先，在政策要素方面，国家肯定了健身气功在促进健康上面的作用，并制定了一系列有利于健身气功发展的政策，对其发展进行积极的引导，政府部门在践行政策引领和资金补贴上很完善，为健身气功推广工作指明了方向、给足了政策、做好了基层。其次，在项目要素方面，社工机构积极向政府申请体育项目立项，将健身气功作为一种项目来积极执行并落实到社区健康促进工作中来。最后，在专业要素方面，高校体育专业的老师与学生积极参与健身气功的推广工作，为健身气功嵌入社区健康促进过程提供了专业的理论与技术指导，保证了锻炼的规范性、科学性。各个行动要素相辅相成，有一个要素的缺失就很难保证健身气功在社区健康促进中发挥的作用。健身气功文化要素嵌入是行动的核心内容，政策要素嵌入是行动得以稳定持续发展的基础

---

① 孙卫肖：《健身气功在社区发展的路径探析》，《当代体育科技》2018 年第 8 期。

和前提，项目要素嵌入是行动的桥梁与枢纽，专业要素嵌入则是重要保障。

（三）行动过程嵌入机制分析

社区健康促进是提高社区居民健康水平和生活质量的所有社会活动过程，实际上它是一项集多因素、多资源、多形式的综合性促进健康的系统工程。它的实现，既需要有计划、有效果地开展社区健康促进活动，又需要设定一些明确的行动过程。[①] 目前社区健康促进的推进途径主要有社区动员与社区健康教育、政策上的倡导、创建健康的支持性环境以及发展社区卫生服务等的一些做法。[②] 虽然目前对于推进社区健康促进的这些做法对社区促进健康起到了一定的作用，但是，多数的做法只停留在对某一个、局部的或者强调在某一环节上的研究，没有突出健康促进"研究主体"地位，即没有将健康促进作为一个整体过程来进行实践研究。而对于健康促进这个整体过程来说，这些单一的做法对于社区健康促进过程所体现的作用意义是有限的，这些过程没有表现出一种合力，以至于取得的成效无法贯穿整个健康促进过程。

对于健身气功参与社区健康促进的过程，在本实践中，健身气功不是在某个过程的嵌入，而是表现在每个过程的嵌入。从起初制订健身气功进社区行动计划（包括前期调研和项目立项）到项目实施（资源整合和项目执行），再到营造与打造社区健身氛围和组织（包括队伍打造和指导训练过程），最后到推进健身气功受众群体的广泛性（包括社区展演和分散推广过程），每一个阶段都有明确的行动过程，都紧紧围绕健身气功在每一个阶段应该以什么样的方式更高效地嵌入健康促进中去，从始至终都表现出把健身气功这个核心要素渗透到整个社区健康促进每个过程之中。行动过程是一个前后相互关联的完整过程，不能仅看一个环节，而应该关注于每一阶段的过程，如果仅致力于某一个过程或某一环节，往往达不到最好的效果，也算不上是一个完整的行动过程嵌入机制。

[①] 丁宏建、方爱仙等：《健康促进的社区路径探讨》，《中国农村卫生事业管理》2018 年第 7 期。

[②] 张安玉：《社区健康促进的理论策略和工作模式》，《中国慢性病预防与控制》2006 年第 3 期。

基于健身气功参与社区健康促进的实践，政府、社工机构及高校的协同联动行动是健身气功成功嵌入社区健康促进的主要因素，离开了哪一个行动主体，都很难保证活动的进行。政策引导、项目执行及专业指导等这些行动要素是行动开展的重要保障，每个行动要素都是相辅相成、相互联系的。行动过程是活动得以贯彻落实的具体体现，每一阶段过程都体现出健身气功渗透到社区健康促进中，是社区健康促进水平提高的重要保证。

在多种嵌入机制相互作用下，改变了政府单一的供给模式，政府为社会组织服务社区搭建了服务平台，社会组织为高校体育专业资源与社区搭建起科研实习和教学平台，从而将健身气功嵌入社区，提高了社区健康促进水平，实现了多元主体的共赢。政府部门、社会组织、高校及个人所拥有的体育资源不尽相同，而多元主体间协同则能够实现对体育资源的互换，以达到体育资源共享和最大化的目的。[①] 健身气功嵌入社区健康促进中，使社区居民对健身气功有所了解与锻炼，为社区居民参与体育健身提供便利、实效的服务与支持，特别是维护了社区那些重点保健人群对健康和体育需求的权利。

有效整合社会力量和社会各类资源，避免各类资源的分散、封闭和垄断，理顺各种关系，建立以"健身气功服务人类"为目标的多元嵌入机制，形成多元主体"开放、合作、协同"的服务模式，落实行动过程，突破原有的管理、组织壁垒，使各类资源协作共享、良性发展，让健身气功更高效地走近人民。[②] 希望政府部门、卫生部门、体育部门、社会体育组织、社会非体育组织及高等院校等引起重视，多方共同联合，统筹安排，形成集体行动，为健身气功传承发展和在全民健身事业及健康促进领域中做出贡献。另外，健身气功最终落脚点在社区和居民，在外界环境支持下，社区成立社区群众自己身边的体育健身组织，接下来就靠居民自觉去坚持、去发展，达到"治以自治"的目标。同时，居民也要积极与各行动主体产生良性互动，及时反馈，提出体育需求，以此为居

---

① 唐刚、彭英：《多元主体参与公共体育服务治理的协同机制研究》，《体育科学》2016年第3期。

② 刘远祥、毛德伟：《科学健身服务平台的建设及运行机制研究——以山东省科学健身中心为例》，《山东体育学院学报》2017年第6期。

民设计有针对性的体育活动。让健身气功锻炼成为社区居民健康的行为方式和生活习惯，在社区健康促进中发挥健身气功所特有的功能与价值，早日实现健康中国的目标。

七 结论：传统体育社团参与社区健康促进的组织嵌入

（一）健身气功的嵌入有助于社区健康促进水平的提升

健身气功在奇泉社区开展6个月的时间里，既增加了社区居民科学的健身技能，让居民懂得了科学健身，社区建立了健身类组织，又改善了居民健康的生活方式，增强了居民的健康意识，提高了居民的生命质量，使得居民的身心健康都有了积极的改变，还丰富了社区文化生活，大大提高了社区健康促进的原始水平。

（二）健身气功以项目化形式能更高效地嵌入社区健康促进

健身气功以项目化形式在奇泉社区的实施过程中运行良好，健身气功嵌入社区后，在社区健康促进中取得了良好的效果，获得了社区居民的认可。这种方式不仅体现出健身气功活动的合法性，也使得健身气功更直接、高效地嵌入社区并在社区健康促进中发挥其功能价值。

（三）多元主体联动行动丰富了健身气功的宣传推广路径

多元主体的联动行动，能有效激发与动员社区居民积极参加健身气功的练习，丰富了健身气功在社区的宣传推广路径。政府部门的嵌入，有利于体育政策的实施，并且给予社工机构进行社区体育治理一定政策保障与监管；社工机构的嵌入，对项目运行进行管理，给予健身气功开展提供明确的地点与途径；高校体育专业师资的嵌入，保障了健身气功在社区开展急需的专业资源；居委会和居民的积极配合与参与，保障了活动的顺利开展。

（四）行动主体、行动要素和行动过程的嵌入是传统体育嵌入社区生活的保障

行动主体、行动要素和行动过程是健身气功嵌入社区的前提保障，

多种机制协同作用对健身气功在社区健康促进中发挥的作用起着重要的保障作用。在政府、社工机构、高校、居委会和居民多元主体参与的基础上，在政策、项目和专业多种要素的推动下，在具体的行动过程规划下，健身气功得以顺利参与社区健康促进并在其中发挥价值。

第七章 传统体育社团参与社区健康促进的项目进退机制

在当前的社区治理场域中,由于资源匮乏而导致社区社会组织难以自发成立并正常运转。笔者通过参与打造社区健身气功队伍的实践和调查,进而对社区服务项目的进入过程和退出过程进行合理安排,有效培育出有运行能力的社区社会组织。项目进入社区时,通过整合制度、文化和需求方面的驱动力为社区注入经济资本,导入文化资本,嵌入社会资本,营造出适合社区自组织的治理场域,并协助成立社区社会组织;项目退出社区时,依赖资本的再生产属性,通过资源衔接、管理衔接和信任衔接,形成社区社会组织的自组织惯习而实现自主运行。研究认为,在社区公共资本相对匮乏和自组织乏力的情况下,项目"进退"机制有助于推动社区自组织和社区社会组织的发展。

一 导言:社区自组织困境与资源介入

自组织概念源于物理科学,指系统内部自行调整而自发产生有序结构的过程。协同科学的创立者赫尔曼·哈肯认为自组织就是"系统在形成时间、空间和功能结构中,并未受到外界干预的组织"[1]。在结构秩序形成过程中有无外部指令的介入和支配成为区分自组织和他组织的主要标准[2]。自组织概念作为市场和科层之外第三种"治理类型"被引入社会

---

[1] [德] H. 哈肯:《信息与自组织》,郭治安译,四川教育出版社1988年版,第18—23页。

[2] 沈小峰:《混沌初开:自组织理论的哲学探析》,北京师范大学出版社2010年版,第59—85页。

科学领域，其内涵是个体为了特定目标，自愿、主动地结合在一起，进行分工合作，采取集体行动。① 在社区研究领域，自组织概念也被广泛运用，研究者分别从公民社会、法团主义、新制度主义和治理理论等多个视角，讨论社区自组织的培育、生长、发展背景和路径，以及对秩序和制度的基础性作用，乃至成为新的治理工具的可能性，社区自组织越来越成为城市社区建设的一种新选择、新方向。②

在理论上，关于社区自组织有以下几个相互关联的含义。首先，社区自组织是一种社区生产路径。不同于"维权行动"和"社区营造"，社区自组织强调社区居民作为行动者从日常生活意义上组织社区生活的重要意义，尤其在互联网条件下构建社区关系网络和社区认同方面的重要作用。③ 其次，社区自组织是一个利益协商机制。它意味着居民作为独立的权利主体，为实现集体确认的公共利益，采取面对面协商机制，以彼此信任与合作为基础进行自我管理和自我约束。④ 最后，社区自组织是一套行动能力体系。包括社区资源整合利用能力，社区网络的结构和发育程度，社区参与状况，社区自我管理和服务能力，社区自我教育、自我约束、自我调解纠纷的能力等。⑤ 本书认为，社区社会组织的发展属于社区自组织的重要范畴和突出表现，集中反映了社区资源整合、关系网络、居民参与、自我管理、自我服务、自我教育、自我约束、自我调解纠纷等各个维度上的自组织水平。

在实践中，社区社会组织的发展存在资源匮乏问题和与之相关的困境。对广场舞队伍的研究发现，社区社会组织的组织程度低，存在"成员偶聚""结构扁平""链接屡弱""缺少文化共鸣"等状况。⑥ 事实上这是当前社区社会组织普遍存在的状况。究其原因，主要是社区自组织依

---

① 罗家德：《自组织——市场与层级之外的第三种治理模式》，《比较管理》2010年第2期。
② 肖日葵、萧仕平：《不同理论视角下的社区自组织研究综述》，《天府新论》2009年第1期。
③ 郑中玉：《社区生产的行动与认知机制：一个自组织的视角》，《新视野》2019年第5期。
④ 陈伟东、李雪萍：《"社区自治"概念的缺陷与修正》，《广东社会科学》2004年第2期。
⑤ 杨贵华：《城市社区自组织能力及其指标体系》，《社会主义研究》2009年第1期。
⑥ 常蕾：《社区体育组织治理的效应探析——以福州仓山"NTD激情广场"广场舞自组织为分析案例》，《体育与科学》2017年第7期。

赖的物质资源、人力资源、组织资源、文化教育资源、社会资本等存在不足①。社会学者尤其关注社区社会资本的培育问题，认为应当培育那些有助于促进社区交往的结构性资源要素，既包括社区居民的信任关系、共享的信息网络、社会规范，以及有意识进行合作的社会组织②，也包含社会组织内部参与者彼此之间的信任、互惠的规范和正式及非正式网络③。事实上，除了稳定的社区关系网络、社区公共信任和社区共享的价值规范等社会资本不足之外，社区自组织还面临文化资本和经济资本的匮乏问题。文化资本是一个社会组织的"专业技能"，体现该组织的专业性和服务能力，而经济资本则是一个社区组织不可或缺的基础性资源。文化资本、经济资本和社会资本三者共同构成了社区社会组织存在的合法性和合理性基础。在经济、文化和社会资本匮乏状况下，通过自组织的方式发展社区社会组织困难较大。

目前社区社会组织发展路径主要集中在社区营造、社会资本投资和政府干预三个方面。①社区营造，是指通过外在的资源引入和主体介入，结合社区内部的社会关系建构和社会资本培育，建立社区运作实务的关系联盟，培植社区自我生发的持续发展能力。④ ②社会资本投资，是指政府致力于"熟人社会"建设，加强社区成员交往和信任、提高对社区成员的社会资本投资，培养和"制造"社区成员对于社区治理的需求。⑤ 其中，政府的分权是社区社会组织发展的体制基础，社会资本是社区社会组织发展的内源动力⑥。③政府干预。包括治理理念嵌入、政府权力嵌

---

① 杨贵华：《社区共同体的资源整合及其能力建设——社区自组织能力建设路径研究》，《社会科学》2010年第1期。

② ［美］詹姆斯·S. 科尔曼：《社会理论的基础（上册）》，邓方译，社会科学文献出版社1999年版，第357—369页。

③ ［美］罗伯特·D. 帕特南：《使民主运转起来》，王列、赖海榕译，江西人民出版社2001年版，第213—215页。

④ 尹广文：《社区营造：一个新的社区建设的理论与实践》，《福建论坛（人文社会科学版）》2017年第4期。

⑤ 燕继荣：《社区治理与社会资本投资——中国社区治理创新的理论解释》，《天津社会科学》2010年第3期。

⑥ 杨继龙：《资源输入视角下社区社会组织培育机制研究——以N市H区为例》，《社会科学家》2016年第7期。

入、政府组织嵌入、行政资源嵌入、合作文化嵌入等[1]。这些研究提出了外界干预,尤其是通过干预增加社区社会资本的必要性。但是综观当前研究发现存在以下问题:①没有明确提出外部资源介入的可行办法;②过于强调社会资本的培育而忽视了文化资本和经济资本的输入;③关注外部力量的介入问题,却忽视了外部力量的退出问题。对这些问题,研究者需要进一步加以探究和厘清。

本书认为,项目化能为社区社会组织发展提供经济资本、文化资本和社会资本的有效供给,又可以在社区自组织的阶段性任务完成时适时退出,从而达到推动社区自组织发展的目的。研究表明,自20世纪90年代中期分税制以来,项目制这种自上而下进行资源配置形式的作用日渐凸显,并溢出财政领域成为国家治理和贯彻政策任务的一个重要机制[2],使得上级部门拥有集中的资金管理权、特殊的人事安排权,以及高效的动员程序[3],旨在通过国家财政的专项转移支付等手段,突破单位制等科层体制的束缚,遏制市场体制所造成的分化效应,加大民生工程和公共服务的有效投入[4]。目前项目制已经成为地方政府对社会组织的主要治理方式。通过项目发包、竞争和嵌入性过程监督,更有利于发包方的权力监控。[5] 本书将结合具体的社区社会组织培育项目案例,讨论项目实施中的"进退机制"对社区社会组织发展的支持作用。

二 "奇泉社区健身气功队"的培育实践概述

(一)奇泉社区社会组织概况

奇泉社区位于烟台市福山区城区西首,辖14个居民小区,居民3460户、约8500人,是烟台市和福山区重点打造的社区治理创新示范社区。

---

[1] 许宝君、陈伟东:《自主治理与政府嵌入统合:公共事务治理之道》,《河南社会科学》2017年第5期。
[2] 周雪光:《项目制:一个"控制权"理论视角》,《开放时代》2015年第2期。
[3] 陈家建:《项目制与基层政府动员——对社会管理项目化运作的社会学考察》,《中国社会科学》2013年第2期。
[4] 渠敬东:《项目制:一种新的国家治理体制》,《中国社会科学》2012年第5期。
[5] 王向民:《中国社会组织的项目制治理》,《经济社会体制比较》2014年第5期。

2017年年初，居委会办公条件改善，新建2000平方米的社区党群服务中心作为社区居委会办公地点和社区服务活动地点。去年以来，社区按照"党建引领、邻里情深、家园共建"的理念，打造了"'泉'心为民、睦邻共治"党建品牌，积极整合资源、优化服务，探索党建引领下城市社区治理模式。社区已有锣鼓表演队、艺术表演队、教育服务队、义诊服务队、治安联防服务队等社区社会组织，配合居委会开展社区志愿服务和文艺表演活动，尚无体育类社区组织。

近年来，国家重视社区社会组织的培育和发展。2018年省民政厅发布《关于大力培育发展社区社会组织的指导意见》，提出2020年全省"力争实现每个城市社区平均不少于10个社区社会组织，其中济南、青岛、烟台三市的中心城区不少于15个"，并要求实现"社会的事由社区社会组织承接办"，充分发挥社区社会组织在社区治理中的重要载体作用。从目前的实际情况看，近年来成立的社区社会组织发挥作用不明显。奇泉社区已经成立的社区社会组织就存在这样的问题。锣鼓表演队成立于2014年12月，起初是为了满足社区居民婚庆表演的需要而自发成立的，在居委会要求下登记备案，经常参与社区消夏晚会等公益表演活动。艺术表演队成立于2015年9月，主要由社区中的退休妇女组成，兼具自娱自乐和社区文艺表演两个功能。这两支队伍平时的训练场地由居委会提供。健康服务队、治安服务队和教育服务队这三支志愿服务类组织均于2016年10月由居委会动员成立，目的是达到本地社区治理创新试点社区的要求。目前这三个志愿类社区组织基本上处于闲置状态，很少开展社区服务活动。但在汇报和宣传材料中，居委会将上述锣鼓表演队、艺术表演队、教育服务队、义诊服务队、治安联防服务队分别赋予红色、黄色、蓝色、白色和绿色不同的色调，组成了"五彩奇泉"社区社会组织联盟，作为本社区的特色治理品牌。

（二）项目实施简况

公益创投是政府向社会组织发包项目购买社会服务的一种形式。社会组织在政府规定的相关领域自主设计服务项目，以竞标的方式获得政府资金支持。公益创投对社会组织项目的创意性以及该组织的运作能力提出了一定的要求。2017年6月，烟台市福山区政府筹集200万元资金举办了第二届社会组织公益创投大赛,面向市、区两级民政部门正式登记注册的社会组织共征集到五大类总计75个公益项目,最终36个公益服务项目获得政府资助。整个公益创投流程包括新闻发布、申报培训、接收申报、初审优化、路演辅导、项目路演、评审公示、签订协议、资金拨付、中期评估、督促实施、末期评估12个具体环节。烟台市普助社会工作服务中心(下面简称"普助中心")申报的"奇泉社区全居民组织型社区能力建设项目"获得15万元的经费支持,项目实施周期为1年。2017年7月,普助中心开始实施项目,旨在通过打造多个不同类型的社区社会组织参与社区治理,营造积极、和谐的社区氛围,其中打造社区健身气功组织是该项目的内容,包括项目化、社会化、本土化、生活化四个阶段。

表7-1 项目阶段

阶段	任务内容
项目化	普助中心将健身气功推广内容纳入社区治理项目,并参加公益创投以获得政策支持和资金保障,为健身气功"名正言顺"地进入社区做好准备。
社会化	立项后,普助中心借助政策支持、资金保障、专业优势,链接高校、社区、志愿者等社会资源,将健身气功推广转化为多主体参与的集体行动。
本土化	普助中心联合社区居委会及志愿者对健身气功进行宣传动员,联合高校资源开展健身气功知识讲座和集中教学活动,成立社区健身气功队伍,并对该队伍进行持续指导。
生活化	社区健身气功组织成立后,普助中心通过组织、人才、管理等方面的衔接支持,帮助其实现自我运转,继续扩大健身气功的影响力,使健身气功融入社区居民日常生活。

(三)理论概念和研究方法

本书主要使用布迪厄实践理论中的场域、惯习、资本等基本概念工具来认识和讨论社区的自组织问题。我们将社区治理看作一个实践场域,社区社会组织是该场域中的实践者,自组织则是社区社会组织在社区治理场域中形成的惯习。社区社会组织在社区治理场域中的生存和行动依赖于必要的经济资本、文化资本和社会资本,项目才能够从外部向社会治理场域中注入资本,保证社区社会组织的发展和自组织运转。同时,项目运作可以帮助社区社会组织养成自组织习惯,在外部资源输入终止时自我运行。

本书采取行动研究的方法,在项目实施过程中,笔者与研究团队在社区治理一线,以社区健身气功教练的身份参与打造社区健身气功队伍和指导健身气功练习等主要环节,与普助中心的管理和工作人员、奇泉社区的工作人员、社区居民,以及民政、组织部门的工作人员都保持接触和沟通,深入了解健身气功队作为社区治理场域中的行动者是如何被塑造出来并且生存下去的过程和机制。在行动研究中,笔者通过观察和访谈调查了奇泉社区体育场地设施、社区体育指导人员、社区社会组织等情况。社区的室内锻炼场馆为居委会新办公楼约60平方米的舞蹈排练室。室外体育场地包括配有健身器械的居委会门前广场和另外三个条件简陋的小广场。社区附近有一处公园,是社区居民经常锻炼的场所。访谈居委会工作人员与社区居民得知,目前社区居民锻炼以跑步、散步、爬山为主。

我们设计了"社区居民健身气功认知参与状况调查问卷",对100位社区居民进行跟踪问卷调查,比较项目开展前后社区居民的健身气功认知和参与情况。调查发现:社区居民对健身气功认知情况有明显改善,更多人接受"学习健身气功是对优秀传统文化的传承"这样的观念;社区居民参与健身气功锻炼的意愿和行动都明显提高,越来越多的居民表示愿意参加社区组织的健身气功教学活动;社区居民学习健身气功的渠道更加多样,包括互相学习、集中练习、网络自学等;社区居民参与健身气功的方法更加科学,能做到持续练习、主动练习的居民人数增加。[①]

三 项目进入机制:资本投入与自组织场域的营造

场域是由不同位置构成的关系网络和运作空间,每个行动者的实践

[①] 详细问卷和数据参见段运朋:《社区健身气功推广的"组织再生产"模式研究》,硕士学位论文,鲁东大学,2019年,第45—49页。

都会处于某种特定的场域之中。在特定的实践场域中，各位置的占据者利用种种策略和资源来保证和改善他们的场域位置，而这些策略能否成功主要取决于他们在场域中获得的资本状况，也进一步影响到场域的变化。因此，场域的生成性是资本投入的结果[①]。在社区治理场域中，作为社区治理行动者的社区社会组织同样依赖对这些资本的占有和利用。下面我们结合案例介绍项目如何整合政府、社会组织、高校、居委会和社区居民等社区治理主体的资源优势，营造社区社会组织的发展场域。

（一）注入经济资本破除社区社会组织发展的经费难题

经济资本是实践的"经济必要条件"，代表了实践的紧迫性，最低限度的经济资本是任何行动者存在的前提[②]。虽然社区社会组织平时的支出并不多，但运转经费都靠自己筹措，还是存在不小的压力。比如奇泉锣鼓表演队活动所需要的器材、服装和交通伙食等费用基本由队员自己解决，参加婚庆表演赚取的赞助费给队员作为酬劳，组织截留少量收入勉强维持运行，队长经常临时垫付一些费用。2018年2月，普助中心从项目经费中划出5万元，为奇泉社区已成立和筹建中的13个社区社会组织提供2000—3000元的活动经费支持，开展社区服务。奇泉锣鼓表演队的队长周JZ大爷说起经费问题时非常感慨："当初打鼓队的器材都是我自己买的，从成立到现在4年了，我大概往里垫付了2万元，今天得到的3000元，是第一次从政府拿到的经费，真不容易，这笔钱我们得好好用。"居委会为了补偿这些社区社会组织参加社区活动的投入，为社区社会组织免费提供活动场地和一些演出机会。有创收能力的锣鼓表演队经费尚且如此艰难，动员那些没有创收能力的志愿队伍开展社区活动就更无从谈起了。本项目为奇泉健身气功队的成立进行了经费支持。基本开支如下：①服装费用。40套练功服装共花费4000元；②训练费用。每次训练费用250元，包括教练交通补贴50元，课酬100元，二位志愿者补贴100元，整个项目进行了大约60次教学，共花费15000元；③启动费用。奇泉社区

[①] P. Bourdieu, *The Logic of Practice Cambridge*, 转引自杨善华主编《当代西方社会学理论》，北京大学出版社1999年版，第281页。

[②] 同上。

健身气功队成立后为其提供 3000 元的启动资金；④组织管理费用。一名职业社会工作者负责奇泉社区项目的组织管理和实施，工资和社会保险费、管理费用均由项目支出。除去机构的管理费用和社工人员工资、社会保险费不算，直接投入奇泉社区健身气功队的项目资金共计 22000 元。项目经费的注入，克服了社区社会组织成立和运行的障碍。

（二）导入文化资本解决社区社会组织发展的专业化问题

文化资本是行动者具有的秉性气质、知识素养和专业资质①。对于社会组织而言，专业知识和文化底蕴就是其拥有的文化资本，决定了该组织的性质、功能和社会认可度。健身气功是蕴含着道家哲学、中医医学和自然审美的养生文化，经历漫长的演变，衍生出了形形色色的气功门类。为了保证健身气功的科学性和规范性，2001 年国家体育总局成立了健身气功管理中心，将健身气功定义为一项通过心理调节、呼吸吐纳再结合自身的形体活动以达到强身健体效果的传统体育形式。健身气功管理中心分别于 2003 年和 2009 年组织创编了易筋经、五禽戏、八段锦、六字诀等九套功法。截至 2016 年年底，除去 100 万人的在校学生习练者，全国习练健身气功的人数约为 130 万。② 据此推算，一个万人社区中习练健身气功的居民不到 10 个。健身气功专业人才主要集中在高校，因此将高校的文化资源导入社区，同时激活社区的内部资源是解决健身气功文化推广问题的关键。鲁东大学健身气功研究团队成立于 2007 年，一直开展健身气功技能指导和传播等社会服务活动，在健身气功教学、科研及社会服务等方面均有建树，目前正在开展健身气功推广路径方面的课题研究。该专业团队的多数成员都被烟台市体育局聘为社区体育指导员，但很少进入社区开展健身体育指导。说明社区健身气功站点的推广方式，无法解决资金和人员等问题，很难组织起社区居民持续学习和练习健身气功。普助中心有偿聘请鲁东大学健身气功专业团队作为社区健身气功教练，参与了奇泉社区健身气功队伍的打造。项目实施后，指导团队在普助中心的支持下，通过社区宣传、专

---

① P. Bourdieu, *The Logic of Practice Cambridge*, 转引自杨善华主编《当代西方社会学理论》, 北京大学出版社 1999 年版, 第 284 页。

② 数据来源：国家体育总局网站，http://www.sport.gov.cn/n317/n344/c792182/content.html。

题讲座和定期现场指导训练,加深了社区居民对健身气功的了解程度,组织了健身气功队伍,成功将健身气功这种文化资本导入社区社会组织。

(三) 嵌入社会资本营造社区社会组织发展的交往环境

社会资本是行动者在社会交往中投入时间和精力所建立的关系网络,以及在此基础上形成的彼此信任和道德规范。首先,项目介入初步构建了社区公共网络。普助中心通过居委会协调,借助比较活跃的锣鼓表演队和艺术表演队自发生成的居民关系网络,举办了两场健身气功知识讲座进行宣传,详细介绍健身气功的相关事宜,并向前来居委会办理业务的居民发放健身气功宣传单。同时,在社区中张贴社区体育招募令,发动社区居民前来报名学习。在人员达到 40 人后,开始进行定期集中训练。随着训练的持续和队员交往的加深,建立了活跃的微信群,线上线下互动频繁。其次,项目介入推动社区公共信任的形成。社区居民对普助中心这个外来组织和项目内容不了解。在项目宣传时,居民经常会问:"你们为啥要来社区提供免费的服务?"居民印象中,只有推销产品时才会有外来组织开展免费活动。普助中心通过三种办法建立信任:①申明官方身份。向居民说明该社区服务是在区政府的委托和支持下开展的;②申明专业身份。向居民说明本机构是烟台市正式登记注册的社工服务机构,聘请的体育教练是鲁东大学的教授;③与居委会公开合作。

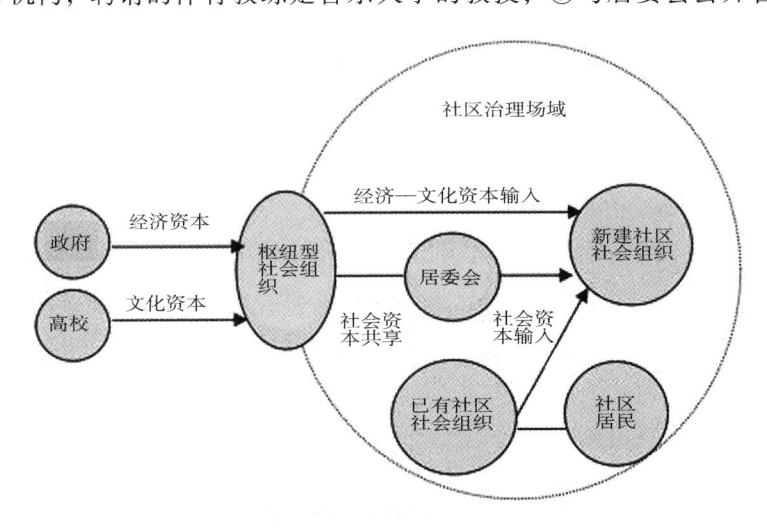

图 7-1　项目进入机制

普助中心在居委会对社区居民进行宣传和健身讲座，集中练习也在居委会的办公地点。一段时间后，居委会、普助中心和社区居民之间的信任关系建立起来了。再次，项目介入推动了社区公共规范的建立。普助中心要求健身气功队员每周的一、周三、周五下午 2∶30—4∶00 前来集中训练，每次锻炼时间为 90 分钟。由健身气功教练进行授课和指导，锻炼地点在社区舞蹈排练室，练习内容为八段锦和六字诀。为了保证教学效果，我们建立了签到制度，并承诺对坚持练习的居民免费发放练功服，调动了社区居民练习的积极性。社区健身气功队伍稳定后，成立了社区健身气功队，选出队长、副队长负责组织管理队伍，制定了规章制度，并在区民政局备案。项目围绕健身气功主题，在社区初步构建了公共网络、公共信任和公共规范。

四　项目退出机制：资本衔接和自组织习惯的形成

社区有效治理离不开政府有意识、分步骤地向社会放权、授权并培育社区参与的组织化力量[①]。前面所述，项目进入解决了社区资本不足的问题，为社区社会组织创造了发展场域。同样，如何通过项目运作使培育出来的社区社会组织实现持续运行并发挥社区治理作用。换言之，外部驱动和自组织力量的有效衔接决定了社区社会组织的成败，这就是项目的退出机制。下面我们结合奇泉社区健身气功队的经验，讨论项目驱动与社区自组织运行的衔接问题。

（一）资源衔接：从外部资源到内生资源

社区社会组织在项目终止后如何解决资源问题？在社区中开展服务的社会组织主要有两类：一类是"枢纽型社会组织"，是具有正式组织结构并进行自我决策的非营利组织，能够承接政府项目，整合社会资源，通常称之为社会服务机构，普助中心就属于这种类型；另一类为"社区社会组织"，是指由基层社区的居民基于共同志趣自发成立的群众组织，

---

① 唐有财、王天夫：《社区认同、骨干动员和组织赋权：社区参与式治理的实现路径》，《中国行政管理》2017 年第 2 期。

具有自发性、草根性、自治性、群众性及志愿性等特征。① 奇泉社区的锣鼓表演队、艺术表演队等就属于这种类型。社区社会组织在枢纽型社会组织的项目支持下短期内解决了资源短缺问题，但项目结束后社区社会组织就需要依赖内生资源。资本具有积累性，同时具有生成性，具有生产利润的潜在能力，一种以等量或扩大的方式来生产自身的能力，能够塑造自身，组织实践，生产历史。② 打造奇泉社区健身队的过程中发现，外部资源注入社区后能够转化为具有再生产能力的内生资源。首先是文化资本。通过20个学时的教学可以让学员基本掌握一套健身功法，可以进行单独练习和集体表演，甚至可以当"师父"指导别人练习。2018年年底，通过健身气功队伍的自我发展，健身气功队伍队员由36人增至43人。很多队员在熟练掌握健身气功八段锦和六字诀后，开始通过网络和书籍自学易筋经和五禽戏。"师父领进门，修行在个人"，反映了文化资本的再生产性。健身气功队的队员于HS有自己的练习心得体会："八段锦的动作幅度大，需要一定的体力，做完一遍身体就会微微冒汗；六字诀主要是通过调节呼气达到身体经络的畅通，不大费体力，年纪大一些的老年人可以轻松练习。这两套功法都能让人心态平和，练完之后烦心事想通了，或者干脆不去想了。我跟别人介绍自己的经验，好几个朋友都开始练习了。现在我经常通过微信请教刘教练。"其次是社会资本。健身气功队成立时在社区中建立的关系网络、基本信任和行动规范在社区生活中的作用也越来越明显，围绕健身气功队形成的社会网络、信任和规范使居民之间的交往更加频繁，健身气功队的运转在不断生产和扩大着社区中的社会资本数量。最后是经济资本。社区社会组织在成立时基本上解决了经费问题，独立运行之后对经费的依赖也明显降低，例如，在健身气功队的服装设备费用和教练费用不需要继续支出的情况下，只需要开支开展活动时的交通和伙食费用，气功表演时获得的赞助也可以缓解一定的压力。当前，普助中心只是不定期地派出教练对健身气功队在大型演出前进行指导，进行文化资本的支持。总之，随着社区社会组

---

① 王名、刘培峰等：《民间组织通论》，时事出版社2004年版，第22—26页。
② P. Bourdieu, *The Logic of Practice Cambridge*, 转引自杨善华主编《当代西方社会学理论》，北京大学出版社1999年版，第283页。

织的自我发展,对外部资源的依赖性也显著降低。在社区内部的资源开始发挥主导作用的情况下,项目可以不断减少资源供给直至退出。

(二) 管理衔接:从托管治理到自我治理

有研究发现,项目制会深刻影响社区治理结构,包括政府与社区组织从"依附控制型"转变为"依附合作型";社工组织与其他社区组织从"平等合作型"转变为"中心边缘型";社区组织与社区居委会从"亲密型"转变为"疏离型"。[①] 这些变化主要是由于项目化运作过程中的社工机构,即枢纽型社会组织在特定时期内替代了政府和社区成为直接资源供给者造成的。在本项目介入阶段,资金、组织人员和技术资源均来自于社区外部,普助中心这个外部因素起到了决定性作用,处于社区公共网络的核心。社区居委会是配角,政府也处于幕后。2017年8月普助中心在奇泉社区建立社会工作站并与居委会签署了《公益创投项目落地社区合作意向书》,社区居委会承诺在场地支持、社区调查和居民动员等方面协助项目开展,明确了双方在项目实施中的主导和配合关系。但在当前的社区治理结构中,社工机构只是临时性的介入力量,从长期看社区社会组织需要提高自我管理能力,并在政府和居委会的领导和支持下发挥作用。因此项目退出前需要培养社区社会组织的自组织能力。首先,自我管理能力方面。社区社会组织在活动策划、活动组织、管理制度方面存在不科学、不规范、不健全的情况。例如,活动没有活动记录表、活动签到表、意见反馈表等基本资料,资金的支出票据存留不到位,没有建立活动档案和财务档案等。普助中心对健身气功队伍负责人进行了活动策划和组织、档案整理和财务管理等方面的技能培训,协助制定了规章制度。队长王CF表示:"我们每次活动都留存档案,有照片和视频,活动办完了我们会形成新闻稿发在社区微信公众号上,我们现在有专门的人员负责财务,虽然现在钱不多,大家都知道该怎么花,花在什么地方了。"其次,居委会支持方面。健身气功队被居委会纳入奇泉社区的社会组织联盟,受其监督指导。社区居委会采取多种方法扩大健身气功队

[①] 张琼文、韦克难、陈家建:《项目化运作对社区社会组织发展的影响》,《城市问题》2015年第11期。

的影响力：利用社区中的党员、楼长、片长的影响力继续向居民宣传健身气功；邀请当地电视台对健身气功队伍进行采访、报道，并印发社区社会组织月报，在醒目的位置刊登健身气功模块进行宣传；在社区微信公众号中加入健身气功板块，利用综合性、智能化区域信息平台宣传健身气功。2018年春，健身气功队在社区"多彩四季"文化活动中进行了八段锦集体表演，扩大了健身气功队伍在居民中的影响力。

（三）信任衔接：从技术维系到情感维系

在项目实施的前期，将社区社会组织维系在一起的主要是一种"专家信任"。刘XL是国家级健身气功裁判员，有丰富的健身气功教学和研究经验，担任本社区的健身气功教练，受到社区居民的热情欢迎。专家的专业技术能力是凝聚社区社会组织的纽带。居委会主任W说："刘教授来到我们社区教健身气功对我们来说机会非常难得，大家听说鲁东大学的教授来手把手地教，都积极踊跃地报名，很快就报满了。在教学过程中，刘教授平易近人，与大家打成一片，很快成了好朋友。她带来的几个学生也都是龙精虎眼，机灵得很，很讨人喜欢。"随着项目的推进和交往的增加，队员和教练之间，队员和队员之间因彼此熟悉所建立的信任具有了越来越多的人格色彩和情感色彩。在普助中心退出社区后，居委会对社区健身队伍的管理也更多依靠邻里之间的情感纽带来维系。目前奇泉健身气功队是最活跃的社区社会组织，积极参加社区公益活动，健身气功是社区文艺表演的保留节目。在居委会的带领下，健身气功队的队员很有成就感和归属感。"大家愿意参加社区活动，不是为了一点点奖品，主要是感觉自己还有些价值，像我们这些退休的老人，平日里没事也烦得慌，不愁吃喝就愁着怎么打发日子，也不能整天出去旅游吧，还是做点奉献更充实一些，助人才是真的快乐。我们跟着居委会参加公益活动，锻炼了身体，传播了文化，实现了自我，服务了居民，一举多得，何乐不为呢？"社区社会组织毕竟是自发性、草根性的组织，相对松散，难以依靠正式的制度纽带来维系，情感、道义和体验等主观因素在社区社会组织的维系上起主要作用。在项目实施过程中就需要注意培养这些情感纽带，而不是依靠纯粹的技术教育和资金支持。

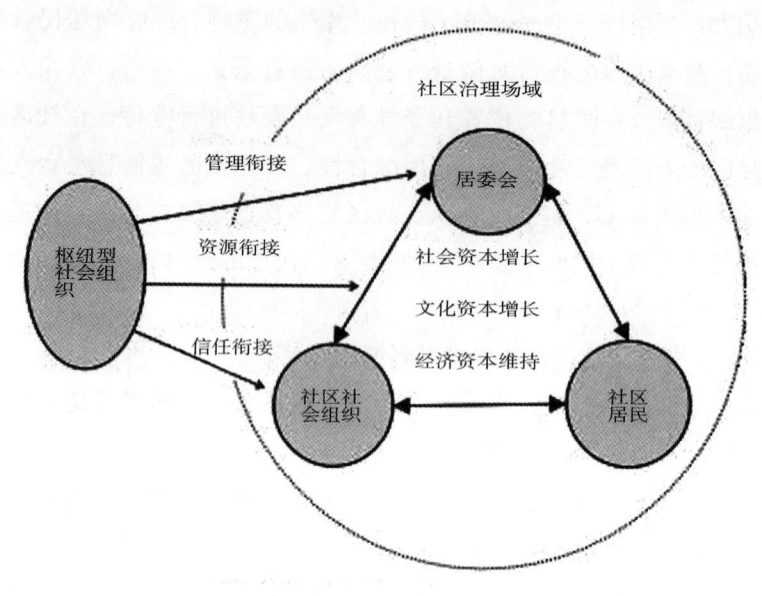

图 7-2　项目退出机制

五　结论：项目进退机制的要点

综上所述，项目进入机制关键是将经济资本、文化资本和社会资本注入社区，克服了社区社会组织发展在经费、专业化和交往环境方面的问题，培育出新的社区社会组织。而项目退出机制关键是解决社区自组织能力建设的问题。项目注入的资源在一定条件下能够转化为内生性资源，继续保证社区社会组织的正常运行。恰当的项目进退机制是克服当前社区社会组织自组织困境的有效办法。如果项目实施中没有为社区注入必要的资源，也没有在培育社区自组织能力的情况下适时退出，过于简单化地"给钱给物"或者仅是"搞搞活动"，缺乏引导机制、实现机制和长效机制，就会限制项目成效[1]。恰当的项目进退机制应该注意以下要点。

首先，项目设计要注意整合多方驱动力，将个别行为整合为集体行动。以健身气功队伍打造为切入点，契合了当前文化复兴、社区治理和

---

[1] 王嘉渊：《"国家项目"的基层实践困境及其完善机制——基于 D 市社区社会组织培育的分析》，《山东社会科学》2019 年第 6 期。

健康中国等政策背景，将政府、高校和社会组织等各种力量整合为一，形成了文化、制度和需求的驱动合力：政府希望调动社会力量参与社区治理，减轻治理负担；社会组织希望运用专业优势搭建资源共享平台，争取自我发展空间；社区居委会希望在社区治理体系建设和机制创新方面有所突破；高校力图突破传统体育实现时代价值的瓶颈；社区居民希望通过健身气功练习提高生命质量。所以，满足多方需求，尤其是紧迫性需求，是整合多方资源推动项目实施的关键。

其次，项目进入要注意在特定时空内实现多种必要资本的持续、系统和集中输入。单个的、暂时的、分散的资本输入，不能改变行动者在场域中的位置，难以起到场域塑造的作用。单独的政策支持、企业资助或者高校支持都不能显著改善社区资源状况。只有在特定时空内，有目的、有计划地向社区投入经济、文化和社会资本，整合运用于社区社会组织的打造，才能有效实现社区的自组织。同时，外力达到一定的培育目标，即社会、文化和经济资本相对充分并足以维持社区自组织力量自行发挥作用之后，要及时退出社区生活而不会像国家权力那样控制或替代社区资源。

复次，项目退出要注意资源、管理和信任衔接来发展社区的自组织力量。项目进退机制需要注意为社区自组织培养专业人才，保障文化资源的延续性。很多社区服务项目忽略了文化资本的导入和传播问题，在提供服务过程中将服务对象纯粹视为服务的消费者，而不是文化的生产者和传播者。项目进退机制需要注意尊重社区既有的管理体制，居委会是代表国家管理社区的基层组织，掌握主要的管理资源，社区社会组织接受居委会的管理，并配合居委会的工作。项目进退机制需要注意培育社区的公共信任、公共网络和公共规范，并且要加强社区社会组织的自我管理能力。

最后，项目支持要区别对待不同类型的社区社会组织。市场性的社区社会组织（如奇泉锣鼓队），娱乐性的社区社会组织（如奇泉艺术表演队），其文化资本是内生的，社区居民中的爱好者是文化资本的生产"基点"，随着文化资本的扩张可自主形成社区队伍。在文化资本的带动下，社区社会资本也会培育起来，并且也能生产一定数量的经济资本。对这些社区社会组织给予一定的场地和经费支持，就能保证其正常的自组织运行。对于社区内部缺少文化资本的社区社会组织（如健身气功队），从外部导入文化资本是重点，成功导入文化资本，辅之以经济资本和社会资本的支持，这类社区社会组织就可以发展起来。而对于教育、法律、健康等专业志愿类的社区社会组织，项目驱动的关键也是文化资本的挖掘和导入，尤其是专家资源的挖掘和导入，同时进行必要的经济资本和社会资本支持。对于那些非专业类的志愿服务队伍，如治安联防队，主要是经济资本的支持，支付参与者必要的经济补贴。因此，不同类型的社区社会组织的自组织程度和能力不同，遇到的障碍也不尽相同，项目的介入和支持也应有所偏重。

第八章　传统体育社团参与社区治理的机制障碍

近年来，社会组织参与社区治理已经成为学术讨论领域乃至政策实施领域的热点话题。特别是 2013 年以来，作为政策话语的"社区治理"进入国家重要政策文献并被建构为推动国家治理体系和治理能力现代化的重要内容。围绕社区治理体制和机制建设，国家构建出一整套的政策体系，并在逐步推动实施。本章立足第一线社区治理实践经验，通过行动研究方法，分析社会组织参与社区治理的政策实践所遇到的困境和难题，指出社区治理中存在的组织悖论问题，并试图阐明该悖论产生的根源以及对传统体育社团参与社区健康促进产生的制度性障碍。

一　社会组织参与社区治理的语义建构

（一）学术话语中的"社会组织参与社会治理"

从 1989 年世界银行在讨论非洲发展时首次使用了"Crisis of Governance"开始，社会治理概念便在国外学术界流行起来[①]。社会治理概念之所以受到西方学界关注，主要是因为市场和政府的"失灵"现象[②]。市场管理（management）和国家统治（government）在社会资源配置中的困境导致了西方学界转向社会治理（governance）寻求社会秩序的重建[③]。在西方语境里，社会治理具有市民社会的特征，探讨的是社会生活如何实现自我组织和自我协调的问题。西方社会治理理念包含着一个重要内涵，即

[①] 辛西娅·休伊特·德·阿尔坎塔拉、黄语生：《"治理"概念的运用与滥用》，《国际社会科学杂志（中文版）》1999 年第 1 期。

[②] 毛寿龙：《西方政府的治道变革》，中国人民大学出版社 1998 年版，第 1—2 页。

[③] 俞可平：《治理与善治》，社会科学文献出版社 2000 年版，第 3—5 页。

试图在社会生活与系统（包括政治系统和经济系统）之间画出一条清晰可辨的界限，实现社会生活的自我调整①。20世纪90年代后期，治理理论影响了中国社会科学界，我国学者广泛引用约翰·穆勒、托克维尔、让·皮埃尔、博克斯等人的著作，主张国家（政府）应当让渡治理空间和职能给社会，依靠社会组织的力量，通过共治、法治和自治达到善治②。具体说来：其一，治理主体上强调多元"共治"。政府与各种非政府组织、企业以及个人结成伙伴关系共同进行合作性治理，政府与其他主体之间是分权合作的关系，治理权威未必是政府③。其二，治理手段上兼顾"善治"和"法治"。既强调民众参与的重要性，又注重法律规则的作用，从而保证社会治理的合法、有效、透明、可信④。其三，治理边界上主张"自治"。它超越了自由主义与国家主义的传统对立，是一种新型的国家与社会关系范式，主张依靠社会自组织网络形成的社会资本实现社会秩序⑤。可见，学者们广泛讨论的治理概念中包含合作共治、公众参与和社会自治等市民社会内涵，其实质是政治系统、经济系统和生活世界在尊重公共利益、市场原则和普遍认同之上的合作。但有学者指出，西方的治理概念需要两个前提条件，一是治理主体之间的伙伴关系，二是民主、协作和妥协的精神，而当今中国不存在成熟的多元管理主体，同时中国现存的是一元化政治结构和政治文化，这就决定了中国社会的治理至多是"中国式的治理"⑥。在国家与社会分野的状态还没有得以奠定之前，国家权力向社会的回归使处于不成熟的独立个人作为专职公民抵制完整的统治秩序，会打乱社会自身的世俗化、理性化进程，"那种渴望把国家权力交还给社会和个人的想法、只是一种美丽的应然判断"⑦。批评者认为中国社会的系统分化没有达到相对均衡和成熟的程度，政治系统的地位远在经济生活和社会生活之上，社会组织广泛参与社会治理显得不切实际⑧。

---

① 徐勇：《Governance：治理的阐释》，《政治学研究》1997年第1期。
② 张康之：《论主体多元化条件下的社会治理》，《中国人民大学学报》2014年第2期。
③ 徐勇：《治理转型与竞争——合作主义》，《开放时代》2001年第7期。
④ 孙柏瑛：《当代地方治理》，中国人民大学出版社2004年版，第35—37页。
⑤ 胡祥：《近年来治理理论研究综述》，《毛泽东邓小平理论研究》2005年第3期。
⑥ 臧志军：《治理：乌托邦还是现实》，《探索与争鸣》2003年第3期。
⑦ 刘建军：《治理缓行：跳出国家权力回归社会的陷阱》，《探索与争鸣》2003年第3期。
⑧ 孔繁斌：《治理与善治制度移植：中国选择的逻辑》，《马克思主义与现实》2003年第3期。

（二）政策话语中的"社会组织参与社会治理"

2013年，党的十八届三中全会通过的《中共中央关于全面深化改革若干重大问题的决定》第一次将"社会治理"纳入纲领性政策文件，替代了之前使用的"社会管理"概念。其提出了全面深化改革的总目标是"完善和发展中国特色社会主义制度，推进国家治理体系和治理能力现代化"。2017年党的十九大报告将"党委领导、政府负责、社会协同、公众参与、法治保障"确定为社会治理的内涵。这一表述与2004年《中共中央关于加强党的执政能力建设的决定》中关于"社会管理"的表述相比只是增加了"法治保障"一词。社会治理的政治内涵包括：第一，社会治理是国家治理的新方式。社会治理是国家治理方式的重要转变，依然处于国家治理体系之内，不是国家治理的替代性方案。第二，社会治理是有效的国家治理方式。社会治理着眼于维护"广大人民根本利益"，可增强"社会发展活力"，有利于"国家安全、人民安居、社会安定"。社会治理能够在预防和化解社会矛盾、健全公共安全体系、维护社会治安、改善社会心态等领域达到更好的效果。第三，社会治理是一个系统运转机制。社会治理的方式应坚持"系统治理、依法治理、综合治理、源头治理"，明确了社会治理中党委（领导）、政府（主导）和社会力量（参与）的各自定位。第四，社会治理的重心是基层社区。加强社区治理体系建设，推动社会治理重心向基层下移，将社区打造成国家治理体系的基层基础，重视发挥各类社会组织作用，努力"实现政府治理和社会调节、居民自治良性互动"。在政策文件中，社会组织参与社会治理是一种政治系统的行动手段。2013年后，社会组织参与社会治理研究有了明显的政策倾向，指出我国社会组织参与社会治理的能力不足，社会治理应当是"在执政党领导下，由政府组织主导，吸纳社会组织等治理主体参与"的中国特色社会主义社会管理[①]。

（三）社会组织参与社区治理的话语转变

社区治理研究大多持一种"合作论"，主张政府与社会组织之间的

[①] 王浦劬：《国家治理、政府治理和社会治理的含义及其相互关系》，《国家行政学院学报》2014年第3期。

"合作",在平等协商的基础上共同参与社区治理,实现社区自治和自我组织①。费孝通曾经提出"社区自理"的设想,认为未来城市社区建设的基本问题是"如何使社区具有自我服务的功能和自我管理的能力"②。社区治理通常被学者们当成"公民社会的微观基础"加以研究③,认为社区治理是"依托于政府组织、民营组织、社会组织和居民自治组织以及个人等各种网络体系,应对社区内的公共问题,共同完成和实现社区社会事务管理和公共服务的过程"④。多数学者认为社区治理被当成单位制终结以后的一种可以替代国家治理的社会自治形式⑤。但近年来,受政治话语影响,有学者倾向于"核心说",主张社区治理主体结构应当是"一核多元",即党是领导核心,政府、居委会等是社区治理的主体力量和基础因素,其他治理主体在以党为核心的治理主体的领导下参与社区治理,这种观点代表了社区治理在政策话语中的基本内涵⑥。2017 年中共中央、国务院《关于加强和完善城乡社区治理的意见》指出"坚持党的领导,固本强基"是社区治理的首要基本原则,"推进城乡社区基层党组织建设,切实发挥基层党组织领导核心作用,带领群众坚定不移贯彻党的理论和路线方针政策,确保城乡社区治理始终保持正确政治方向",该文件是中华人民共和国历史上第一个以党中央、国务院名义出台的关于城乡社区治理的纲领性文件,明确了"城乡社区是社会治理的基本单元"的定位,社区治理"为夯实党的执政根基、巩固基层政权提供有力支撑"⑦。

从学术话语到政策话语,社会组织参与社会治理、社区治理的语义发生了转变。在学术话语中,社会组织参与社会治理带有自治、共治和善治倾向,没有特别强调国家权力的位置。事实上,社区治理一直就是

---

① 魏娜:《我国城市社区治理模式——发展演变与制度创新》,《中国人民大学学报》2003 年第 1 期。
② 费孝通:《社会自理开篇》,《社会》2000 年第 10 期。
③ 李友梅:《社区治理——公民社会的微观基础》,《社会》2007 年第 2 期。
④ 夏建中:《治理理论的特点与社区治理研究》,《黑龙江社会科学》2010 年第 2 期。
⑤ 陈家喜:《反思中国城市社区治理结构——基于合作治理的理论视角》,《武汉大学学报》(哲社版)2015 年第 1 期。
⑥ 张平,隋永强:《一核多元:元治理视域下的中国城市社区治理主体结构》,《江苏行政学院学报》2015 年第 5 期。
⑦ 中共中央、国务院《关于加强和完善城乡社区治理的意见》(中发〔2017〕13 号)。

国家治理的备用方案，国家和政府通过各种制度性的渠道或者非正式途径形塑和影响着社区治理行动①，试图再造如同"单位宿舍"那样的"可治理的邻里空间"②。"社会转型和社区建设运动背景下的中国城市社区是为了解决单位制解体后城市社会整合与社会控制问题的自上而下建构起来的国家治理单元，而不是一个可以促进公共领域形成或市民社会发育地域的社会生活共同体"③。在学术和政治之间，社区治理的语义已经发生转变，社区从生活世界的自治空间向系统控制的权力空间转变，社区治理被吸纳到系统行动的范畴。社区治理的语义转化是政治系统对治理概念进行重新定义的过程。接下来政策话语需要将社区治理概念发展为政策并入社区实践。而社区中的日常生活、职业生活和经济生活，在迎接社区治理政策实践时便会在"实然"层面呈现出多彩的面貌。

近年来笔者带领研究团队依托 PZ 社会工作服务中心在 Y 市开展社区服务项目，持续深入社区一线参与社区治理实践，与地方政府、基层社区和社会组织建立了广泛的联系，积累了丰富的经验素材。我们把在 Y 市开展的社区治理实践作为分析对象，采取行动研究的方法，反思当前社会组织参与社区治理的政策实践，从而生动呈现社区治理中"系统化建构过程"和"生活化解构过程"之间的辩证关系，指出在"实然"层面社区治理政策实践的成效和困难，以及社区治理行动者们在政策要求和现实情况之间采取的行动策略应造成何种局面。

二 社会组织参与社区治理的系统化建构

社会组织参与社区治理话语的转变是应然层面的建构，而政策实践则推动了社区治理应然层面向实然层面转化的系统化建构阶段。国家通过政策制定、政策推行、基层创新等环节推动社会组织参与社区治理，试图达到完善社区治理体系和提升社区治理能力的目的，实现社区治理的目标。

---

① 王汉生、吴莹：《基层社会中看得见与看不见的国家》，《社会学研究》2011 年第 1 期。
② 孙小逸、黄荣贵：《再造可治理的邻里空间——基于空间时间的分析》，《公共管理学报》2014 年第 3 期。
③ 杨敏：《作为国家治理单元的社区——对城市社区居民社区参与和社区认知的个案研究》，《社会学研究》2007 年第 4 期。

（一）政策制定

在确定社区治理的政治意涵以后，政府部门相继出台多个政策文件保障和推动社区治理落地生根。2017 年中共中央《关于加强和完善城乡社区治理的意见》提出了加强和完善社区治理的四大任务：完善体系、提升水平、补齐短板、强化保障。相关部门就具体任务制定了一系列政策，主要内容包括：1. 完善社区服务设施。到 2020 年实现基本公共服务、便民利民服务、志愿服务有效衔接，社区服务设施更加完善，社区服务信息化格局基本形成，社区服务人才队伍更加健全①。2. 发展社区社会组织。到 2020 年实现城市社区平均拥有不少于 10 个社区社会组织，农村社区平均拥有不少于 5 个社区社会组织，将社区社会组织打造为创新基层社会治理的有力支撑②，同时建成"布局合理、管理规范、服务完善、充满活力的志愿服务体系"③。3. 推动政府购买服务。力争在"十三五"时期政府购买社会服务的政策制度进一步完善，范围进一步扩大，形成一批运作规范、公信力强、服务优质的社会组织，公共服务的质量和效率显著提升，同时强调对资金管理的强化监督④。4. 加强社区社会工作。到 2020 年争取实现社区自治组织党员、基层党组织成员、社区专职工作者、社区服务人员能够普遍掌握应用社会工作专业理念、知识和方法参与社区管理和服务⑤。2020 年之前实现在全国发展 8 万家管理规范、服务专业、作用明显，公信力强的民办社会工作服务机构⑥。5. 推行社区协商机制。提出社区协商的制度化、规范化和程序化要求，就社区协商的内容、主体、形式、程序和成果进行了说明⑦，并且将社区协商纳入民政工作绩效评价指标体系进行考核问责⑧。6. 加强社会组织党建。要求社

---

① 民政部：《城乡社区服务体系建设规划（2016—2020）》（民发〔2016〕191 号）。
② 民政部：《关于大力培育发展社区社会组织的意见》（民发〔2017〕191 号）。
③ 中共中央宣传部、中央文明办、民政部、教育部、财政部、全国总工会、共青团中央全国妇联：《关于支持和发展志愿服务组织的意见》（文明办〔2016〕10 号）。
④ 民政部：《关于通过政府购买服务支持社会组织培育发展的指导意见》（财综〔2016〕54 号）。
⑤ 民政部、财政部：《关于加快推进社区社会工作服务的意见》（民发〔2013〕178 号）。
⑥ 民政部：《关于进一步加快推进民办社会工作服务机构发展的意见》（民发〔2014〕80 号）。
⑦ 中共中央、国务院：《关于加强城乡社区协商的意见》（中办发〔2015〕41 号）。
⑧ 民政部：《关于深入推进城乡社区协商工作的通知》（民发〔2016〕134 号）。

会组织按单位、按行业、按区域建立党组织，实现全域覆盖，充分发挥党组织的战斗堡垒作用和党员的先锋模范作用，将社会组织及其从业人员紧密团结在党的周围，不断扩大党在社会组织的影响力[①]。国家层面各部门的政策出台之后，省、市、区各级政府部门，也根据本地实际情况陆续制定了相关地方性政策，明确了政策目标、内容和具体做法。这样，社区治理在国家系统内从话语层面到政策层面经历了一个连续传导的过程，按照系统运转的逻辑自上而下建构出了一整套社会治理政策体系。

（二）政策推行

国家采取了多种措施推行社区治理政策，主要包括项目资金支持、督导检查、树立典型等方式。1. 项目支持。项目制是当前最常用的政策推行方式之一。目前用于社区治理的项目资金主要有基层党建经费、社会组织支持经费，以及落地社区的助残、扶贫、慈善和精神文明建设等专项经费，另外还有少量政府购买社会服务资金也以项目形式投入社区。不同于社区固定工作经费，这些经费需要各街道、社区以及有合作关系的社会组织联合申报，需要较为明确的项目实施内容、方案和预算，立项和结项均需通过评审。项目以协议为基础，明确了双方责任、权利和义务。为了鉴定项目效果和规范程度，政府会委托第三方通过量化考核指标来对项目进行评估。除了社会组织承接政府发包的各类社会服务项目，下级政府部门、社区也会承接上级部门下发的试点项目。2. 督促检查。政策文件中会明确提出督促检查的措施。例如为了推动社区协商，民政部在《关于深入推进城乡社区协商工作的通知》中指出城乡社区协商工作已经列为民政部重点督察工作内容，"民政部将会同全国社区建设部际联席会议成员单位定期开展督促检查，对工作推进不力、进展缓慢的地区和部门予以通报"，同时要求"省、市民政部门要将城乡社区协商纳入民政工作绩效评价指标体系，建立健全考核奖惩机制，加强工作

[①] 中共中央办公厅：《关于加强社会组织党的建设工作的意见（试行）》（中办发〔2015〕51号）。

指导，定期开展督查检查"，"对工作推进不力、群众反映强烈的单位和责任人，要及时向党委、政府反映有关情况。各地推进城乡社区协商工作情况，请及时报送民政部"①。政策发布以后，上级部门领导会在规定时间内对政策实施情况进行现场检查，召开现场会传达上级要求，听取情况汇报，达到督促实施的效果。3. 树立典型。树立和宣传典型做法也是常用的政策推行手段。例如民政部《关于进一步加快推进民办社会工作服务机构发展的意见》指出"围绕社工机构发展的政策制度、优秀典型、先进事迹，开展社会宣传，突出社会工作机构在保障改善民生、创新社会治理中的重要作用和成效，开展社会机构发展的研究、交流和合作，总结推广经验，要对优秀的民办社工机构和有关专业人才进行多种形式的表彰奖励，从而营造关心、理解、支持民办社区发展的社会氛围"。2014 年，民政部对"全国社会工作领军人才"进行选拔奖励。2015 年 S 省对贡献突出的优秀社工人才进行选拔和奖励，授予"和谐使者"称号并享受省政府津贴。各地、市也根据要求选拔奖励了市级"和谐使者"。政府还定期或不定期对各地社区治理的优秀典型做法进行评比和表彰，民政部每年开展"优秀社区工作法"的评比，要求各省、市上报相关材料，作为民政工作的考核内容。

（三）基层创新

基层创新是系统建构的第三个阶段，是政策的第一线执行者在实施政策时，基于对政策的解读，结合现实情况进行的实践创新。这种创新主要是因地制宜地落实政策，对政策实施过程中一些经验做法进行总结，一方面作为向上级部门汇报的材料，另一方面也作为经验为同级部门提供参照借鉴。上级部门通过组织经验汇报交流会的形式，要求基层部门做典型发言。例如为了落实省民政厅大力发展社区社会组织的政策，Y 市民政局社会组织党建办公室下发通知："各县市区：根据省厅推进《关于大力培育发展社区社会组织的意见》贯彻落实要求，请在认真梳理和总结本地社区社会组织工作整体情况的基础上，围绕本地社区社会组织工作开展情况（包括登记、备案社会组织数量）、取得成效、存在问题与

---

① 民政部：《关于深入推进城乡社区协商工作的通知》（民发〔2016〕134 号）。

困难、下一步工作打算及有关意见建议等形成综合性材料，着重突出本地大力培育发展社区社会组织的先进经验和有效做法，并于某月某日报送电子邮箱。"按照通知要求，Y市Z区需要在各街道选择典型社区，把该社区的经验做法整理上报。T社区是Z区的示范社区，在社会组织的协助下完成了名为《T社区创新"12345模式"培育发展社区社会组织经验做法》的报告。这份材料是根据国家民政部、省民政厅和市民政局的要求，结合社区自身的情况完成的，作为城市社区发展社会组织的典型材料上报上级部门。T社区将日常开展的工作进行了梳理、总结和提炼，提出了"12345模式"作为政策实施的实践经验反馈。其他有关社区治理政策的落实一般也是以基层上报典型经验作为终点。

社区治理经过语义转化、政策制定、政策推行、基层创新等环节完成了系统化建构过程。这一建构过程主要是在系统体制内完成，基层创新环节上会涉及系统之外的内容，然而实际上"经验材料"也带有很强的建构性。那么在实然层面，政策的实际成效如何？社区基层的治理主体，包括基层社区工作人员（政府治理）、社会组织（社会调节）和社区居民（居民自治）在政策落实和基层创新等系统实践环节中是如何配合或者应对的？这就需要考察一线实践者们在参与社区治理过程中的行动策略。

三 社会组织参与社区治理的形式化解构

通过政策实践，社区治理行动最终到达了社区。社区治理的行动者们在社区生活中面对各项政策措施，也采取了符合自身需要的行动策略，这些行动策略干扰了社区治理政策的预期目标，导致政策被选择性地执行，从而在政治系统和生活世界之间，以及在政治系统和经济系统之间划出了一条逐渐清晰的边界。下面我们通过分析社区治理主体的行动策略，来说明系统化建构起来的社区治理政策在社区实践中如何部分地被社区工作人员的职业生活、社会组织的市场生活，以及社区居民的日常生活解构，最终陷于形式化困境。

（一）社区工作人员职业生活中的变通策略

为了保证政策执行效果，政府通过下任务、做动员、抓重点、树模范等方式来落实社区治理的各项任务。在不断加大的工作压力下，社区居委会工作人员形成了态度迥异的两类人。第一类是"重点培养对象"。这类人员一般任职于各项政策的"试点社区"，这些社区的先进做法也频繁出现在各级政府的汇报材料里。这些社区书记（主任）被上级寄予厚望，树为重点培养对象，有机会受到上级政府各种表彰。例如 D 社区书记因工作积极、成绩突出被授予全省城市社区"担当作为好书记"并记省委一等功，Y 市市委为此专门下文号召全市党员干部向该社区书记学习。一些责任心、事业心、能力较强的社区书记希望被选为这样的"培养对象"，他们是各项政策的最积极拥护者和执行者。第二类是"应付主义者"。不同于"培养对象"，多数社区工作人员不愿去研究政策或者进行经验创新。"变通"就成了这些社区工作人员的主要策略。他们习惯于朝九晚五的职业生活，坚持"多一事不如少一事"，宁可不要成绩，也尽量避免各项繁杂的工作。上级通知开会，他们是合格的听众，但一般不会发言。由于工资待遇较低，没有加班补贴，他们对于新增的临时性工作没有足够的热情。应付主义者们常常抱怨工作任务重，工资待遇差，希望早点退休，他们不会主动争取上级政策的试点或项目资金，通常也会拒绝社工机构的合作意向。2018 年，受 C 街道的邀请，笔者曾经带领社工团队与 L 社区对接合作事宜，打算在这个社区培育社区社会组织，开展社区服务。该社区地处 L 市黄金地段，属于当地的高档小区，当问到该社区有哪些问题和需求时，社区书记明确表示社区居民"都挺好的，有什么问题物业公司基本都给解决了"，随后婉言拒绝了合作。社工机构进社区难，一个重要原因就在于很多社区工作人员的合作动机不强。"重点培养对象"和"应付主义者"的区别也存在于社区内部，培养对象常常面临孤掌难鸣的境地，一些"培养对象"总是抱怨"手下没有一个能干活的人"，最缺的就是"会写材料的笔杆子"。由于奖励资源的有限性，培养对象总是少数，执行政策的任务主要落在了他们身上，"好事都让他们占了，活自然也得他们干"。

（二）社会组织在市场生活中的生存策略

在政策话语中，社会组织是协同参与社区治理的主体。为了鼓励和支持社会组织的发展，国家采取培育发展社工机构和社区社会组织，推动政府购买社会服务等政策，并对登记注册的社会组织数量进行了明确规定。如Y市要求中心城区的社区到2020年实现每个社区的社区社会组织不少于15家。目前，在社区开展服务的社会组织主要是专业社工机构、社区社会组织和志愿者队伍。正式注册的社工机构属于民办非企业单位，有法人资格和固定的专职工作人员，进行独立的财务核算，自负盈亏，并按照"小微企业"的标准纳税。社工机构具有市场主体性质，运营要考虑成本和收益，而目前社区社会组织和志愿者队伍的人员不固定，一般没有法人资格，市场主体性弱。Y市社工机构的资金来源主要包括"福彩公益金""党建专项资金"以及政府购买服务资金等。由于基金会发展不充分，社工机构的运转具有较强的政策依赖性。社工机构主要依靠上述各类项目资金来维持人员工资、场地租赁、办公经费等主要开支。但由于政府购买服务的资金非常有限，"福彩公益金"和"党建专项资金"的使用规定明确要求不能用于人员工资，只能用于项目活动和物资购买等开支，就造成了"承担项目但不能招聘人员"的困难。为了减少人员开支，达到项目资金使用要求，社工机构采取多个项目整合实施的策略。除此之外，社工机构的项目资金使用还会受到街道和社区的管控，机构只有符合街道的财务报销要求才能报销相关费用，而实际支出很难完全符合项目要求，这导致一些项目半途而废，挫伤了社工机构申报项目的积极性。社工机构负责人普遍反映"项目越来越难干了"，社工机构财务人员则普遍反映"账没法做，逼着我们造假"。例如PZ社会工作中心与Q街道合作的社会组织微党课项目，目的是提高辖区内的社会组织党建水平，每次党课各项费用预算大约1000元，一共32次，加上管理费和税费等项目经费总共40000元。但在费用报销过程中，街道要求每次党课请视频制作公司全程录像，而每次录制需要800元，结果导致该项目经费严重透支。社工机构无法从该项目当中获得任何资金结余来维持正常开支，项目在开展了8次微党课以后，因资金报销分歧而不得不终止。将社会组织定位为社会治理的协同者却忽视了市场化运转的逻辑，不利于专业社工机构的发展。从各地社工机构发展的情况来看，都面临项目越来越难干的问题。

（三）社区居民日常生活中的习惯策略

政策话语将社区居民定位为"公众参与"的主体。在学术话语中，公众参与是善治的主要内涵。目前社区居民只有对维权层面具有较为积极的参与动机，而对于公益参与、志愿参与的动机都存在明显不足，尤其是有关社区整体福利的公益性参与更是带有强制性[①]。维权参与不是政府认可社区治理的手段，被基层政府视作扰乱文明社区建设的不安定因素。政策话语希望居民能够配合"政府治理"和"社会协同"，积极参与社区公益活动、志愿活动和文化活动，形成良性互动的社区治理局面。为了调动居民的积极性，有一些典型社区尝试了"重点培养对象"创新做法。例如T社区采取"给甜头、给名头、给想头"的"三给"办法动员了一批社区居民中的"积极分子"。他们平时积极参加居委会组织的各种活动，专门建立了工作联系群，需要开展社区活动时，"培养对象"在群里下通知，"积极分子"报名。作为交换，居委会优先为这些积极分子家庭提供帮助和一些爱心企业的活动礼品（给甜头）。还有一类机关和企事业单位的退休人员，有一定的领导经验或一技之长，这时居委会会安排他们成立临时性的社区社会组织，并担任这些组织的负责人（给名头）。如果"甜头"和"名头"不能一时兑现，居委会在动员居民时就给一些承诺（给想头）。通过"三给"的办法，在一个典型社区中大概可以动员30—50个这样的积极分子经常性地参加居委会组织的各种社区活动。社区参与者以老年人为主，他们常常出现在社区活动的各种场合，在上级检查时参加各类表演。在社区治理政策实践中，社区参与带有很强的表演性和形式化。

四 社会组织参与社区治理的实然困境

系统化悖论属于系统失灵的范畴，是指政治系统越是努力控制社会

[①] 杨敏：《作为国家治理单元的社区——对城市社区居民社区参与和社区认知的个案研究》，《社会学研究》2007年第4期。

各个领域，得到的反馈结果却越加虚化。通过社区内的职业生活、市场生活和日常生活的三重解构，社区治理在实质上没能达到令人满意的预期，反而呈现出明显的形式化特征。当政策手段试图动员政治系统的外部资源时，不但遇到来自内部的阻力，还遭遇市场生活和社会生活的解构。为了应对各种解构力量，完成政策目标，社区治理的行动者采取了三种带有"形式主义"色彩的做法。

第一种是"痕迹主义"。按照"项目"的要求，政府部门对项目执行进行过程控制，并按照量化指标对项目效果进行第三方评估。评估的依据就是项目执行和财务档案，如果档案不全，很难顺利通过评估检查。为了应对评估检查，社会组织在执行项目时需要将工作的所有流程整理建档。例如一个社区服务项目的前期调研、项目路演、具体实施、服务反馈、总结评估等全部流程都要有照片、视频和文字记录以及签到表、领取表和反馈表，最好能写成新闻稿在自媒体和新闻媒体进行报道，以求达到"雁过留声"的效果，有的项目评估时还要求剪辑制作成视频宣传材料。当一个项目结束时，这个项目从头至尾档案齐全，打印装订，证明该项目已经完成。项目成效主要体现在"痕迹"上，这些装订精美的记录主要用来应付上级的检查和评估，顺利结项。痕迹工作法是项目资料打印复印、宣传制作费用居高不下的原因。

第二种是"材料主义"。社区工作人员常常为各种汇报材料所困，但按照"树立典型"的要求，基层创新是政策实践的重要环节。例如大力发展社区社会组织的政策实施以后，S省要求各市提交本地区落实该政策的经验材料，T社区作为该市的典型，需要提交相关经验材料。T社区结合社区日常工作完成一份典型汇报材料："近年来，T社区在上级党委和政府的领导下，积极探索培育发展社区社会组织的经验，在新时代逐步形成了一套政治化、专业化、体系化和科学化的'12345'社区社会组织培育发展新模式。包括：1. 一起协商，确立社区社会组织发展新领域；2. 双站配合，指明社区社会组织发展新方向；3. 三方共建，整合社区社会组织发展新资源；4. 四级准入，优化社区社会组织发展新环境；5. 五社联动，激发社区社会组织发展新动力。"每个部分都有具体的做法，内容基本是按照国家推进社区治理创新的相关政策量身定做，包含了社区协商、共建共治共享、社区准入制度、三社联动等近年来社区治理领域常见的政策话语。该材料受到上级政府的重视，被推荐到省民政厅作为社区社会组织发展典型经验材料在全省转发。

第三种是"墙面主义"。按照"督促检查"的要求，上级部门领导需要到项目落地的社区进行现场检查，召开现场会，对政策落实进行考察评价和指导，这时候墙面文化就派上了用场。除了目前乱挂牌子现象之外，社区的墙壁文化可谓大行其道，一些别出心裁口号语和设计新颖的架构图，加上别具一格的装饰风格，构成了独特的社区文化。这些墙面文化试图标新立异、独树一帜，但往往千篇一律。社区为了追求自己的独特风格，在上级部门的支持下请来广告公司出谋划策，希望在墙面上能将社区治理的基层创新体现出来。例如上海 NP 公司就是以打造社区模式为主要业务，目前业务快速发展。T 社区承接上级社会治理实验社区项目之后，委托 PZ 社工出具了上墙文案。题目定为"T 社区'四位一体'社区治理综合体建设项目"，主体框架是："1. 社区服务——开展面向困难群体的'PZ 网'专业社工服务；2. 社区组织——打造具有 T 社区特色的'T 红'社区社会组织；3. 社区治理——创新 T 社区'12345'科学化社区治理模式；4. 社区文化——营造 T 社区'又红又专、四园一心'的幸福家园。"该文案融入体现了社区的文化特色、专业特色和党建特色，被街道采纳。

五 系统边界：社会组织参与社区治理悖论的实质

所谓政府失灵是指由于政治系统的主导地位和内在矛盾，使福利国家不能通过政治系统内部调整来克服来自社会生活领域的合法性危机和来自市场经济领域的合理性危机，从而引发"走钢丝一般"的系统管理危机[①]。社区治理的系统化悖论现象类似于福利国家的"政府失灵"。虽然我们不能完全从福利国家危机的意义上来解释我国社区治理中存在的系统化悖论问题，但是系统危机理论却能够为我们提供一个有价值的分析视角，即系统边界视角。

---

① ［德］奥菲：《福利国家的矛盾》，郭忠华等译，吉林人民出版社 2006 年版，第 10—11 页。

（一）系统行动的有效性问题

由于政治系统通过强制手段动员内部资源、克服内部阻力来实现政策目标，具有去商品化（Decommodification）特征。当政治系统的行动触及系统边界时，强制原则就会与市场交换原则和社会规范原则发生冲突，出现"统治无能"（Ungovernability）问题。社区工作人员是社区治理政策的执行者，在性质上属于体制内或"半体制"内人员，在社区治理政策推行中社区工作人员表现出消极应付的主要原因有两个：其一，政治系统行动的局限性。行动者被纳入政治系统之内成为体制内行动者，政治系统去商品化特征会弱化行动者的主动性。同时，社区工作人员处于政治资源稀少系统边缘，树立典型或督促批评等行政手段的效力变弱。其二，边界交往的复杂性。社区工作人员与系统外行动主体如社会组织和社区居民互动时，既需要适应市场生活的交换原则和社会文化生活的规范原则，同时需要遵守强制原则，而导致社区工作人员的行动方式在不同原则之间不断"切换"以应对不同领域的要求，这对于基层工作人员来说存在不小的困难。为了克服系统行动的困难，政治系统引入了市场交换机制来动员各类社区治理主体的能动性，其中项目制就是目前常见的方式。政治系统试图通过项目制来保证系统内外主体协调一致地进行集体行动。项目制的优点是引入市场交换原则在契约基础上将自身行动意图施加于行动执行者，从而通过市场化的手段约束行动者按照既定方案执行政策。政治系统对不能落实政策的行动者可按照协议进行追责，在一定程度上弥补了政治系统内强制管理的不足。但是，在社会治理领域，项目制实施中经常遇到的问题是市场交换原则与强制原则的不协调。社会组织承接政府项目时会相当程度地失去了市场主体地位，政府部门试图通过财务监管等方式干预和控制社会组织的运转，提高了项目运转的成本，降低了社会组织参与的积极性，造成了形式化的后果。政治系统过多干预市场生活并不能起到理想的调控效果，试图以强制原则干预市场交换原则的结果常常挫伤了市场经济赖以存在的成就动机。事实上，在西方福利国家通过财政刺激、公共设施投资和共同决策的"新合作主义"政策，也同样遇到了类似的结构性矛盾。

（二）系统分化与系统边界问题

当前，作为生活共同体的"小区"成长起来，市场经济也处于不断成长过程中，我们社会的系统边界正处于逐渐明晰化的过程中。伴随着经济系统和生活世界的成长，社会从改革开放前"总体性社会"向"系统分化的社会"过渡，系统之间逐渐形成了越来越清晰的边界。理论上，社会治理区别于国家治理和政府治理之处就在于承认社会具有自我组织（自治）的能力，市场具有优化资源配置的能力。如果不承认市场和社会的自在性，那么所谓"社会治理"也不过是一个概念的语义转化。社会组织的定位应当是市场主体或准市场主体，社区的定位应当是生活共同体，既有公共生活的内容，也是私人生活的空间。如果国家把社区吸纳为社会治理的手段，社区和社会组织的自在性，即社区自我组织和社会组织资源配置地位就会被忽略，那么在政治系统强行介入时，就不可避免地产生显性或者隐性的不协调问题。在系统文化的条件下，社区很难再像计划经济时代的单位一样全面承担基层治理的功能。社区治理应当实现某种语义上回归，即通过资源支持为社会组织发展创造足够的空间，从而达到培育社区自我组织的能力，通过培育多元主体减轻国家治理结构的统治负荷，增加系统行动的理性，这将是破解系统化悖论的钥匙。社区治理处于政治系统、经济系统和生活世界的边界之上，涉及不同领域的价值原则和行动方式。按照系统论的观点，政治系统遵循强制原则，经济系统遵循交换原则，社会文化系统（生活世界）遵循规范原则。关于现代社会系统的边界，哈贝马斯提出了晚期资本主义社会的"生活世界的殖民化"问题，指出现代社会中的我们在享受系统理性的甜美果实的同时，常常被剥夺了生活世界的丰富性。当系统将自身的价值追求深入到生活世界时，导致了居民作为个体主体性的丧失[1]。吉登斯将政治系统借助技术手段进行扩张这一现代性特征称之为"全面监控"的现代性危机[2]。本书中，我们看到了政治系统通过政策行动所做出的努力，也

---

[1] ［德］哈贝马斯：《合法化危机》，刘北成、曹卫东译，上海世纪出版集团 2009 年版，第 323—325 页。

[2] ［英］吉登斯：《现代性的后果》，田禾译，译林出版社 2000 年版，第 198—199 页。

看到了经济系统和生活世界在应对政治系统的行动时表现出来的不协调，职业生活、市场生活和日常生活对政策的解构，使政治系统行动陷入形式主义的泥潭，说明了政治系统的强制原则不能改变或替代另外两个系统的行动逻辑，系统化悖论反映的正是系统边界的客观性问题。社会政策应当充分考虑政治系统与经济系统和生活世界的边界，不能以生活世界的枯竭和经济系统的妥协为代价来支撑政治系统的理性化，而这正是最初治理理论所追求的价值。

第九章　传统体育社团参与社区治理的机制重建

当前社会政策重视社会组织参与社会治理，提出采取"社会化、法治化、智能化、专业化"的社会治理手段，完善"党委领导、政府负责、社会协同、公众参与、法治保障"的社会治理体制，实现"政府治理和社会调节、居民自治良性互动"的社会治理效果，最终打造出共建共治共享的社会治理格局。而上述社会治理的手段、体制、效果、格局，都需要落在社会治理的重心即社区层面，"加强社区治理体系建设，推动社会治理重心向基层下移"[①]。但目前社区层面的治理任务繁重，"行政事务多、检查评比多、会议台账多、不合理证明多"，"社区干部不堪重负，居民群众反映强烈"[②]。如何理顺社区治理体系，发挥传统体育社团等社会组织的作用，克服社会治理重心下移引起的社区功能超载问题，体现社区治理的独特优势，是一个亟待解决的重要课题。

一　当前社会组织参与社区治理面临的挑战

（一）社会治理的重心下移

"推进国家治理体系和治理能力现代化"在党的十八届三中全会之后被确定为我国全面深化改革总目标，这意味着国家认识到新形势下转变治理方式和治理手段的必要性。社会治理体制的准确表述是"党委领导、政府负责、社会协同、公众参与、法制保障"，与过去政策文件中常

[①] 习近平：《决胜全面建成小康社会夺取新时代中国特色社会主义伟大胜利——在中国共产党第十九次全国代表大会上的报告》，人民出版社2017年版，第156—158页。

[②] 民政部、中组部：《关于进一步开展社区减负工作的通知》（民发〔2015〕136号）。

用的"社会管理"相比,社会治理增加了"法制保障"的内涵。最初,国外对社会治理理念的强调反映了国家试图在政府和市场之外,寻求第三种治理方案。强调多主体参与、协同共治的社会治理理念开始走上历史舞台[1]。归纳起来,西方理论注重社会治理的自治、法治和共治内涵,认为社会依靠自身通过社会组织参与和社会资本的培育等能够实现自我管理和自我组织[2]。随着计划经济时代的单位制退出历史舞台,单位职能的社会化使原先作为个体联结国家的渠道出现了阻滞,社会矛盾的化解再也无法通过单位组织这一重要的机制得以实现。这一背景下,国家推动社会治理重心向基层下移,对社会的区位管理成为必然选择,城乡社区被确定为社会治理的"基本单元"[3],同时社会组织被提到参与社会治理的重要位置[4]。从政策来看,国家试图将社区吸纳到国家治理体系之内,将其建设成一个国家治理的重要手段。

(二) 社区治理的政策要求

社区治理有助于加强社区居民交往,形成互相监督局面,重建有效的社会规范,克服"反社会"和"搭便车"行为,达到类似"自治"的低成本治理效果,同时,社区治理主体也可以掌握社区居民信息,更有效地预防社会风险[5]。因此,国家试图通过加强社区体系和能力建设达到国家治理和社会治理的目的[6]。为了增强社区治理能力,政府提倡完善社区治理的基本设施和相关制度,加大对社区服务场所、综合信息平台、社区服务网点、社区活动场所的经费投入,大力支持社区"公共服务、便民利民服务、志

---

[1] 俞可平:《治理与善治》,社会科学文献出版社2000年版,第25页。
[2] 夏建中:《治理理论的特点与社区治理研究》,《黑龙江社会科学》2010年第2期。
[3] 中共中央、国务院:《关于加强和完善城乡社区治理的意见》(中发〔2017〕13号)。
[4] 习近平:《决胜全面建成小康社会夺取新时代中国特色社会主义伟大胜利——在中国共产党第十九次全国代表大会上的报告》,人民出版社2017年版,第156—158页。
[5] 夏建中:《治理理论的特点与社区治理研究》,《黑龙江社会科学》2010年第2期。
[6] 国务院《关于加强和改进社区服务工作的意见》(国发〔2006〕14号)指出,"随着社会主义市场经济的发展和城镇化进程的加快,城市社区在经济社会发展中的地位越来越重要,社区居民对社区服务的需求越来越多,要求越来越高。做好社区服务工作对于提高居民生活质量、扩大就业、化解社会矛盾、促进和谐社会建设都具有重要意义"。此后,社区职能不断扩大。

愿服务和专业社会工作服务"，① 社区治理的目标是"到 2020 年基本形成基层党组织领导、基层政府主导的多方参与、共同治理的城乡社区治理体系，城乡社区治理体制更加完善，城乡社区治理能力显著提升，城乡社区公共服务、公共管理、公共安全得到有效保障"。② 除此之外，2013 年以来，政府陆续实施了包括"政府购买社会服务""实行网格化管理""推动社区协商""实施三社联动""发展社区社会组织""加强社会组织党建""建立社区工作事项清单和准入制度"等政策措施，这些措施反映了在当前社会治理重心下移的背景下国家试图动员社会力量加强基层社会治理的决心。

（三）社区治理的能力欠缺

尽管政府出台了一系列政策来推进社区治理，但是社区中的矛盾纠纷、安全事故、治安维稳、精神空虚等社会问题依然非常突出，情况严重时还会溢出社区进而威胁着国家治理体系，社区治理的优势非但没有发挥出来，反而出现了明显的"力不从心"的现象。社区治理的能力欠缺主要体现在四个方面。第一，居委会势单力薄。从目前情况来看，社区党委和社区居委会在街道办事处的领导下负责开展社区治理工作，"上面千条线，下面一根针"，经常被用来形容社区工作人员的工作状态。第二，社会组织发育不成熟，尚不具备社会治理的能力，特别是社区社会组织存在管理不规范、成员随意性大、服务能力薄弱、形式化特征明显等问题。第三，社区居民的参与度不高，具有关系性和功利化特征。第四，政府与社会组织的合作机制尚未建立，多主体联动的运行机制不明确。

二 当前社会组织参与社区治理的功能困境

实现社区治理的目标，首先要解决两个主要问题：其一是如何培育社区治理的多元主体；其二是如何界定社区治理主体之间的关系。关于第一个问题，政府提倡大力发展和培育社区社会组织，加强社区治理体

---

① 民政部：《城乡社区服务体系建设规划（2016—2020）》（民发〔2016〕191 号）。
② 中共中央、国务院：《关于加强和完善城乡社区治理的意见》（中发〔2017〕13 号）。

系建设；关于第二个问题，政府提出"制定'三社联动'机制建设、政府购买城乡社区服务等相关配套政策以及推动社区协商政策等"。① 关于"三社联动"，最先是由学术界提出的社会治理模式与策略，② 之后有学者陆续就三社联动的可能路径、③ 三社联动的逻辑与类型、④ 三社联动的内涵及社会工作应承担的角色等问题进行了广泛而深入的讨论。⑤ 直到2016年，三社联动进入政策文件，正式成为民政部在全国推行的社区治理模式，提出"在社区治理中，社区是综合平台，社会组织是载体依托，社会工作专业人才是一支不可或缺的专业力量"。⑥ 当前在社区治理的实践探索和理论研究过程中，"三社联动"已经成为社区建设、社会工作和民政工作的主要专业用语之一，以及社区治理创新研究的核心议题之一。但是，联动目前更多地停留在理论讨论和政策要求层面，实践中联动仍存在失灵状况。

首先，"三社联动"的理论解释存在分歧与困惑。一般认为"三社联动"是指社区、社会组织和社会工作者之间的联动，强调以社区为平台、以社会组织为载体、以社会工作人才为支撑的联动格局，而王思斌认为"'三社'是社区居委会、社会组织和社会工作者在社区服务、社区建设、社区治理方面联合行动、互相监督，履行各自职能和取得共同发展的过程"。⑦ 实际上，从三社联动概念的提出到政府的大力推动，该社区治理模式一直存在诸多含混之处。⑧ 一是"三社"主体不清晰。社区是地域和行政区划？活动平台或服务平台？还是工作、生活、精神、情感共同体？社会组织是法人社会组织还是社区自发组织？社工人才是社工机构派驻的专业社工？还是通过国家社工资格考试的社区工作者？两者的关系是

---

① 中共中央、国务院：《关于加强和完善城乡社区治理的意见》（中发〔2017〕13号）。
② 叶南客、陈金城：《我国三社联动的模式选择和策略研究》，《南京社会科学》2010年第12期。
③ 吕青：《创新社会管理的"三社联动"路径探析》，《华东理工大学学报（社会科学版）》2012年第6期。
④ 王思斌：《"三社联动"的逻辑与类型》，《中国社会工作》2016年第2期。
⑤ 顾东辉：《"三社联动"的内涵结构与逻辑演绎》，《学海》2016年第3期。
⑥ 李立国：《在全国社区社会工作暨"三社联动"推进会上的讲话》，2015年10月22日。
⑦ 王思斌：《"三社联动"的逻辑与类型》，《中国社会工作》2016年第2期。
⑧ 顾东辉：《"三社联动"的内涵结构与逻辑演绎》，《学海》2016年第3期。

什么？二是联动机制不明确。内在机制、发生学机制、外在化机制分别是什么？三是联动的成效不明显，现有"三社联动"的目标指向何方？效果如何？由于"三社联动"在内涵与目标上的混乱，导致其实践成效不明显。在实践中，尤其是在农村社区治理的实践中，三社联动模式遇到了不小的困难。[1]

其次，"三社联动"的实践存在困境与难点。推行三社联动遇到的困难和问题主要体现在五个方面。①有而不联：专业社工和社区社工这两支队伍在当前社区治理体制中存在"疏离化"现象，两支队伍并未在社区服务、社区建设方面得以整合、互动与合作，也未与长期从事基层社区工作、以居委会干部和街道临聘人员为主体的社区工作队伍之间形成较好的联动关系。社区居委会、社工人才、社会组织、社区志愿者和社区居民之间也存在有而不联的情况。②联而不动：很多社区的三社联动仅仅停留在宣传框架和汇报材料里，既没有发挥枢纽型社会组织在社区中孵化社区社会组织的功能，也没有促进社区内各类人群的自组织化，将社区居民组织起来。③动而不久：有些社区组建了一些社区社会组织队伍，定期或不定期开展一些活动，但由于经费、人员、场地等原因而不能继续，常常半途而废，名存实亡。④久而无用：有些社区虽然能持续开展活动，但是参与者仅限于社区中的活跃分子，无法动员多数社区群众参与，始终难以达到社区居民良性互动的目的，沦为面子工程。⑤用而无心：不知道如何贯彻国家意志，突出党建引领作用，不知道基层党组织、社区党员在社区治理中应如何发挥核心作用，不知道如何在社区治理中加强党建工作。

概言之，在目前社会治理重心下移的背景下，社区不是一个有效运行的治理系统，因此不具备完整的治理体系和足够的治理能力。在这种情况下，我们将社会组织纳入社区治理主体中，提出了以"组织机制重建"为基本特征的"社区治理系统"建设的意见。

三 社区治理系统的要素界定和基本架构

"社区治理系统"的内部主体要素包括：①社区居委会和党组织；②

---

[1] 黄新宇、陈莉莉：《"三社联动"农村社区治理机制存在的问题与对策》，《管理观察》2016年第4期。

社区党员工作站和社区社会工作站（社区"双站"）；③社区社会组织；④社区志愿者；⑤社区居民。在当前社区治理研究和实践中，除了社区"双站"未被明确提出和应用之外，其他四个层次的主体要素已经基本具备。笔者认为，作为社区治理工作平台的社区"双站"对于实现社区系统化运转具有决定性作用，它是使社区从"静止体系"转变为"能动系统"的关键要素，下面我们将首先确定社区治理系统的要素和结构，之后再阐述该系统的运行机制。

（一）系统内主体要素

社区自治组织和党组织：根据"基层党组织领导、基层政府主导"的要求，社区党委和社区居委会接受街道办事处的直接领导和指导，是单个社区治理系统中第一层次的治理主体。社区党委是意识形态领域的一线执行者，负责贯彻落实国家政治意志。居委会是常设性社区自治组织，在现行体制下代表党和政府行使管理职能，目前城市社区党委和居委会一般是"一套班子，两块牌子"。二者为社区治理系统的"首脑"。

社区社会工作站和社区党员工作站：根据"城乡社区治理体制更加完善，城乡社区治理能力显著提升"的要求，"社区双站"被确定为社区治理系统中第二层次的治理主体，在社区党委和居委会领导下发挥工作平台作用。社区社会工作站由机构派驻社工和社区持证社工组成，是规范社区社会组织和开展社区服务的平台，它的职责是动员社区内外资源，打造、指导和运行社区社会组织；社区党员工作站由社区党员中的积极分子组成，是扩大社区党员影响力的平台，职责是整合社区党员，加强社区社会组织党建，在社区服务、社区组织建设和社区治理中贯彻落实党的路线方针政策。社区"双站"是一个集社区联合、组织打造、社区活动、群众动员、社区党建为一体的多功能治理平台，可以看作社区治理系统的"心脏"。

社区社会组织：社区社会组织是社区治理系统第三层次的治理主体，在社区"双站"的指导下开展社区服务。目前城市社区社会组织主要分为两类：社区志愿者组织和社区文体类组织，前者主要涵盖教育、家政、治安、调解、健康等领域，大部分是在社区党委和居委会的动员下组织起来的，后者是社区居民根据兴趣爱好成立的以中老年人为主自娱自乐的组织，例如传统体育社团，自发性强。在社区治理系统中，社区社会组织的活动将受到社区"双站"的指导和支持。社区社会组织可看成是社区治理系统的"手脚"。

社区志愿者：在社区治理系统中处于第四个层次，是各个社区社会组织的领导者、参与者，直接面向社区群众。不同于以往"做好事就是志愿者"的界定，社区治理系统更重视那些能持续参与社区服务、了解社区情况、具有特定专长、"能一直做好事"的志愿者。这些志愿者能持续参与社区服务活动和社区社会组织的日常管理。社区志愿者是社区治理系统的"耳目"。

社区居民：社区居民既是业主，也是社区治理和社区服务的对象，在社区动员的基础上，更是社区志愿者的直接来源，本系统将社区居民纳入社会治理系统，作为第五层次的主体，也是整个社区治理系统的"躯干"。

从目前了解的情况来看，多数社区第一、第三、第四、第五层次的主体基本具备，或者达到了一定的水平，如有的社区重视社区社会组织建设，由居委会主任牵头成立多家社区社会组织，并在区级民政局备案，但多数社区的社会组织数量较少，尚达不到上级政府提出的每个城市社区不少于 10 个社区社会组织的要求[①]。

（二）系统外资源要素

政策资源。即有利于社区治理系统化运转的各级政策措施，如社区社工补贴政策[②]、社区社会组织成立简化备案登记政策[③]、政府购买服务

---

① 《关于大力培育发展社区社会组织的指导意见》（鲁民〔2018〕82 号）提出，到 2020 年，全省力争实现每个城市社区平均有不少于 10 个社区社会组织，其中济南、青岛、烟台三市的中心城区不少于 15 个。

② 《中共中央国务院关于加强和完善城乡社区治理的意见》指出，加强对社区工作者的教育培训，提高其依法办事、执行政策和服务居民能力，支持其参加社会工作职业资格评价和学历教育等，对获得社会工作职业资格的给予职业津贴。根据该文件的精神，烟台市制定文件，对社区考取社工师资格证的社区工作人员分别给予不同金额的补贴。目前，烟台各县市区已经陆续出台了社工补贴政策，如福山区对助理社工师、社工师和高级社工师的补贴分别是每月 100 元、300 元、500 元。

③ 参见《民政部关于大力培育发展社区社会组织的意见》（民发〔2017〕191 号）和《山东省民政厅关于进一步深化社会组织领域"放管服"改革的意见》（鲁民〔2018〕38 号），虽然目前尚没有完善的社区备案制度，但是一些地方已经开始尝试简化社区社会组织的备案程序，减轻社区社会组织的工作负担。

政策①，以及中央提出的"把更多资源、服务、管理放到社区"的政策，这些都是社区治理系统顺利运行的政策保障。

项目资源。随着社会治理重心向基层下移，以及政府职能转移和简政放权，民政、社保等政府部门，共青团、妇联、残联等相关单位，逐渐将各种服务项目落地社区。目前来看，组织部门的社区党建项目、民政部门的社区建设项目和慈善公益项目是社工机构主要的项目来源。这些项目落地社区为社区治理系统提供了必要的经费支持。

人才资源。目前全国高校每年培养社工人才大约2万名，每年考取社工师证书人数在7万以上，在各种政策支持和服务项目具备的情况下，社工人才将协同社区党员和社区志愿者等人才资源加入社区治理系统之中，成为社区治理的主力军。

四 社会组织参与社区治理的运行机制

T社区前身是烟台市直机关宿舍区，2004年市政府在别处新建公务员住宅区，塔山社区的居民构成日渐多样化，单位制色彩也逐渐淡化，目前居民3670户，10000余人，自管党员168人，机关单位双管双责的社区报到党员216人。驻社区单位包括超市、医院、银行、学校、律师事务所、物业公司等，但物业管理水平不及新建小区，没有成立业主委员会。塔山社区建有一站式便民服务大厅，受理劳动保障、民政、计生、卫生、文化、安全、治安等社区管理业务。2005年该社区作为环境整治的典范社区迎接过国家领导人视察②。2017年起，在烟台市民政部门的支持下，塔山社区与烟台市P社会工作服务中心合作，在社区开展服务项目和社区治理模式创新，探索打造系统化的社区治理机制。该项目分为系统打造和系统运行两个阶段。系统打造阶段包括调研社区状况、开展社区活动、成立社区社会工作站、打造社区社会组织、成立社区党员工作站五个环节。系统运行阶段包括社区社会工作站运行、社区党员工作站运行、社

---

① 2016年财政部和民政部等联合出台了《关于通过政府购买服务支持社会组织培育发展的指导意见》（财综〔2016〕54号），提出了政府购买社会服务的总体要求、主要政策和保障措施。

② 《牢记总书记嘱托——回忆胡锦涛视察塔山社区》，《烟台日报》，2005年4月16日。

区社会组织运行三个环节。通过实践，我们逐步探索出了一套规范化、专业化、体系化和科学化的社区治理运行模式，包括"一起协商"的目标设定机制、"双站耦合"的内部整合机制、"三方共建"的资源获取机制、"四级准入"的系统控制机制、"五社联动"的循环维持机制等。

（一）目标设定机制：一起协商

T社区确定了"党组织引领、社会组织资源无缝对接、热心群众广泛参与"的总体思路，建立了"开放说事、分类理事、民主议事、合力办事、公开评事"的居民说事制度，成立了"一起说事"工作室，从而推动社区由纵向"命令—服从"式的社会管理模式向横向"协商—服务"式的社会治理模式转变。在平等协商的基础上，社区党委与社区居民、社区居民之间、社区党委与社区社会组织、社区居民与社区社会组织之间，就社区发展的目标达成共识。例如，2017年塔山社区通过"一起协商"机制，确定了社区社会组织开展社区服务活动的各个领域，解决了社区社会组织遍地开花但服务领域混乱重叠的问题，将塔山社区的社会组织划分为志愿服务类和文体娱乐类，一共建立了16支社区社会组织队伍，涵盖教育、家政、治安、调解、探访、健康、娱乐、综合、体育等几大领域，基本上满足了社区居民的生活需求。

（二）内部整合机制：双站耦合

目前，在社区治理中专业人才队伍支撑作用不明显是较为普遍的问题。T社区7名工作人员中有3人已经考取社会工作师，但是这些持证社工忙于日常的管理工作，基本发挥不了专业作用；与此同时，社工机构在服务项目落地社区时也遇到社工身份模糊、专业定位不清等困难，常常变为社区管理工作的帮手；此外，社区党建也存在党员发挥作用小、党的路线方针政策的影响力较弱等问题。2017年8月，塔山社区与普助社工机构共建了塔山社区社会工作站和塔山社区党员工作站两个工作平台，依托烟台市民政局支持的社区服务项目，由社工机构派驻专职社工2人负责社区社会工作站的工作，接受社区党委和社区居委会的指导，接受社工机构的专业督导。在社区党员中遴选5名志愿者负责社区党员工作站的工作，常规性工作由专职社工协助开展。从功能上讲，"双站"是培育和发展社区社会组织的工作平台，为社区社会组织的服务规范化和党建规范化提供支持。在运行中，"双站"形成了良好的耦合关系：社区党员工作站的党员在社会工作站打造的社区组织中担任组织者和领导者，确保社区社会组织的正确发展方向；同时社区社会工作站打造社区社会组织、动员社区志愿者、发动社区居民，也为党建引领社区发展提供了通道和机会。社区社会工作站对社会组织进行不定期培训和现场指导，开展由社工机构研发的"普助网"社区社会工作服务体系，为独居老人、失独家庭、残疾人家庭等社区困难群体提供服务；社区党员工作站对社区社会组织的党建工作进行指导和管理，建立了"志愿服务组织党支部"和"文体活动组织党支部"。通过"双站耦合"机制，塔山社区的志愿服务类社区社会组织已经变成了具有专业能力的"社区服务队"，原先主要用来自娱自乐的文体类社区社会组织转变为"社区宣传队"。

（三）资源获取机制：三方共建

社区治理系统不但为多方参与社区治理搭建了平台，而且其本身也是多方共建的结果。就前一个方面讲，通过社会工作站和党员工作站，社区内外资源可以实现有效整合和优化配置，政府、社工机构和驻区单位共同参与到社区治理中来。塔山社区通过开展"社区社会组织'四课一体'微党课创新活动"，对社区社会组织进行理论创新微党课、先进事迹微党课、文艺节目微党课、案例研讨微党课教育，将驻区单位的党建经验和党建人才输入塔山社区党员工作站，提升了社区社会组织党建水平。就后一个方面讲，社区"双站"政府（第一部门）、驻区单位（第二部门）和社工机构（第三部门）三方共建的结果：政府提供了必要的政策资源和项目资源，塔山社区社会工作站是在市、区民政部门和组织部门的支持下，在街道办事处监督指导下，由社区居委会（党委）根据相关政策，邀请专业社工机构共建，社工站的办公和活动场地由街道办事处提供；社工机构作为枢纽型社会组织为社区提供项目资源和专业人才资源；驻区单位提供人才资源和一定的资金，塔山社区驻区单位丰富，高校、机关单位、物业公司、商户和企业等为社区建立社区基金，用于社区服务开支。在三方共建的背景下，塔山社区社会组织发展资源充沛，社区"双站"运转良好，已经初见成效。

（四）系统控制机制：四级准入

塔山社区在治理实践中创造了"四级准入"机制，对进入社区的各种治理资源进行甄别、限制和规范，为塔山社区服务的有序开展和社会组织的良性发展创造了健康的环境。第一是"平台准入"，社区党委和社区居委会对进入社区社会工作站和社区党员工作站的专业社工和社区党员择优准入，同时也对落户社区的社会服务项目进行审核和准入，未入站的社工、党员和项目不得自行在社区里面开展服务活动，从而确保"双站"平台的规范有序运行；第二是"规范准入"，社会工作站和党员工作站对社会组织进行甄别和准入，不符合社区服务要求的社会组织得不到社会工作站和党员工作站的支持和指导，从而起到规范社区社会组织运行的作用；第三是"能力准入"，社区社会组织有权按社会工作站的标准对志愿者进行准入甄别，选择有责任心和有专长的优质志愿者加入；第四是"动机准入"，社区志愿者可以对社区居民进行甄别，推荐有良好服务意愿的社区居民加入志愿者队伍。四级准入机制的实施，对于落实党委领导、政府负责、社会协同、公众参与、法制保障的社区治理体制提供了保障，在社区实现了政府治理和社会调节、居民自治的良性互动。

（五）循环维持机制：五社联动

塔山社区提出了"五社联动"模式。塔山社区治理系统的五类社区治理主体之间形成了自上而下和自下而上的两个资源循环供给机制。自上而下：社区党委（社区居委会）主抓"双站"平台建设，职责是为社区"双站"提供办公和活动场所等必要的基础条件，组织社区内持证社工和引入社工机构的派驻社工，组织和动员社区党员参与社会治理；社区"双站"主抓社区社会组织党建和社会组织管理，通过调研和开展活动培育各具特色的社区社会组织，指导和支持社区社会组织开展活动；社区社会组织负责志愿者遴选和社区服务活动的具体开展；社区社会组织中志愿者负责服务社区居民和动员社区居民参与。自下而上：社区居民是社区志愿者的直接来源，也为志愿者提供不可或缺的精神支持；社区志愿者是社区社会组织的人员构成，社区社会组织主要是由各类兼职的社区志愿者们组成的；社区社会组织为社区社会工作站提供了发挥专业作用的载体，为社区党员工作站提供了发挥党建引领作用的载体；社区"双站"为社区党组织领导工作和社区居委会管理工作提供平台支持。这样就形成了自上而下和自下而上双向资源支持的循环系统。科学化和体系化的五社联动机制在塔山得到了很好的开展，显著提高了社区治理能力，完善了社区治理体系。

五 社会组织参与社区治理机制的经验与优势

（一）治理优势：社区治理系统以服务居民为中心，同时也具有多方共享的功能，使社区治理的各个主体要素共享社区治理和社区社会组织发展的新成果。社区党委和居委会可以在治理系统中发挥领导作用，理顺社区治理关系，节省管理成本，实现"减负增效"；社工机构和社区社会工作人员实现了专业价值；社区社会组织实现规范、有序和健康发展；志愿者获得了更多的施展才能的舞台；社区居民得到了更多的优质服务；社区党建得到了充分提高，支部建在社团上，增强了社区社会组织中的党建。社区治理系统在整体上构成了一个人人参与、人人尽力、人人共享，人人有动力的社区治理系统。

（二）治理经验：第一，社区治理系统明确了社区治理的主体和主体关系问题，构建了一套清晰可辨的治理框架，层次分明，责任明确，提高了社会化、法治化、智能化、专业化的社区治理水平。第二，社区治理系统明确了社区治理的运行机制，解决了三社联动的五大难题，社区不再是一个静止的被治理空间，而是真正实现了政府治理和社会调节、居民自治良性互动的社会治理系统。第三，社区治理系统体现了共建共治共享的社区治理理念。第四，社区治理系统的运行，实现了"政府的事购买服务花钱办、社会的事由社区社会组织承接办、专业的事由社会工作者有偿办、居民的事由社区志愿者免费办"，推进了国家治理体系和治理能力的现代化建设。

六 推动传统体育社团参与社区健康促进的路径建议

（一）通过传统体育社团提升社区居民的生命质量和社会质量

1. 通过传统体育社团提升社区居民生命质量

倡导建立健康管理中心，以社区组织为单位进行管理，由卫生服务中心提供医疗方面的支持，联合居委会进行管理，社区居民都可以在这里接受到关于健康促进的相关服务。建立居民健康档案，定期进行健康检查，并填写档案；有专家和医疗保健人员定期进行关于身心健康的讲座；可以通过咨询获得健身锻炼方法和养生保健的知识。建立健全社区体育锻炼组织与活动管理指导体系，形成以居委会为管理和宣传的中心，有专业体育锻炼人员定期教授和讲解锻炼方法与健康知识的活动站点。在社区居民空闲时，积极向他们宣传体育锻炼和养生保健知识，充分利用村里的各种健身设施和活动场所，还可以经常组织一些促进健康的游戏活动等。建议相关部门加大健身气功理论研究方面的研究，例如健身气功的起源和发展、作用机理、推广发展战略、运行管理机制方面的研究，为更快更好、更加广泛、科学地推广和宣传健身气功做好基础工作，再通过传统体育社团向目前生命质量较低的社区居民介绍传统体育知识，提高其生命质量，降低健康风险疾病发生率，引导居民坚持把传统体育锻炼变成自己的生活习惯。

2. 通过传统体育社团提升社区居民社会质量

研究已经证实健身气功等传统体育项目可以明显提高城市失独老人的社会质量，国家体育总局颁发实施推广的四套功法（八段锦、六字诀、五禽戏、易筋经）也都有不同侧重点的健身效果。所以在社区弱势群体乃至全社会推广健身气功非常具有现实意义，进而促进和谐社会建设。相关体育部门对健身气功的重视力度还需加大，比如说高等院校、科研院所需要加强传统体育推广研究的科研立项能力，在专项资金的扶持监管下，高质量高效率地完成传统体育推广的成果产出。本书中，我们以社会工作机构为依托，对城市失独老人进行八段锦教学采用健身气功为主，综合活动为辅的服务模式，卓有成效，这也在一定程度上说明了本书中健身气功的推广方式是正确的。我们以失独老人练习健身气功热情高涨的现象为出发点，再综合社区情况，走"以点带面"的方式，抓住有需要的人群，然后通过特有的教学模式，取得明显的效果后成立健身队，逐渐推动健身气功在基层的蓬勃发展。

（二）通过"组织再生产"机制实现社区健康促进的可持续化

1. 政府组织的项目化支持

政府统筹兼顾，重视传统体育的推广。政府部门要时刻牢记创编传统体育项目时的初心，把传统体育的工作放在政治高度。多部门协同合作，合理使用"福彩"和"体彩"等专项基金，通过立项引导社会组织承接传统体育类项目。利用公益创投或政府购买服务等形式强化与社会组织的合作，加大政策扶持力度及资金保障额度，保证项目的顺利开展。总结历届大赛传统体育推广的成功经验，不断优化和改进项目内容，为传统体育的推广提供源源不断的动力。

2. 枢纽型社会组织的社会化运作

社会组织不断加强自身能力建设，积极承接政府项目。强化社会组织团队建设。现代社会非常讲究团队建设，社会组织也是一个团队，然而很多社会组织存在内部人员管理松散，职责分工不明确的弊端，从而导致一些机构社工在工作上不认真、不严谨，甚至互相推诿、应付了事、团队意识差。任何一个项目都是集体智慧的产物，它的实施不是一个人能够完成的，需要彼此有明确的分工和紧密的配合，因此只有加强团队建设，营造良好团队文化，才能为项目的顺利进行，提供源源不断的内在动力。同时吸引专业的机构管理人才，负责项目预算和人事方面的工作。传统体育蕴含历史悠久的传统文化，各社会组织要借助传统的优秀文化来丰富自身的项目内容，不断地拓展服务范围，勇于承接各类政府项目。社会组织加强与高校体育专业资源的跨领域合作，增加体育服务项目，丰富社会服务的内容，充分整合社会急需的各专业人才资源，制定实施计划，落实运行保障。另外，社会组织不能过分依赖政府，还要加强与企业合作，寻找社会投资力量，用于服务社会、服务基层。改变以往体育事情体育部门办的狭隘思想与方法，动员一切可以动员的力量，发动广大的部门与社区居民参与到健康促进事业之中。

3. 社区社会组织的本土化实施

加强社区传统体育队伍的内部能力建设。社区传统体育队伍从本质上讲是一个社区社会组织，因此，要实现社区社会组织的可持续发展就必须完善其内部的管理制度，这也是实现该组织自我推广传统体育最基本的保证。一方面不断地完善优化内部结构，强化组织负责人的领导能力，健全管理机制，建立合理的组织成员分工。另一方面，社区居委会或街道办事处加强对社区传统体育队伍的领导和监督，不断地提升其在社区居民中的公信力。社区社会组织的专业能力还体现在其组织服务的能力上，组织服务能力主要包括两个方面，一方面是指传统体育队伍的服务策划及服务实施能力，另一方面是指对传统体育的功法技能、理念的掌握及指导能力。要为传统体育队伍提供更多的服务机会，完善项目实践能力，提升队伍成员的服务能力，建立社区社会组织以传统体育为宗旨的品牌服务。通过建立合理的沟通机制，增强队伍内部人员之间的凝聚力，进而增进组织成员对传统体育队伍的归属感和认同感。打造一支制度完善、能力突出的社区社会组织队伍，提升社区传统体育推广的深度。

（三）通过"组织嵌入"机制实现社区健康促进的的协同化

1. 加强社会组织与政府组织的配合

政府部门在政策上充分利用和发挥社会组织的作用，与社会力量之间协同合作，共同推广健身气功进社区。本书中提出的"四方联动"综合服务模式对城市失独老人社会质量的提升起到了重要作用。四方联动得以实现的最根本保证是政府为社会组织提供了资金保障。根据失独老人的实际需求，在 PZ 社会工作服务中心的大力支持下，利用自己的专业特长，最终制定了健身气功·八段锦的教学活动。"四方联动"的城市失独老人综合服务模式，正是创新模式的探究与运用，可能由于时间空间的原因，不一定适合大面积的推广适用，但也确实是特殊情景下模式运用的初步探究。积极拓展失独群体的综合服务模式，不仅仅是专家学者的事，也是政府行使职能的必然要求，也是社会组织提升服务品质的使命。

2. 加强社会组织与高校组织的配合

社会组织要充分整合体育专业人才资源，加强与体育院校跨领域合作，增加机构体育服务项目。高校体育专业师资要主动参与并服务于社区健康促进工作，积极地将传统体育这种科学的健身方式推进社区。传统体育的推广同样需要一大批理论知识储备充足、思想素质过硬，同时拥有精湛的技术水平和具备科学教学能力的人才。高校有大量的储备人才，并且他们一直致力于传统体育事业的推广，特别是很多高校开设的体育专业，传统体育一直是他们的必修课程，优秀的师资队伍为传统体育的推广提供了有利的条件。高校专业的传统体育队伍要勇于担当，不断推动本专业的发展，体现传统体育的时代价值。努力实现产学研的有机结合，探索传统体育不断发展的新模式。通过让高校学生深入社区进行教学实践：一方面，有利于学生充分地了解社会，充当社会体育指导员，积累丰富的社会经验；另一方面，带着研究任务开展教学活动，学以致用，运用科学的教学、训练方法把传统体育教授给社区居民，利用一切机会培养自己发现问题、总结问题的科研能力，并积极探索解决问题的办法。有重点地培养一批骨干队员，并持续地为社区队伍提供服务和帮助。社区传统体育队伍最终要实现自我组织和发展，因此，在日常的教学活动中，要善于观察和发现领悟能力强、热衷于功法练习的队员，对其进行重点培养，实现动作技术的规范。除在功法技能上进行重点指导外，更要注重对传统体育养生理念和文化的输入。由于社区传统体育队伍中的队员文化程度普遍较低，没有受过系统的技能训练和理论知识学习，对功法要领体会不深，对教学手段和方法不甚了解。所以，在项目截止后高校还应与社区保持长期的练习，珍惜来之不易的成果，定期地进入社区进行指导，把最新的传统体育资讯带给他们。加强体育院校传统体育科研与社会实践的联系，专业师资主动参与社区健康促进工作，达到体育专业人才资源共享。高校要加大传统体育开课率，注重专业化的人才培养，并且要进行社区体育需求的社区调研，在实践中发现问题、找出科研课题、寻找方式方法解决现实体育专业资源短缺问题。另外，高校的体育专业老师和学生要有传承中华传统体育的使命感，发挥主人翁的作用，要主动与社会各种组织、团体联合，争取把优秀的传统体育文化发扬光大。

3. 加强枢纽型社会组织与社区组织之间的配合

国家政府相关部门要加强顶层设计，完善传统体育法律保障体系，充分挖掘传统体育项目在健康促进中的作用，大力提倡体育健身行为。在了解社区居民体育需求的基础之上，有针对性地制定社区健康促进政策与策略，将传统体育项目化，让社工机构承接，对项目执行与落实，使传统体育作为一种服务项目的形式嵌入社区。同时，完善与落实政府购买服务的政策，加强对社会组织的扶持与培养，充分发挥社会组织的作用，依靠和社会力量之间的协同合作，共同推广传统体育。社区自治组织要增加健康促进理念和科学健身知识宣传的频率，提高居民对体育健康促进的意识，充分调动社区居民主动参与意识，营造社区健身氛围。完善社区体育设施，建设专门性的室内、室外训练馆，增强社区居民的归属感。在社区建立专门的传统体育服务机构，在社区文化活动中加入传统体育的表演，提高社区各类人群对传统体育的接纳程度，要改变"传统体育是老年人的运动项目"的观念与看法。同时，也要充分利用社区积极分子的作用，让他们在为社区组织建设及发动居民参与健康促进事业中发挥最大作用。在社区中开展传统体育有助于创新社区治理新模式，营造健康和谐的社区氛围，增加社区居民的认同感。因此，社区居委会要积极配合社会组织开展工作，动员社区居民参加传统体育知识讲座。采取一切措施对传统体育进行宣传，发挥各楼长和网格员的作用，组织党员带头参与传统体育练习，在社区宣传栏、各小区门口、居委会办公楼前等随处可见的标志物上张贴海报、宣传单页。加强对社区传统体育队伍的组织管理，引领其积极开展各种文化活动，起到良好的示范作用。定期组织传统体育表演活动，在各种社区中举办的文艺活动中加入传统体育表演，既能激发练习者的练功热情，又能扩大传统体育的影响力。向传统体育开展较好的临近社区虚心请教，互相分享经验，共同搭建社区间的传统体育交流展示平台，推动传统体育的跨社区发展。

附录

附录1：《SF-36生命质量调查问卷》

问卷编号：　　　　　　　　　　　　　　□□□□

****

（注：对于客观性的问题，请在选项号码上打"√"，对于需填数字的，请根据您的实际如实填写，如本问卷中未设计出您希望的选项，请选择"其他"，必要时请附加简要说明；编码框内的数字由我们统一填写。）

****

调查地点：

（访问员：请记录当前时间　　　月　　　日　　　时　　　分）

基本信息

A1. 您的性别：1. 男　　2. 女

A2. 您的出生日期是（记录公历年）：19　　年　　月

A3. 您的民族是：1. 汉　　2. 其他（请注明：　　　　）

A4. 您目前的最高教育程度：

1. 没有受过任何教育　2. 小学　3. 初中　4 职业高中　5. 普通高中　6. 中专　7. 技校　8. 大学专科　9. 大学本科　10. 研究生　11. 其他（请注明：_____）

A5. 您的宗教信仰是：

1. 不信仰宗教 2. 佛教 3. 道教 4. 回教/伊斯兰教 5. 天主教 6. 基督教 7. 其他（请注明：_____）

A6. 您目前的政治面貌是：1. 共产党员 2. 民主党派 3. 共青团员 4. 群众

A7. 您目前工作的单位或公司的类型是：

1. 党政机关 2. 企业 3. 事业单位 4. 社会团体 5. 无单位/自雇/自办（合伙）企业 6. 其他（请注明：_____）

A8. 您是否参与社团活 1. 是→ 2. 否

| 社团的名称是：你的团龄是 年 。 |

生命质量

（一）总体来讲，您的健康状况是：

1. 非常好 2. 很好 3. 好 4. 一般 5. 差（权重或得分依次为5，4，3，2，1）

（二）跟1年以前比您觉得自己的健康状况是：

1. 好多了 2. 好一些 3. 差不多 4. 差一些 5. 比1年前差多了（权重或得分依次为5，4，3，2，1）

二、健康和日常活动

（三）以下这些问题都和日常活动有关。您的健康状况是否限制了这些活动？如果有限制，程度如何？

1. 重体力活动。如跑步举重、参加剧烈运动等：

①限制很大 ②有些限制 ③毫无限制（权重或得分依次为1，2，3；下同）

2. 适度的活动。如移动一张桌子、扫地、打太极拳、做简单体操等：

①限制很大 ②有些限制 ③毫无限制

3. 手提日用品。如买菜、购物等：①限制很大 ②有些限制 ③毫无限制

4. 上几层楼梯：①限制很大 ②有些限制 ③毫无限制

5. 上一层楼梯：①限制很大 ②有些限制 ③毫无限制

6. 弯腰、屈膝、下蹲：①限制很大 ②有些限制 ③毫无限制

7. 步行 1500 米以上的路程：①限制很大　②有些限制　③毫无限制

8. 步行 1000 米的路程：①限制很大　②有些限制　③毫无限制

9. 步行 100 米的路程：①限制很大　②有些限制　③毫无限制

10. 自己洗澡、穿衣：①限制很大　②有些限制　③毫无限制

（四）在过去 4 个星期里，您的工作和日常活动有无因为身体健康的原因而出现以下问题？

1. 减少了工作或其他活动时间：①是　②不是（权重或得分依次为 1，2；下同）

2. 本来想要做的事情只能完成一部分：①是　②不是

3. 想要干的工作或活动种类受到限制：①是　②不是

4. 完成工作或其他活动困难增多（比如需要额外的努力）：①是　②不是

（五）在过去 4 个星期里，您的工作和日常活动有无因为情绪的原因（如压抑或忧虑）而出现以下这些问题？

1. 减少了工作或活动时间：①是　②不是（权重或得分依次为 1，2；下同）

2. 本来想要做的事情只能完成一部分：①是　②不是

3. 干事情不如平时仔细：①是　②不是

（六）在过去 4 个星期里，您的健康或情绪不好在多大程度上影响了您与家人、朋友、邻居或集体的正常社会交往？

1. 完全没有影响　2. 有一点影响　3. 中等影响　4. 影响很大　5. 影响非常大

（权重或得分依次为 5，4，3，2，1）

（七）在过去 4 个星期里，您有身体疼痛吗？

1. 完全没有疼痛　2. 有一点疼痛　3. 中等疼痛　4. 严重疼痛　5. 很严重疼痛

（权重或得分依次为 6，5.4，4.2，3.1，2.2，1）

（八）在过去 4 个星期里，您的身体疼痛影响了您的工作和家务吗？

1. 完全没有影响　2. 有一点影响　3. 中等影响　4. 影响很大　5. 影响非常大

［如果（七）无（八）无，权重或得分依次为 6，4.75，3.5，2.25，

1.0；如果为（七）有（八）无，则为5，4，3，2，1]

个人感觉方面

（九）以下这些问题是关于过去1个月里您自己的感觉，对每一条问题所说的事情，您的情况是什么样的？

1. 您觉得生活充实：

①所有的时间　②大部分时间　③比较多时间　④一部分时间　⑤小部分时间　⑥没有这种感觉（权重或得分依次为6，5，4，3，2，1）

2. 您是一个敏感的人：

①所有的时间　②大部分时间　③比较多时间　④一部分时间　⑤小部分时间　⑥没有这种感觉（权重或得分依次为1，2，3，4，5，6）

3. 您的情绪非常不好，什么事都不能使您高兴起来：

①所有的时间　②大部分时间　③比较多时间　④一部分时间　⑤小部分时间　⑥没有这种感觉（权重或得分依次为1，2，3，4，5，6）

4. 您的心里很平静：

①所有的时间　②大部分时间　③比较多时间　④一部分时间　⑤小部分时间　⑥没有这种感觉（权重或得分依次为6，5，4，3，2，1）

5. 您做事精力充沛：

①所有的时间　②大部分时间　③比较多时间　④一部分时间　⑤小部分时间　⑥没有这种感觉（权重或得分依次为6，5，4，3，2，1）

6. 您的情绪低落：

①所有的时间　②大部分时间　③比较多时间　④一部分时间　⑤小部分时间　⑥没有这种感觉（权重或得分依次为1，2，3，4，5，6）

7. 您觉得筋疲力尽：

①所有的时间　②大部分时间　③比较多时间　④一部分时间　⑤小部分时间　⑥没有这种感觉（权重或得分依次为1，2，3，4，5，6）

8. 您是个快乐的人：

①所有的时间　②大部分时间　③比较多时间　④一部分时间　⑤小部分时间　⑥没有这种感觉（权重或得分依次为6，5，4，3，2，1）

9. 您感觉厌烦：

①所有的时间　②大部分时间　③比较多时间　④一部分时间　⑤小部分时间　⑥没有这种感觉（权重或得分依次为1，2，3，4，5，6）

10. 不健康影响了您的社会活动（如走亲访友）：

①所有的时间　②大部分时间　③比较多时间　④一部分时间　⑤小部分时间　⑥没有这种感觉（权重或得分依次为1，2，3，4，5）

总体健康情况

（十）请看下列每一条问题，哪一种答案最符合您的情况？

1. 我好像比别人容易生病：

①绝对正确　②大部分正确　③不能肯定　④大部分错误　⑤绝对错误

（权重或得分依次为1，2，3，4，5）

2. 我跟周围人一样健康：

①绝对正确　②大部分正确　③不能肯定　④大部分错误　⑤绝对错误

（权重或得分依次为5，4，3，2，1）

3. 我认为我的健康状况在变坏：

①绝对正确　②大部分正确　③不能肯定　④大部分错误　⑤绝对错误

（权重或得分依次为1，2，3，4，5）

4. 我的健康状况非常好：

①绝对正确　②大部分正确　③不能肯定　④大部分错误　⑤绝对错误

（权重或得分依次为5，4，3，2，1）

（访问员：请记录当前时间　　月　　日　　时　　分）

附录2：《社会质量测评量表》

编号：   性别：   年龄：   填写时间：

指导语：下面的问题用于反映您参与社会经济生活等一系列活动的程度，请按各个问题的具体要求，根据您的实际情况来回答。谢谢您的配合．

基本部分

1. 您接受的最高教育程度是？

①没有受过任何教育　②小学　③初中　④高中　⑤大学（专科　本科）　⑥研究生　⑦其他（请注明：　　　　）

2. 您是否信仰宗教？

①不信仰宗教　　　　②信仰宗教（请注明：　　　　　　）

3. 您现在的政治面貌是：

①共产党员　②民主党派　③共青团员　④群众

4. 您现在（以前）工作的单位或公司的类型是：

①党政机关　②企业　③事业单位　④社会团体　⑤其他（请注明：　　　　）

5. 您是否参与其他健身项目的练习？

①是（请注明：　　　　　）　　②否

社会质量部分

（一）社会经济保障部分

6. 去年，您（家庭）的经济状况？

①有余款储蓄　②勉强维持生活　③需动用储蓄　④需要借款维持生计

7. 您个人的年总收入？

①十万以上　　②五万—十万　　③一万—五万　　④一万以下

8. 您拥有所居住房屋的所有权吗？

①有　　　　　　　　　　② 没有

（二）社会凝聚问题

9. 您对"大多数人都是可以信任的"的认同程度如何？

①非常不信任　②不太信任　③一般　④比较信任　⑤非常信任

10. 您对以下各类人员的信任程度如何？

人群类别	完全不信任	不太信任	一般	比较信任	完全信任
家人					
邻居					
朋友					
医生					
专家					
警察					
律师					
雇主					
银行人员					

11. 您对以下机构信任程度如何？

机构类别	完全不信任	不太信任	一般	比较信任	完全信任
报社					
电视台					
司法机关					
地方政府					
中央政府					
人大					

12. 如果现在有个计划，是从您收入中扣除10%去帮助一些人改善生活情况，您是否愿意支持该计划？

帮助对象	非常不愿意	不愿意	愿意	非常愿意
失业者				
残疾人				
老年人				
穷人				
孤儿				
灾民				

（三）社会包容问题

13. 过去一年里，请选择您与下列人员直接或间接保持联系的情况（见面、电话、通信、电子邮件、网络聊天等等）。

联系人员	从不	一年几次	至少每月一次	至少一周一次	一天多次
家庭成员/亲属					
朋友					
同事（非工作时间联系）					
邻居					

14. 您在日常生活中是否感到孤独？

①是　　　　　　　　　　　　　②否

15. 在过去的12个月，您是否因为以下因素而受到歧视？

	有	没有
社会地位低（例如没有固定工作、低收入）		
身体残疾		
年龄		
性别		
外表		
学历		
疾病		
信仰		
其他		

16. 在过去的 12 个月，您和您的家人是否经历过以下事情？

事项	有	没有
对自己家庭不利的政策		
与政府干部发生过冲突		
在政府机构办事时受到不合理拖延、推诿		
在政府机构办事时受到不合理收费		
与所在小区保安发生冲突		
被强制性捐款		
医患纠纷		
不当执法		

（四）社会赋权问题

17. 您觉得一个人是否有可能通过自己的努力获得更高的社会或经济地位？

①非常有可能　②有可能　③中立　④不大可能　⑤非常不可能

18. 您觉得能公开自主表达个人的意见吗？（按程度从 1—10 打"√"）

1	2	3	4	5	6	7	8	9	10

19. 您对以下五种情况分别持什么态度？

	非常不同意	不同意	中立	同意	非常同意
我感觉被社会遗弃					
要获得成功，我被迫做不正确的事					
有些人轻视我					
我对未来不乐观					
现实与理想之间差距较大					

谢谢配合！

附录3：《社区普通居民健身气功问卷调查表（社区居民）》

尊敬的社区居民：

为了解健身气功在广大社区居民中的发展情况，以便更好地普及健身气功，从而弘扬我国民族传统文化，满足居民对多元化体育锻炼的需求，希望您能认真地配合调查。

本问卷无须填写您的姓名及联系方式，您的选项也无对错之分！

填表说明：1. 请在选项方框内打"√"

    2. 在提示可多选的题后，根据您的个人情况可单选也可多选

    3. 有其他情况的可在横线处填写您的建议

1. 您的性别：

① 男 □ ② 女 □

2. 您的年龄：

① 20 岁及以下 □ ② 20—40 岁 □ ③ 40—60 岁 □
④ 60—80 岁 □ ⑤ 80 岁及以上 □

3. 您的学历：

① 小学及以下 □ ② 初中 □ ③ 高中 □ ④ 中专或大专 □
⑤ 本科 □ ⑥ 硕士及以上 □

4. 您的职业：

① 专业技术人员 □ ② 事业单位人员 □ ③ 工人 □ ④ 农民 □
⑤ 个体经营者 □ ⑥ 军人 □ ⑦ 退休 □

5. 您是否了解健身气功：

① 非常了解 □ ② 了解 □ ③ 一般 □ ④ 不了解 □
⑤ 非常不了解 □

6. 您认可健身气功和广场舞没有本质区别的说法吗?

　　① 非常认可 □　　② 认可 □　　③ 不清楚 □　　④ 不认可 □

⑤ 非常不认可 □

7. 学习健身气功不仅是对功法技能的掌握,更是对民族优秀传统文化的传承。您认可这种说法吗?

　　① 非常认可 □　　② 认可 □　　③ 不清楚 □　　④ 不认可 □

⑤ 非常不认可 □

8. 您认为练习健身气功后能达到什么健身效果?

　　① 治疗疾病 □　　② 保持健康 □　　③ 健身塑形 □

④ 其他效果 _____

9. 如果您有一定的时间和精力且社区中有免费的健身气功教学,是否乐意参加?

　　① 非常愿意 □　　② 愿意 □　　③ 一般 □　　④ 不愿意 □

⑤ 非常不愿意 □

10. 您对自己目前的健康状况满意吗?

　　① 非常满意 □　　② 满意 □　　③ 一般 □　　④ 不满意 □

⑤ 非常不满意 □

11. 您觉得您目前的精神状态如何?

　　① 非常好 □　② 比较好 □　③ 一般 □　④ 不太好 □　⑤ 极差 □

12. 您与邻居_____或您与邻居间的关系如何?

　　① 相互之间从不关心 □　　② 遇到困难可能会表示关心 □

③ 有一些邻居很关心您 □　　④ 绝大多数邻居很关心您 □

13. 您对身边健身气功的推广力度和效果的评价是:

　　① 非常好 □　　② 比较好 □　　③ 一般 □　　④ 不好 □

⑤ 非常不好 □

（注：如果您练习过健身气功,请接着回答下面的问题）

14. 您是通过什么方式学习健身气功的:

　　① 朋友间相互学习 □　② 按教材（或电视等）自学 □　③ 健身气功师传授 □　④ 社区组织培训 □　⑤ 其他_____

15. 您平均每周练功_____次。

16. 目前练习的健身气功功法有：（可多选）

① 八段锦 □　　② 六字诀 □　　③ 五禽戏 □　　④ 易筋经 □
⑤ 其他 _____

17. 您每次的练功时间：

① 20 分钟以内 □　② 20 分钟—40 分钟 □　③ 40 分钟—60 分钟 □
④ 1 小时以上 □

18. 您经常练功的地点在：

① 社区空地、广场 □　② 自己家中 □　③ 办公室 □　④ 专业体育场馆 □　⑤ 附近公园 □

19. 您主要采用哪种方式练功：

① 独自在有音乐伴奏下练功 □　② 独自在无音乐伴奏下练功 □
③ 集体在有音乐伴奏下练功 □　④ 集体在无音乐伴奏下练功 □

20. 当您掌握了健身气功的功法技能和健身理念后，是否愿意积极地在社区中推广：

① 非常愿意 □　　② 愿意 □　　③ 一般 □　　④ 不愿意 □
⑤ 很不意愿 □

再次感谢您的支持，祝您与家人身体健康！

附录4：《健身气功队伍发展现状问卷调查表(习练者)》

尊敬的健身气功爱好者：

您好！

此问卷的目的主要是了解健身气功队伍在社区的开展现状，希望您根据自身的真实情况认真填写以下相关问题，从而促使健身气功更好地推广普及。

本问卷无须填写您的姓名及联系方式，您的选项也无对错之分！

填表说明：1. 请在选项方框内打"√"

2. 在提示可多选的题后，根据您个人的情况可单选也可多选

3. 有其他情况的可在横线处填写您的建议

1. 您的性别：

① 男 □　　② 女 □

2. 您的年龄：

① 20 岁及以下 □　　② 20—40 岁 □　　③ 40—60 岁 □
④ 60—80 岁 □　　⑤ 80 岁及以上 □

3. 您的学历：

① 小学及以下 □　② 初中 □　③ 高中 □　④ 中专或大专 □
⑤ 本科 □　⑥ 硕士及以上 □

4. 您的职业：

①专业技术人员 □　② 事业单位人员 □　③ 工人 □　④ 农民 □
⑤ 个体经营者 □　⑥军人 □　⑦ 退休 □

5. 您学习健身气功最主要的原因：

① 健身气功中蕴含优秀的民族传统文化 □　② 健身效果显著 □　③ 简单易学，强度适中 □　④ 治疗疾病 □　⑤ 社会交往 □　⑥ 消遣娱乐 □　⑦ 其他_____

6. 您是通过何种途径学习与掌握某套健身气功功法的：

① 按教材（或电视等）自学 □　② 朋友间相互学习 □　③ 社区组织培训 □　④ 健身气功师传授 □　⑤其他 _____

7. 您练习健身气功的年限为：

① 6 个月以内 □　② 6 个月—12 个月 □　③ 1—2 年 □　④ 2 年以上 □

8. 目前练习的健身气功功法有：（可多选）

① 八段锦 □　② 六字诀 □　③ 五禽戏 □　④ 易筋经 □　⑤其他 _____

9. 您平均每周练功的次数：

① 1—2 次 □　② 3—4 次 □　③ 5—6 次 □　④ 7 次以上 □

10. 您每次练习大约多长时间：

① 20 分钟以内 □　② 20 分钟—40 分钟 □　③ 40 分钟—60 分钟 □　④ 1 小时以上 □

11. 您经常练功的地点在：

① 社区空地、广场 □　② 自己家中 □　③ 办公室 □　④ 专业体育场馆 □　⑤ 附近公园 □

12. 您主要采用哪种方式练功：

① 独自在有音乐伴奏下练功 □　② 独自在无音乐伴奏下练功 □　③ 集体在有音乐伴奏下练功 □　④ 集体在无音乐伴奏下练功 □

13. 您在进行健身气功练习时是否需要专人指导：

① 非常需要 □　② 需要 □　③ 无所谓 □　④ 不需要 □　⑤ 很不需要 □

14. 如果有机会在社区的文艺活动中进行健身气功的表演展示，您是否愿意参加：

① 非常愿意 □　② 愿意 □　③无所谓 □　④ 不愿意 □　⑤ 很不愿意 □

15. 您怎样评价社区中健身气功推广的力度和效果?
① 非常好 □　　② 比较好 □　　③一般 □　　④ 不好 □
⑤ 非常不好□

16. 当您掌握了健身气功的功法技能和健身理念后，是否愿意积极地在社区中推广：
① 非常愿意 □　　② 愿意 □　　③无所谓 □　　④ 无意愿 □
⑤ 很不意愿 □

17. 您认可健身气功和广场舞没有本质区别的说法吗?
①非常认可 □　　② 认可 □　　③ 不清楚 □　　④不认可 □
⑤ 非常不认可 □

18. 学习健身气功不仅是功法技能的掌握，更是对优秀传统文化的传承。您赞同这种说法吗?
①非常赞同 □　　② 赞同 □　　③ 不清楚 □　　④不赞同 □
⑤ 很不赞同 □

19. 总体来讲，您的健康状况：
①非常好 □　② 好 □　③ 一般 □　④ 差 □　⑤ 很差 □

20. 跟一年前相比您觉得自己的身体状况是：
①比一年前好很多 □　　②比一年前好一些 □　　③ 跟一年前差不多 □　　④ 比一年前差一些 □　　⑤ 比一年前差很多 □

21. 您觉得您目前的精神状态如何：
①非常好 □　② 好 □　③ 一般 □　④不太好 □　⑤ 极差 □

22. 您与邻居：
① 相互之间从不关心 □　　② 相互之间会稍微表示关心 □
③ 有一些邻居很关心您 □　　④ 绝大多数邻居很关心您 □

再次感谢您的支持，祝您与家人身体健康！

附录5：《社区健康促进调查问卷（社区居民）》

尊敬的奇泉社区居民：

您好！我是一名体育工作者，正从事"健身气功参与社区健康促进的嵌入机制"研究，需要对社区健康促进与体育健康促进相关方面进行调查，特设计此问卷，劳烦您协助调查！

本问卷不需要填写自己的姓名，所填写的问题没有正确错误之分，不涉及自己的隐私，请您放心。问题有单选和多选，多选已备注多选，其余均为单选，请您根据真实情况在选择序号上打"√"。

一　个人基本信息

1. 您的性别：（1）男　（2）女　　年龄：　　岁
2. 您的身体状况：（1）健康　（2）良好　（3）一般　（4）较弱　（5）差

二　社区健康促进状况

3. 您所在小区有没有健康管理中心：（1）有　（2）没有　（3）不清楚
4. 社区是否开展健康知识教育活动、大众健身与健康专题讲座：
（1）一直开展　（2）很少开展　（3）从未开展　（4）不清楚
5. 如果有健康知识讲座，让您学习到更好的健康养生知识，您愿意参加吗：
（1）愿意　（2）不愿意　（3）随便　（4）不知道
6. 您认为的健康是什么：
（1）经医生诊断没有疾病　（2）身心健康　（3）不知道
7. 您是否有健康的生活方式：
（1）有　（2）没有　（3）不清楚

三 社区体育健康促进基本情况

8. 您所在社区有没有专门性的健身类组织：（1）有 （2）没有 （3）不清楚

9. 您认为社区内的免费健身设施对您健身有帮助吗：
（1）很有帮助 （2）有帮助 （3）作用不大 （4）没有帮助

10. 您是否有规律地进行体育项目锻炼：（1）有 （2）没有 （3）不清楚

11. 您经常从事什么体育项目：
（1）跑步或散步 （2）舞蹈类 （3）登山 （4）健身气功类 （5）武术 （6）篮球足球等球类运动 （9）利用小区健身器材健身 （10）其他项目

12. 影响您参加体育锻炼活动的因素是什么（可多选）：
（1）缺乏场地设施 （2）缺乏空闲时间 （3）缺乏专业指导者 （4）社区体育活动无人组织管理 （5）工资收入 （6）对体育锻炼不感兴趣 （7）缺少体育技能 （8）其他

13. 您对体育需求程度如何：
（1）非常需要 （2）需要 （3）一般 （4）不需要

14. 您对健身气功健身知识方面了解多少：
（1）很了解 （2）了解一些 （3）听说过 （4）一点都不了解

15. 您支持在社区建立健身气功队吗：
（1）非常支持 （2）支持 （3）无所谓 （4）不支持

16. 如果在社区建立健身气功队，您愿意参加吗：
（1）非常愿意 （2）愿意 （3）无所谓 （4）不愿意

附录6：《社区健康促进调查问卷（气功队队员）》

尊敬的社区健身气功队的队员：

您好！很抱歉耽误您练功的时间！基于研究需要，本问卷是对您加入社区健身气功队并且参与健身气功锻炼后对您带来的影响予以调查。问题有单选和多选，多选已备注多选，其余均为单选，请您根据自己和本社区的真实情况在选择序号上打"√"，您的作答对我的研究很重要，请您根据自己的真实情况予以回答！感谢您的支持！

1. 您的性别：（1）男　　（2）女
2. 您的年龄：
（1）20岁及以下　（2）20—40岁　（3）40—60岁　（4）60—80岁
（5）80岁及以上
3. 在加入社区健身气功队之前，您是否参加社区其他体育组织活动：
（1）经常参加　　（2）偶尔参加　　（3）不参加　　（4）从不参加
4. 您参加健身气功锻炼的目的是什么（可多选）：
（1）锻炼身体，增进健康　　　　（2）促进人际交往范围
（3）缓解压力　　　　　　　　　（4）寻求开心，丰富业余生活
（5）增加运动技能　　　　　　　（6）打发空余时间
（7）得到社会福利　　　　　　　（8）减肥　　　　　（9）其他
5. 规律地练习健身气功6个月后，您认为健身气功锻炼对自身健康的作用如何：
（1）非常大　（2）很大　（3）一般　（4）很小　（5）没有
6. 您认为有必要参加健身气功锻炼吗：
（1）很有必要　（2）有必要　（3）一般　（4）说不清
（5）不必要

7. 除了规定的集体练习时间外，您是否在其他时间和地点练习健身气功：

（1）每天都练　（2）偶尔练习　（3）不练习

8. 您学会健身气功后是否对身边的亲戚朋友进行教授：

（1）经常教授　（2）偶尔教授　（3）不教授

9. 您的家人是否支持您参加健身气功活动：

（1）非常支持　（2）支持　（3）不太支持　（4）不支持

10. 您对社区健身气功队的满意度如何：

（1）非常满意　（2）满意　（3）不太满意　（4）不满意

11. 您能接受来自高校的体育专业的大学生指导您练习健身气功吗：

（1）非常接受　（2）接受　（3）不太接受　（4）不接受

（5）无所谓

参考文献

一 政策文件

中共中央，国务院．"健康中国2030"规划纲要，2016.10.

国家体育总局．中国健身气功发展纲要（2013—2018年），2013.4.

国务院办公厅．中医药健康服务发展规划（2015—2020年），2015.5.

烟台市体育局．"体育惠民，科学健身"工作规划（2018—2020年），2018.1.

二 专著

［美］鲍里斯、季亭士：《资本主义美国的学校教育：教育改革与经济生活的矛盾》，李锦旭译，桂冠图书出版社1989年版。

编写组：《党的十九大报告学习辅导百问》，党建读物出版社2017年版。

［法］布尔迪约、帕斯隆：《继承人——大学生与文化》，邢克超译，商务印书馆出版社2002年版。

傅华、李枫：《现代健康促进理论与实践》，复旦大学出版社2003年版。

［德］哈肯：《信息与自组织》，郭治安译，四川教育出版社1988年版。

胡小明：《体育人类学》，广东人民出版社1999年版。

黄光国、胡先缙：《人情与面子——中国人的权力游戏》，中国人民大学出版社2017年版。

［美］加尔布雷斯：《富裕社会》，赵勇等译，江苏人民出版社2009年版。

［英］卡尔·波兰尼：《大转型：我们时代的政治与经济起源》，冯钢、刘阳译，浙江人民出版社2007年版。

［美］罗伯特·D. 帕特南：《使民主运转起来》，王列、赖海榕译，江西人民出版社2001年版。

［美］麦克·布洛维：《公共社会学》，社会科学文献出版社2007年版。

乔东平等：《政府与社会组织的合作模式、机制和策略》，华夏出版社2015年版。

乔瑞金：《马克思技术哲学纲要》，人民出版社2002年版。

［美］萨拉蒙：《政府向社会组织购买公共服务研究》，北京大学出版社2010年版。

沈小峰：《混沌初开：自组织理论的哲学探析》，北京师范大学出版社2010年版。

王名、刘培峰：《民间组织通论》，时事出版社2004年版。

王名：《中国民间组织30年——走向公民社会》，社会科学文献出版社2008年版。

王名等：《社会组织概论》，中国社会出版社2010年版。

萧浩辉：《决策科学词典》，人民出版社1995年版。

杨善华：《当代西方社会学理论》，北京大学出版社1999年版。

尹海立、刘晓黎、车艳丽.：《民族传统体育的困境与出路》，人民体育出版社2012年版。

尹海立：《传统体育社团的福利功能研究》，中国社会科学出版社2017年版。

尹海立：《传统体育养生方法导论》，高等教育出版社2008年版。

［美］詹姆斯·S. 科尔曼：《社会理论的基础》，邓方译，社会科学文献出版社1999年版。

郑杭生：《社会学概论新修》，中国人民学出版社2003年版。

周长城：《社会发展与生活质量》，社会科学文献出版社2001年版。

三 学位论文

毕海泳：《振动训练对中老年女性平衡能力和下肢力量的影响研究》，硕士学位论文，首都体育学院，2016年。

陈晓卉：《北京市健身气功推广模式的研究》，硕士学位论文，北京体育大学，2010年。

石丹红：《我国城市失独家庭养老保障问题研究》，硕士学位论文，吉林财经大学，2015年。

段运朋：《社区健身气功推广的"组织再生产"模式研究》，硕士学位论文，鲁东大学，2019年。

付威：《政府与公益性社会组织合作供给城市养老服务研究》，博士学位论文，吉林大学，2014年。

葛森：《长春市社区健身气功开展现状研究》，硕士学位论文，吉林体育学院，2012年。

顾辉：《教育：社会阶层杂再生产的预演——一项对H市两所高中的研究》，博士学位论文，上海大学，2010年。

郭珅：《社区社会组织参与社区治理研究——以北京市东城区为例》，硕士学位论文，南京大学，2012年。

郭新斌：《健身气功·马王堆导引术锻炼对中老年女性生活质量影响的研究》，硕士学位论文，上海体育学院，2010年。

郭玉萍：《山东省健身气功的推广模式研究》，硕士学位论文，山东体育学院，2012年。

郝凤霞：《河北省健身气功推广策略研究》，硕士学位论文，河北师范大学，2010年。

李晶：《健身气功体育教育的内涵与价值研究》，硕士学位论文，武汉体育学院，2011年。

李梦娇：《健身气功·八段锦对中年男性白领生存质量影响的研究》，硕士学位论文，北京体育大学，2015年。

李梦雅：《健身气功市场化运作模式构建研究——以瑜伽俱乐部发展为借鉴》，硕士学位论文，河北师范大学，2016年。

李宁：《健身气功俱乐部标准化建设研究》，硕士学位论文，辽宁师范大学，2016 年。

李婷婷：《政府购买社工服务机制研究——以深圳为例》，硕士学位论文，深圳大学，2017 年。

李志成：《上海市社区老年群体健身气功锻炼现状及对策研究》，硕士学位论文，华东师范大学，2010 年。

刘鹏：《长春市健身气功俱乐部运行模式研究》，硕士学位论文，辽宁师范大学，2012 年。

刘倩茹：《失独群体的社会救助制度研究》，硕士学位论文，南昌大学，2015 年。

刘祥燕：《大连市健身气功俱乐部运行模式的研究》，硕士学位论文，辽宁师范大学，2010 年。

刘亚丹：《外生型社会组织嵌入社区的行动逻辑研究——以 S 社会工作服务中心为例》，硕士学位论文，沈阳师范大学，2016 年。

伦恒栋：《健身气功·八段锦对城市失独老人心理健康影响的研究》，硕士学位论文，鲁东大学，2018 年。

马合军：《健身气功八段锦对高中生心理健康影响的实验研究》，硕士学位论文，河北师范大学，2011 年。

牛秀秀：《力量练习对中老年女性体质健康的影响》，硕士学位论文，北京体育大学，2012 年。

钮薇：《健身气功·八段锦对普通高校大学生体能的影响》，硕士学位论文，辽宁师范大学，2011 年。

潘捷：《常州市社区健身气功开展现状与推广策略研究》，硕士学位论文，华东师范大学，2015 年。

沈娟：《达州市社区健身气功的开展现状与对策研究》，硕士学位论文，成都体育学院，2011 年。

宋丽维：《基于儒家管理思想的健身气功管理模式构建》，硕士学位论文，曲阜师范大学，2006 年。

孙洪明：《山东省高校体育专业健身气功课程开展现状与对策研究》，硕士学位论文，曲阜师范大学，2013 年。

万朋飞：《健身气功·八段锦对农村中老年女性生命质量影响的研究——基于对烟台市奇泉社区的实验》，硕士学位论文，鲁东大学，

2018年。

王芳：《阶层再生产视角下的煤矿工人社会流动——以山西省阳泉市固庄煤矿工人为例》，硕士学位论文，山西大学，2017年。

王林：《健身气功推广策略研究》，博士学位论文，上海体育学院，2009年。

王蓉：《互嵌合作：政府与非盈利组织的互动策略研究——以C市AX居家养老服务中心为例》，硕士学位论文，华中师范大学，2017年。

王涛：《三社联动背景下社区社会组织培育研究——以×社区串珠协会为例》，硕士学位论文，新疆大学，2018年。

王唯一：《太极拳与健身舞对中老年女性体质健康影响的研究》，硕士学位论文，大连理工大学，2014年。

吴茜：《上海赛马传统的文化再生产研究》，硕士学位论文，上海体育学院，2016年。

薛露露：《习练健身气功·五禽戏对城市空巢老人生活质量的影响研究》，硕士学位论文，北京体育大学，2016年。

杨金辉：《武术在社区体育健康促进中的发展研究——以育新花园社区为例》，硕士学位论文，北京体育大学，2012年。

杨勇：《社区健康促进中体育促进研究》，硕士学位论文，苏州大学，2006年。

叶庆祥：《跨国公司本地嵌入过程机制研究》，博士学位论文，浙江大学，2006年。

尤杏雪：《健身气功·六字诀对老年人生存质量影响因素的研究》，硕士学位论文，首都体育学院，2009年。

张珺：《全面二孩政策背景下的失独家庭救助》，硕士学位论文，南京大学，2016年。

张晓强：《健身气功·八段锦对超重或肥胖中年女性代谢综合征相关指标的影响》，硕士学位论文，北京体育大学，2008年。

张鑫玉：《健身气功大舞对改善中老年亚健康状况的实验研究》，硕士学位论文，沈阳体育学院，2014年。

钟伟海：《大连市区健身气功推广现状研究》，硕士学位论文，辽宁师范大学，2014年。

周潇：《劳动力更替的低成本组织模式与阶级再生产——一项关于流动/留守儿童的实地研究》，硕士学位论文，中国社会科学学院，2011 年。

朱鹏华：《社会资本理论再生产创新研究——基于马克思的社会资本再生产理论拓展》，硕士学位论文，中共中央党校，2018 年。

四 中文期刊论文

白晋湘：《我国民族传统体育改革发展 40 年回顾与展望》，《上海体育学院学报》2018 年第 5 期。

鲍勇、何园：《国外城市社区健康教育与健康促进回顾与展望》，《中国全科医学》2004 年第 3 期。

穆光宗等：《计划生育无后家庭民生关怀体系研究——以辽宁省辽阳市调研为例》，《中国延安干部学院学报》2011 年第 5 期。

边燕杰、芦强：《阶层再生产与代际资源传递》，《人民论坛》2014 年第 2 期。

蔡仲林、汤立许：《武术文化传播障碍之思考——以文化软实力为视角》，《天津体育学院学报》2009 年第 5 期。

常蕾：《社区体育组织治理的效应探析——以福州仓山"NTD 激情广场"广场舞自组织为分析案例》，《体育与科学》2017 年第 4 期。

陈恩：《全国"失独"家庭的规模估计》，《人口与发展》2013 年第 6 期。

陈广勇：《政府购买公共服务对社区体育发展的促进研究—以成都市"社区＋体育志愿者"模式为例》，《成都体育学院学报》2014 年第 6 期。

陈家建：《项目制与基层政府动员——对社会管理项目化运作的社会学考察》，《中国社会科学》2013 年第 2 期。

陈金鳌、徐勤儿：《社区体育多元治理主体的运行机制与模型建构》，《体育文化导刊》2016 年第 6 期。

陈茂林、余启政：《我国民族传统体育的发展困境与优化途径透视》，《成都体育学院学报》2011 年第 8 期。

陈青、曹庆华：《融合与变迁的中华武术功能和作用》，《成都体育学院学报》2010 年第 3 期。

陈士亮：《高职院校体育课程嵌入社会指导员职业资格探析》，《职业》2017 年第 14 期。

陈伟东、李雪萍：《"社区自治"概念的缺陷与修正》，《广东社会科学》2004 年第 2 期。

陈雯：《从"制度"到"能动性"：对死亡独生子女家庭扶助机制的思考》，《中共福建省委党校学报》2012 年第 2 期。

陈孝慧：《试述健身气功在成都市社区中的推广》，《搏击·武术科学》2010 年第 11 期。

陈新富、刘静、邱丕相：《太极拳运动对中老年女性心理健康的影响》，《上海体育学院学报》2005 年第 5 期。

陈雁杨：《深圳市健身气功推广模式研究》，《深圳职业技术学院学报》2012 年第 3 期。

程中兴：《公共政策视角下的"失独"问题探视：基于公众认知与主体感知的研究综述》，《人口与发展》2013 年第 4 期。

慈勤英：《失独家庭政策"去特殊化"探讨——基于媒介失独家庭社会形象建构的反思》，《中国人口科学》2015 年第 2 期。

崔永胜、虞定海：《"健身气功·五禽戏"锻炼对中老年女性身心健康的影响》，《北京体育大学学报》2004 年第 1 期。

戴国斌：《武术现代化的异化研究》，《体育与科学》2004 年第 1 期。

丁宏建、方爱仙等：《健康促进的社区路径探讨》，《中国农村卫生事业管理》2018 年第 7 期。

方曙光：《社会政策视阈下失独老人社会生活的重新建构》，《社会科学辑刊》2013 年第 5 期。

付金翠等：《云南省玉溪市农村老年人心理健康状况的干预性研究》，《中国健康教育》2013 年第 12 期。

高亮、徐盛嘉：《健身气功对延缓老年人智力衰退效果的调查研究》，《体育文化导刊》2013 年第 7 期。

高亮、薛欣：《老年人参与健身气功锻炼的心理效应研究》，《西安体育学院学报》2013 年第 4 期。

高筱琪、丁淑贞：《老年人健康促进生活方式和健康价值的相关性》，《中国心理学杂志》2015 年第 5 期。

耿云：《我国城市社区社会组织的发展困境及其对策》，《云南行政学院学报》2013 年第 6 期。

关怀志：《多元主体参与公共体育服务治理的协同机制研究》，《文化创新比较研究》2017 年第 12 期。

管鹏、张云英：《农村失独家庭社会保障问题研究综述——基于 2001——2015 年国内文献》《社会福利》2016 年第 1 期。

郭大勇：《全民健身机制的促进方式和效果评估》，《体育文化导刊》2017 年第 5 期。

郭宏斌、张璐生：《失独家庭生活现状与社会支持系统的构建研究——基于屯溪区 57 户失独家庭的调查》，《吉林工程技术师范学院学报》2014 年第 12 期。

韩克庆：《社会质量理论：检视中国福利改革的新视角》，《教育与研究》2011 年第 1 期。

何萍、孙云霞：《健身气功·五禽戏辅助治疗类风湿关节炎疗效的研究》，《沈阳体育学院学报》2012 年第 1 期。

贺鑫森：《场域演化与民俗体育文化再生产关系研究》，《体育文化导刊》2018 年第 2 期。

胡叠泉、邢启顺：《失独家庭养老的社会保障体系建构》，《三峡论坛》2013 年第 1 期。

胡小明：《论中华民族传统体育的现代化》，《武汉体育学院学报》2003 年第 4 期。

姜娟：《城镇化进程中满族传统体育传承的困境与出路》，《沈阳体育学院学报》2011 年 3 期。

蒋占峰、张栋：《社会质量理论视阈下的农村和谐文化建设》，《理论探索》2011 年第 5 期。

焦玉良：《体育社团活动对城市居民社会质量的影响》，《沈阳体育学院学报》2015 年第 6 期。

兰建平、苗文斌：《嵌入性理论研究综述》，《技术经济》2009 年第 1 期。

李帮彬：《失独家庭及其养老问题研究综述》，《商》，2014 年 3 期。

李栋等：《SF-36 量表应用于老年一般人群的信度和效度研究的研究》，《中国康复医学杂志》2004 年第 7 期。

李欢欢、韩彦超：《"失独"问题的社会学解读》，《贵州民族大学学报》（哲学社会科学版），2014.3。

李军：《我国女性参与民族传统体育活动的调查研究》，《体育文化导刊》2013年第4期。

李良萍等：《健身气功在社区体育公共服务中的实践与反思——以芜湖市为例》，《科技经济导刊》2016年第31期。

李林：《中国民间传统体育锻炼对心境状态的影响及其与心理健康的关系》，《北京体育大学学报》2000年第2期。

李培林：《社会治理与社会体制改革》，《国家行政学院学报》2014年第9期。

李涛、刘畅：《国内失独家庭研究述评》，《怀化学院学报》2015年第1期。

李晓丹、马丽娜：《布尔迪厄"文化再生产"理论简介》，《现代企业教育》2007年第7期。

李晓兰、巩文彧：《失独家庭精神关爱问题研究》，《黑龙江教育学院学报》2014年第7期。

李晓梅等：《慢性病患者的生命质量评价》，《中国全科医学》2007年第1期。

李雅娟、肇丽群：《健康教育与健康促进》，《实用乡村医学杂志》2003年第4期。

李岩、王岗：《中国武术：从荣耀之身到尴尬之境》，《武汉体育学院学报》2015年第4期。

李源：《从养生视阈论传统武术的价值与现代健身思想的契合》，《山东体育学院学报》2010年第3期。

廖永华：《体育进社区运行机制研究——以四川省为例》，《成都体育学院学报》2013年第5期。

林卡、高红：《社会质量理论与和谐社会建设》，《社会科学》2010年第3期。

林卡：《社会质量理论：研究和谐社会建设的新视角》，《中国人民大学学报》2010年第2期。

刘汉生：《"健康中国2030"契机下对民族传统体育养生文化的传播

路径探究》,《体育科技文献通报》2018年第1期。

刘洪福、安海燕、王长虹:《健身气功·八段锦健心功效实验探讨》,《武汉体育学院学报》2008年第1期。

刘建中、肖永红:《四川省城市社区健身气功志愿服务体系的构建》,《当代体育科技》2013年第3期。

刘晓丹、金宏柱:《健身气功易筋经对老年女性血脂和自由基代谢的影响》,《中华中医药杂志》2010年第9期。

刘远祥、毛德伟:《科学健身服务平台的建设及运行机制研究——以山东省科学健身中心为例》,《山东体育学院学报》2017年第6期。

刘振国:《中国社会组织的治理创新——基于地方政府实践的分析》,《社会经济体制比较》2010年第3期。

卢元镇:《体育的本质属于生活》,《体育科研》2006年第4期。

卢远坚、曹彦俊:《五禽戏锻炼对中老年女性膝关节肌力及平衡能力影响的临床研究》,《上海中医药杂志》2017年第4期。

陆春萍:《论和谐社区建社中"社区民间组织"的培育和发展》,《科学发展观与和谐社会》2007年第9期。

路光:《健身气功公共服务体系构建》,《山东体育学院学报》2010年第7期。

罗家德:《自组织——市场与层级之外的第三种治理模式》,《比较管理》2010年第2期。

吕韶钧、张维凯:《民间习武共同体的提出及其社会文化基础》,《北京体育大学学报》2013年第9期。

吕笑蓉:《健身气功对浙江省农村中老年群体健康影响的研究》,《体育世界·学术》2012年第3期。

吕志、侯永平:《试析健身气功对中老年人心理健康的影响》,《搏击·武术科学》2012年第4期。

马宏:《公益创投:促进公益组织发展的新途径》,《社团管理研究》2008年第10期。

马艺华:《满足群众多元化的健身需求——王国琪、周荔裳谈健身气功》,《中华养生保健》2005年第1期。

孟欢欢、祝良、张伟:《嵌入性治理理论下自发性健身团队发展探索——以上海市洋泾太极拳队为个案》,《体育学刊》2017 年第 6 期。

苗福盛等:《健身气功八段锦对高脂血症患者血脂和脂蛋白代谢的影响》,《山东体育学院学报》2009 年第 25 期。

莫概能:《健身气功·八段锦对女大学生心理健康影响的实验研究》,《武术研究》2013 年第 9 期。

倪依克:《论中华民族传统体育的发展——论中国龙舟的现代化》,《体育科学》2004 年第 4 期。

倪依克:《蒸腾与困窘:当代中华民族传统体育发展之惑》,《体育科学》2005 年第 9 期。

渠敬东:《项目制:一种新的国家治理体制》,《中国社会科学》2012 年第 5 期。

申国卿:《太极拳勃兴折射的武术生存状态变迁》,《体育科学》2009 年第 9 期。

石爱桥等:《参加健身气功·易筋经锻炼对中老年人心理、生理影响的研究》,《成都体育学院学报》2005 年第 3 期。

宋瑞雯、张丽萍、汤久慧等:《"健身气功八段锦"调节心身的研究现状》,《内蒙古中医药》2015 年第 7 期。

孙卫肖:《健身气功在社区发展的路径探析》,《当代体育科技》2018 年第 17 期。

汤立许等:《我国民族传统体育发展的困境及路径选择》,《西安体育学院学报》2011 年第 5 期。

唐刚:《多元主体参与公共体育服务治理的协同机制研究》,《体育科学》2016 年第 3 期。

唐有财、王天夫:《社区认同、骨干动员和组织赋权:社区参与式治理的实现路径》,《中国行政管理》2017 年第 2 期。

涂传飞等:《民间体育、传统体育、民俗体育、民族体育的概念及其关系辨析》,《武汉体育学院学报》2007 年第 8 期。

万瑜:《"健身气功·八段锦"练习对大学生心理健康的影响》,《北京体育大学学报》2011 年第 12 期。

汪全先等:《我国民族传统体育文化的当代困境与消解》,《武汉体育学院学报》2015 年第 7 期。

王宾、李泳等:《浅析健身气功在城市社区老年群体中的推广》,《湖北体育科技》2007年第6期。

王斌、吴保占等:《四川省健身气功发展过程中的"双节点"模式研究》,《内江师范学院学报》2012年第12期。

王海鹰、王晓波:《马克思主义关于人类自身再生产理论综述》,《东疆学刊》1997年第2期。

王嘉渊:《"国家项目"的基层实践困境及其完善机制——基于D市社区社会组织培育的分析》,《山东社会科学》2019年第6期。

王浦劬:《国家治理、政府治理和社会治理的涵义及其相互关系》,《国家行政学院学报》2014年第3期。

王思斌:《社会治理结构的进化与社会工作的服务型治理》,《北京大学学报》2014年第6期。

王思斌:《中国社会工作的嵌入性发展》,《社会科学战线》2011年第2期。

王向民:《中国社会组织的项目制治理》,《经济社会体制比较》2014年第5期。

文启胜:《论人类的自身再生产》,《人口学刊》1991年第2期。

向祖兵等:《社区——社会体育组织——社会体育指导员联动运行机制研究》,《北京体育大学学报》2017年第9期。

肖日葵、萧仕平:《不同理论视角下的社区自组织研究综述》,《天府新论》2009年第1期。

谢惠蓉:《城市化生存:传统体育的现代发展之路》,《山东体育学院学报》2012年第2期。

谢建秀、陈水琼、叶翠华:《社区护理干预对老年高血压患者生活质量的影响分析》,《当代医学》2013年第9期。

许宝君、陈伟东:《自主治理与政府嵌入统合:公共事务治理之道》《河南社会科学》2017年第5期。

严征等:《城市农民工生命质量及影响因素分析》,《中国公共卫生》2010年第3期。

燕继荣:《社区治理与社会资本投资——中国社区治理创新的理论解释》,《天津社会科学》2010年第3期。

杨冰、陈静姝等:《"嵌入式教学"在休闲体育专业教学改革中的应用与探索》,《成都体育学院学报》2016 年第 6 期。

杨贵华:《城市社区自组织能力及其指标体系》,《社会主义研究》2009 年第 1 期。

杨贵华:《社区共同体的资源整合及其能力建设——社区自组织能力建设路径研究》,《社会科学》2010 年第 1 期。

杨继龙:《资源输入视角下社区社会组织培育机制研究——以 N 市 H 区为例》,《社会科学家》2016 年第 7 期。

杨建营:《从 20 世纪武术的演进历程探讨其发展趋向》,《体育科学》2005 年第 7 期。

姚金丹:《社会工作增能视角下失独家庭的分析》,《社会工作理论新探》2012 年第 10 期。

叶南客、陈金城:《我国"三社联动"的模式选择与策略研究》,《南京社会科学》2010 年第 12 期。

尹广文:《社区营造:一个新的社区建设的理论与实践》,《福建论坛》(人文社会科学版) 2017 年第 4 期。

尹海立、林聚任:《社区体育与生命质量——一个来自烟台的调查》,《沈阳体育学院学报》2014 年第 5 期。

尹海立、颜辉等:《山东省健身气功服务体系的现状与发展》,《武汉体育学院学报》2011 年第 8 期。

尹继林等:《我国民族传统体育文化现代化转型的困境与启示》,《西安体育学院学报》2016 年第 1 期。

虞定海、牛爱军:《健身气功构建上海市多元化社区体育服务体系中的作用》,《上海体育学院学报》2006 年第 3 期。

郁建兴、李慧凤:《社区社会组织发展与社会管理创新——基于宁波市海曙区的研究》,《中共浙江党校学报》2011 年第 5 期。

翟向阳:《健身气功锻炼与提高心理健康作用的研究分析》,《河南中医学院学报》2006 年第 3 期。

张安玉:《社区健康促进的理论策略和工作模式》,《中国慢性病预防与控制》2006 年第 2 期。

张恩儒:《健身气功产业化问题与实施路径研究》,《当代体育科技》

2017 年第 25 期。

张发强：《中国社会体育现状调查结果报告》，《体育科学》1999 年第 1 期。

张海东、丛玉飞：《社会质量与社会公正——社会发展研究的重要议题》，《吉林大学社会科学学报》2011 年第 4 期。

张海东、石海波、毕婧千：《社会质量研究及其新进展》，《社会学研究》2012 年第 3 期。

张海东：《从发展道路到社会质量：社会发展研究的范式转变》，《江海学刊》2010 年第 3 期。

张建新等：《现代化进程中民族传统体育的困境与对策》，《广州体育学院学报》2005 年第 4 期。

张美玲：《社会质量视角下社会工作介入城市低保服务策略研究——以广州市 D 街道为例》，《社会福利》2017 年第 4 期。

张纳新、蔡智忠：《我国民族传统体育发展的困惑及对策》，《成都体育学院学报》2011 年第 1 期。

张琼文、韦克难、陈家建：《项目化运作对社区社会组织发展的影响》，《城市问题》2015 年第 11 期。

张尚仁：《"社会组织"的含义、功能与类型》，《云南民族大学学报》（哲学社会科学版）2004 年第 2 期。

张素珍、陈文鹤、赵刚：《有氧健身运动对中老年女性体质的影响》，《上海体育学院学报》2004 年第 1 期。

张云崖、王林、虞定海：《健身气功推广普及现状研究》，《山东体育学院学报》2008 年第 6 期。

张治霆、刘华朱烈夫：《农业女性化：发展趋势、问题与影响》，《农学学报》2017 年第 6 期。

赵怀娟：《"社会质量"的多维解读及政策启示》，《江淮论坛》2011 年第 1 期。

郑国华：《禄村变迁中的传统体育流变研究》，《体育科学》2010 年第 10 期。

郑杭生：《社会学视野中的社会建设与社会管理》，《中国人民大学学报》2006 年第 2 期。

郑中玉:《社区生产的行动与认知机制:一个自组织的视角》,《新视野》2019年第5期。

周结友、李建国:《社区体育组织社会资本嵌入生成机制解析》,《广州体育学院学报》2015年第1期。

周雪光:《项目制:一个"控制权"理论视角》,《开放时代》2015年第2期。

五 外文期刊论文

Bashir Mamdani, Meenal Mamdan: The Impact of China'sone – childpolicy, Eng J. Med, 2005.

Beck, Wolfgang, Laurent J. G. Vander Maesen, Fleur Thomese and Alan Walker, Social Quality: A Vision for Europe, *Kluwer Law International*, 2001.

George W. Torrance Utility Approach to Measuring Health – related Quality of Life Journal of Chronic Diseases, *Chronic Dis*, No. 6, 1987.

Granovetter Mark, Economic Action and Social Structure: the Problem of Embeddedness, *American Journal of Sociology*, No. 3, 1985.

Lester M. Salamon, *Partners in Public Service: Government – Nonprofit Relations in the Modern Welfare State*, Baltimore: John Hopkins University Press, 1995.

Lindström Håkan, Waldau Susanne. Ethically Acceptable Prioritisation of Childless Couples and Treatment Rationing: "Accountability for Reasonableness", *European Journal of Obstetrics & Gynecology and Reproductive Biology*, Vol. 139, No. 8, IS2. 2008.

Mchomey C. A., Ware J. E., Comparisons of the Costs and Quality of Norms for the SF – 36 Health Survey Collected by Mail Versus Telephone Interview: Results from a National Survey, *Med Care*, No. 32, 1994.

Morris D. A., Physical Quality of Life Index, *Urban Ecology*, No. 3, 1978.

Mustian K. M., Palesh O. G., Flecksteiner S. A.: Tai Chi Chuan for Breast Cancer Survivors, *Med Sport Sci*, No. 52, 2008.

Peter B., Evans, *Embedded Autonomy: States and Industrial Transformation*, Princeton, New Jersey: Princeton University Press, 1995.

Putnam, Robert D. : The Prosperous Community: Social Capital and Public Life, *American Prospect*, 1993.

Sugarbaker P. , Barofsky I. , Rosenberg S. A. : Quality of Life Assessment of Patients in Extremity Sarcoma Clinical Trials, *Surgery*, No. 9, 1982.

Woodward T. W. : A Review of the Effects of Martial Arts Practice on Health, *State Medical Society of Wisconsin*, No. 1, 2009.

Yeh G. Y. , Wayne P. M. , Phillips R. S. : Tai Chi Exercise in Patients with Chronic Heart Failure, *Med Sport Sci*, No. 52, 2008.

Zukin S. , Dimaggio P. , *Structures of Capital: the Social Organizations of the Economy*, Cambridge, M. A. : Cambridge University Press, 1990.